乡立方智库丛书

为乡村找魂

乡立方智库 ——— 主编

乡村振兴之
品牌乡村方法论

電子工業出版社
Publishing House of Electronics Industry
北京•BEIJING

内 容 简 介

这是一本全景式揭示乡村振兴方法论的案例书。通过为乡村“找魂”的项目案例，真实还原了大量决策过程中的矛盾、冲突和分歧，以“概念”“产业”“文化”等三个维度，为当下乡村的全面振兴工作提供了可对标、可复制、可研究的实操性样板。

书中收录了十五个不同类型的乡村打造案例，极具可读性、趣味性和真实性，呈现出很多精准绝妙的战略定位、超前的乡村产业谋划和创新的乡村建设机制，字里行间也折射出乡立方团队深厚的乡村情怀、深刻的乡村认知，以及前瞻性的乡村创意和长期坚守的共富初心。

本书可作为县域党政干部和乡村振兴从业者的实操性读本。

图书在版编目（CIP）数据

为乡村找魂：乡村振兴之品牌乡村方法论 / 乡立方智库主编. —北京：电子工业出版社，2023.3

ISBN 978-7-121-45227-7

Ⅰ. ①为… Ⅱ. ①乡… Ⅲ. ①农村－社会主义建设－案例－中国 Ⅳ. ①F320.3

中国国家版本馆CIP数据核字（2023）第044759号

责任编辑：张彦红

印　　刷：北京天宇星印刷厂

装　　订：北京天宇星印刷厂

出版发行：电子工业出版社

　　　　　北京市海淀区万寿路 173 信箱　　邮编：100036

开　　本：720×1000　1/16　印张：20　字数：350 千字　彩插：1

版　　次：2023 年 3 月第 1 版

印　　次：2023 年 3 月第 1 次印刷

印　　数：6500 册　定价：98.00 元

凡所购买电子工业出版社图书有缺损问题，请向购买书店调换。若书店售缺，请与本社发行部联系，联系及邮购电话：（010）88254888，88258888。

质量投诉请发邮件至 zlts@phei.com.cn，盗版侵权举报请发邮件至 dbqq@phei.com.cn。

本书咨询联系方式：（010）51260888-819，faq@phei.com.cn。

本书编委会

统筹策划：宋小春　莫问剑　徐大伟

文案统筹：叶　路

编　　委：叶　路　陈洁瑾　乐珅申　李新星
沈　越　陈　才　夏　迪　金梦霏
莫　夫　吴　敏　饶之帆　阳　浩

目录

中篇

下篇

序 1

一起为中国乡村振兴找路

浙江在习近平总书记“绿水青山就是金山银山”绿色发展理念引领下，乡村振兴工作一直走在全国前列，进行了许多先行探索与实践，从“千村示范、万村整治”，到“千村精品、万村美丽”，再到“千村未来、万村共富”，“千万工程”的内涵之变，折射出浙江乡村发展的需求之变，这些应变与创新体现在浙江城乡各地，也体现在民企和民间的方方面面，值得我们深入感悟、认真借鉴。

这些年在考察学习乡村振兴“浙江经验”的过程中，我有幸结识了乡立方团队。在走访萧山未来大地、千岛湖下姜村等全国乡村振兴样板过程中，我不时为这个团队浓厚的乡村情怀、深刻的乡村认知、切实的乡村创意，以及坚守乡村共富理念等精神所感染，更为项目本身精准绝妙的战略定位、超前的乡村产业谋划、应景顺势打造的景观小品所感动，也因此寻访到这些项目的顶层设计服务机构乡立方。当时出于推动各地乡村振兴工作的现实需要，我们多次邀请了乡立方合伙人团队来广东分享他们的经典案例和乡创方法论。每一次，乡立方都赢得了地方党政领导和乡村百姓的高度评价，大家都一致赞赏这个充满激情而富有创新能力，又极具乡村情怀的团队。为了更好地学习借鉴乡村振兴的浙江经验，我曾给乡立方团队提了一个建议：能否将你们打造的经典案例结集成册，以方便更多没有机会到浙江考察、交流的政府干部和乡创从业者学习借鉴？没有想到，仅仅三个多月后，乡立方团队就将这本《为乡村找魂——乡村振兴之品牌乡村方法论》的书稿摆到了我的案前，真是令人鼓舞，令人敬佩！

书稿中的十五个案例，从“概念”“产业”“文化”三个维度，解读了乡立方为乡村找魂的全过程。书稿里面呈现了大量决策过程中的矛盾、冲突与分歧，并通过对村魂、乡魂、县魂的最终共识的达成，实现了乡村全面振兴的“立方设计”。由于书稿极具可读性、趣味性、真实性，我几乎是一口气通读了全书，不时为其中的精彩之处拍案叫绝。这几年，国内相关的乡村振兴书籍出版了不少，但大多局限于对政策的解读或者理论的研究，就算有些案例总结，但鲜有主动暴露不足、短板与劣势的。基于我对乡立方团队的初步了解，他们实际上是希望传递一种价值观：为每一个乡村找到振兴之魂，是一种责任，是一种担当，而非是简单的一笔生意、一次交易。当然，千县千面，万村万貌，本书将乡村振兴的方向概括为“文化乡村”“产业乡村”“概念乡村”三大类型，不见得就是科学的、系统的、精准的，毕竟它只是一个实操团队的方法论集成。个人认为，其实乡村不需要每个人（每个团队）都要有“重资产”的投入或“大手笔”的动作，只需要有解决乡村具体问题的“方案”和“能力”，书中的案例正是一个个这样的“方案”，体现了一种种这样的“能力”。基于此，我们不应苛求，振兴乡村的道路千万条，解决问题是“铁条”，我们需要更多“乡立方们”的涌现，也期待更多的创新实践。各地乡村振兴正在探索前行，眼下的经验弥足珍贵，值得更多地方学习借鉴。

我在粤北山区的工作近30年，因为这段工作经历，我对乡村的产业、人才、文化、生态与组织的五大振兴感同身受，自认为还是一个“有情怀、懂乡村”的基层干部。近10年来，我在农业农村部门从事扶贫与乡村振兴工作。围绕着广东省委省政府的决策部署，我们的角色担当，本质上也正如本书主题，为乡村的振兴“找魂”与“找路”。这几年，广东省围绕着乡村振兴示范带建设，已经形成了省域层面的顶层设计：在内容上，突出五大振兴一体推；在区域上，突出镇村联动，将镇村串点成线，连线成片，集片成带，实现镇村同建同治同美同富；在内涵上，突出“外在美”与“内在美”相结合，让群众看得见、可感受，实现内外兼修、塑形铸魂相结合；在路径上，突出乡村发展、乡村建设、乡村治理有机整合，构建产村共融、业态相生的乡村发展新格局；在目标上，突出示范性与带动性相统一，以“带”的振兴辐射带动全域振兴，形成学有榜样，追有标兵的比学赶超浓厚氛围。如何在新时代新征程上探索并走出一条符合广东实际、具有岭南特色的乡村全面振兴路子？具体到县、乡、村，我们很需要更多“乡立方们”的“微创新”和“真落地”，就如本书十五个案例的经验，我想很多的乡村一定可参照、可复制、可超越。

乡村是先生活后生产的自然形式（有别于城市先生产后生活的竞争形式），乡村经济是自然经济；同时中国的乡村有积淀千百年的农耕文明，我们要遵循规律，尊重自然。因此，我们在乡村建设中既要关注“风貌塑形”，更要注重“文化铸魂”。

当然，我们要看到，为乡村“找魂”“铸魂”，只是为乡村振兴找路的关键一步。但对于更多的县域干部和乡村振兴从业者而言，当下更迫切的，是乡村振兴的路径选择与方法创新，这或许是乡立方团队目前的局限所在。作为一家企业服务机构，乡立方团队更多是在处理具体的、琐碎的、短期的事务，很难站在宏观层面做总体战略思考，或许这正是本书的“美中不足”。这里，我愿意结合广东乡村振兴示范带建设的实践，提出几条建议，算是给乡立方补补“短板”。

一、抓好科学规划布局这个前提。谋定而动，建议各级党委政府先要组织编制《乡村振兴（示范带）建设总体规划》，明确建设目标、原则、任务和工作路线图，统筹安排好实施步骤和推进节奏，稳妥推进，防止一哄而上，层层加码。

第一是守住底线红线。结合“三区三线”（城镇空间、农业空间、生态空间三种类型的国土空间，城镇开发边界、永久基本农田、生态保护红线三条控制线）划定工作，强化国土空间规划和用途管制，确保规划可操作、可落地。尤其是坚持最严格的耕地保护制度，坚决遏制耕地“非农化”、严格管控“非粮化”。**第二是选好示范区域。**选址三要素：选择交通、地理位置、市场好的地方；选择产业发展、美丽乡村建设基础好的地方；选择资源禀赋好的地方，包括产业资源、文化资源、自然资源等。**第三是坚持因地制宜。**建设乡村振兴示范带必须从实际出发，不求大，也不求多，不能简单模仿、千带一面，更不能照搬城市建设模式。要针对各地发展基础、人口规模、资源禀赋、民俗文化等方面的差异，积极探索符合本地实际的发展路径，体现地域风格、地方特色，体现产业、文化、乡村建设方面的特点优势，打造各具特色、各美其美的示范带。

二、抓好产业发展这个重中之重。分步推进、有序提升，在富民强村产业发展上形成示范集聚效应。

第一是在规模上统筹整合。立足原有发展基础，将规模小、布局散的产业进行统筹整合，可以通过县级、市级甚至镇级、村级产业园建设把分散的产业聚起来，或者在产业园的牵引下，规划一批产业强镇、产业强村，串珠成链，强化规模化效应，提升产业竞争力，进而形成龙头带动、特色鲜明的产业格局。第二是在质量上拓展提升。要立足区域的产业禀赋优势做大做强特色产业，延伸产业链条，科学布局，配套一批深加工、文化旅游、物流配送等项目，发挥区域内各自的优势，推动农业与旅游、教育、文化、康养等功能互补和深度融合，逐步形成产业链条完整、带动能力强的产业模式，努力把美丽环境变成美丽经济。第三是在层次上集群发展。在规模和质量提升的基础上，积极运用云平台数字化技术，深化市场体系建设，提升品牌效应，推动数字赋能，开展技术研发，形成产业集群发展的高地。特别是要把推进工商下乡、建立联农带农富农机制作为示范带建设的重点内容，建立健全企农利益联结机制，确保企业资本、村集体、当地村民的合法利益，推动乡村加快发展。

三、抓好乡村建设这个基础。乡村风貌是示范带建设最直观的体现，要通过乡村建设保护提升生态环境，优化生产生活生态环境，打造全域美丽、宜居宜业的和美乡村。

第一是要牢固树立乡村建设为农民而建的理念。要切实尊重农民的主体地位，把农民作为建设的出发点、支撑点和落脚点，在推进乡村建设中要建立自下而上、村民自治、农民参与的乡村建设实施机制。第二是在乡村建设中深入开展美好环境与幸福生活共同缔造的活动。发动村民决策共谋、发展共建、建设共管、效果共评、成果共享，共同建设美好家园。在项目谋划环节，组织村民参与乡村建设项目研究决策，激发自建家园意识。在项目建设环节，鼓励村民投工投劳、就地取材开展建设，积极推广先建后补、以工代赈方式，吸纳更多农村低收入群体就地就近就业。在项目管护环节，落实“门前三包”、受益村民认领、以奖代补等农民自管方式。支持各地用新方式依法引导村民参与乡村建设，鼓励村级组织和农民工匠带头人承接乡村建设小型工程项目。第三是更严格要求打牢环境底板。持续巩固提升农村人居环境，统筹山水林田湖系统整治，持续提升农村“厕所革命”、生活垃圾和生活污水治理等的水平，把美丽村庄与美丽圩镇结合起来，持续改善农村环境，打牢底色底板。第四是更高水平推动基础设施升级。着力推动基础设施提档升级，加快布局并推动示范带内农村道路、农田水利、信息通信等基础设施建设，统筹解决基础设施“最后一公里”难题，促进城乡基础设施互联互通，实现从“有”向“优”、由“少”到“多”的转变，让农民群众享受到更高质量、更加便利的生产生活服务。第五是用更高标准促进风貌提升。要大力推动示范带风貌整体提升，以相对统一的元素、统一的风格，突出保护乡村特色风貌，有序推进沿线农房风貌整治，做好历史文化名镇名村、传统村落的保护与活化利用。

四、抓好乡村治理这个根本。乡村振兴示范带建设需要在推进乡村发展和乡村建设上下功夫，更需要保护和激活乡村治理的主体协同能力，增强乡村社会治理效能，努力建设充满活力、和谐有序的善治乡村，从而更好地为乡村振兴示范带提供重要保障。

第一是要在发挥党建引领乡村振兴上做示范。持续加强示范带区域内农村基层党组织建设，选优配强各级党组织书记，全面提升“头雁”工程质量，把基层党组织锻造得更加坚强有力，在党组织的领导下带领各类组织和农民群众支持参与示范带建设。第二是要在乡风文明建设上做示范。注重示范带乡风文明建设，坚持以社会主义核心价值观为引领，创新开展“听党话、感党恩、跟党走”宣传教育活动，依托新时代文明实践中心等，推动公共文化资源向农村地区延伸，充分挖掘、继承、创新乡土文化，推动形成文明乡风、良好家风、淳朴民风。第三是要在维护农村平安稳定上做示范。突出抓好示范带平安乡村建设、法治乡村建设等，完善矛盾纠纷排查化解机制，引导村民依法表达诉求，及时化解乡村各类矛盾问题，确保“小事不出村、大事不出镇、矛盾不上交”。

五、抓好土地政策供给这个瓶颈。认真研究出台乡村振兴示范带土地供应的政策支撑。

第一是合理保障乡村振兴新增建设用地。指导各市县每年按要求安排不少于10%的新增建设用地指标，保障乡村振兴重点产业和项目用地，支持农产品精深加工、休闲农业、乡村旅游等6类农村新产业新业态用地需求。第二是大力盘活农村存量建设用地。积极完善闲置宅基地、农房、村集体仓库和废弃学校的租赁、置换、退出等盘活利用的实施路径，鼓励挖潜盘活、依法流转、复合利用，简化审批流程。第三是加强乡村振兴用地综合政策指导。综合运用点状供地、拆旧复垦、集体经营性建设用地入市、集体土地留用地管理、全域土地综合整治等政策，探索创新工作模式，形成可落地、好操作的政策细则和可复制、可推广的工作经验。第四是完善农村产权制度和要素市场化配置机制。健全土地经营权流转服务体系，探索宅基地所有权、资格权、使用权分置有效实现形式，探索进城落户农民土地承包权、宅基地使用权、集体收益分配权依法自愿有偿转让的具体办法，激发农村发展内生动力。

六、抓好资金多元投入这个关键。市县要建立政府主导、村民参与、社会支持的多元筹措资金保障机制。

第一是集中用好财政资金。统筹利用好各级涉农资金、自身可支配财政收入等，集中保障示范带建设。第二是发挥奖励资金“四两拨千斤”作用。在不形成地方政府隐性债务的前提下，因地制宜探索以奖代补、先建后补、贷款贴息、设立风险池等多种方式撬动各类资金支持乡村振兴示范带建设。第三是鼓励开展政府贴息、农民贷款。在不违规新增隐性债务的前提下，在省级涉农资金中安排部分资金用于贴息，支持农民或企业贷款，撬动更多金融资本参与示范带建设。第四是用好土地出让金和国家专项债券。在“十四五”期间，要达到50%的土地出让收入用于农业农村发展，发行国家专项债支持农村有收益的基础设施建设，指导各地统筹安排土地出让收入，积极申报国家专项债券支持符合条件的乡村项目建设。第五是引导国有资本投资。发挥驻镇帮镇扶村机制作用，鼓励国有企业与县镇村结对联合建设示范带，实现共赢。第六是鼓励社会资本参与。利用“千企帮千镇、万企兴万村”等政策优势，广泛发动企业参与示范带建设，对建设成效突出的企业，支持以企业或企业家名义建功德碑、入村志。

七、抓好乡村运营管护这个机制。乡村运营是最好的管护，坚持先建机制、后建工程，不管是乡村振兴示范带内基础设施建设，还是乡村产业发展，都须先建立规划设计、建设运营、规范管理和工作推进机制，坚持建管用并重，防止重建轻管、重建轻用、建好设施成为“晒太阳”工程。我们要运用现代经营管理理念和市场化运营手段，利用乡村产业、生态、文化等资源禀赋，通过管理、策划、营销、资本、技术等多元化方式，引导生产要素向乡村集聚，形成乡村内生发展动力，并以市场化为主导方式完成经济效益转化，从而实现乡村产业兴旺，有力推动乡村振兴、共同富裕。

新时代新征程，要以全面建成小康社会为新起点，做好全面推进乡村振兴这篇大文章，补上“三农”短板，夯实“三农”基础，促进农业全面升级、农村全面进步、农民全面发展。这一目标任务是全方位、多层次的，涉及农村生产生活生态各个方面，涵盖物质文明和精神文明各个领域，既包括“物”的现代化，也包括“人”的现代化，还包括乡村治理体系和治理能力的现代化。我国农村地域辽阔，各地情况千差万别，社会风俗习惯不同，对于乡立方团队而言，要做好乡村振兴的找魂人、找路人，就必须吃透上情，摸清下情，增强本领，求真务实，尊重规律，稳扎稳打。坚持数量服务质量，进度服从实效，求好不求快，真正把好事办好、实事办实，真正做到“做一件成一件，做一个旺一个”，帮助农民在全面推进乡村振兴中有更多幸福感、获得感、安全感。

乡村振兴任重道远，我们需要有更多的“乡立方们”，一起来为中国乡村的全面振兴找路！

广东省委农办专职副主任，省扶贫办原主任，
省乡村振兴局原专职副局长，
“全国脱贫攻坚先进个人”称号获得者
梁健

序 2

从乡村出发，找“国之大者”

从 2003 年“火石机构”诞生开始，乡立方创始人团队深耕“三农”领域，转眼间已经走过了二十年。人生又有几个二十年啊！用创始人宋小春的话来说，就是几个“没想到”——没想到这帮人这么能“熬”，历经这么多年的艰辛还能聚在一起；没想到乡村事业这么好玩，从最初的农产品品牌设计到今天的乡村服务生态链构建，事情越做越有趣；没想到这个时代给予了如此厚爱，给予了这么多的发展机会，每隔四五年，乡立方团队的业务转型总是能够踩到时代发展的新风口。

二十年如一日，乡立方团队已经结出了丰硕的成果，他们先后服务了三百多个农产品区域公用品牌、三百多个品牌乡村、三百多个农业企业品牌。这无疑是一组足以让 4A 广告咨询公司都敬畏的数据，很少有机构能够耐得住这么长时间的寂寞，如此这般深耕于“三农”领域。“前些年为房地产、金融、互联网做品牌服务，来钱快，活好干。但我们几个核心骨干觉得，那些不是我们的方向，更不是大家的兴趣所在，我们还是对乡村有感觉、有感情，所以一直坚持下来了。”回忆走过的路，乡立方联合创始人之一的徐大伟觉得，或许是因为“傻”，才抵抗住了各种转型诱惑，才能拥有了今天这般的“傻福”。

“说我们不在乎赚钱，这话不准确，毕竟谁都需要养家糊口，员工更需要公司有奔头有安全感。但我们可能更在乎自身努力创造的价值。贫穷与落后不应该成为乡村的标签，在这方面，我们积累了丰富的经验，也有足够的智慧，来为乡村创造价值。我想，这也是时代赋予乡立方的责任与使命。”宋小春的这番解释，或许道出了乡立方二十年坚守的初心，帮助更多乡村脱贫致富，走上高质量发展之路，其带来的成就感、荣誉感本身，或许早已成为乡立方团队的获得感，成为他们一路狂奔的原动力。

过去二十年，与一度“野蛮生长”的房地产、电子商务、P2P行业相比，任何乡村项目，仅从收入角度而言的确是微不足道的。“最早做农产品品牌设计时，每个案子可能也就收一两万元，无法同现在的几百万元的单子相比。但这是我们自己喜欢的工作，所以我们从来没有抱怨过，也没有羡慕过别人。”宋小春和徐大伟都出自中国美术学院，他们同学中就有很多人在房地产、金融、电子商务等收入相对高的行业里做设计，但他们坦言，“我们这一行可能钱赚得少，但我们不打小算盘，不算小账，一项事业有趣、好玩、能做得久，就是跑赢了大势，赚了大钱。”在面对当下的乡村振兴战略时，乡立方团队人人信心满满，他们深信“还能再做三十年”！

如今的乡立方创始人团队，已经是一批锐气内敛、老成练达的乡村发展专家。何曾想到，他们曾经也是意气风发、桀骜不驯的“玩家”，但年轻时的“夜夜笙歌”没有让他们迷失，玩越野玩穿越还能懂得及时回头。这种蜕变，可能很难用岁月的沉淀，或是人生的顿悟来总结。“对于发展方向，我们迷惘过，所以一直在试错和创新。为了卖农产品，甚至在杭州开过十几家零售店，赔得一塌糊涂。但无论怎么折腾，我们一直坚持在乡村领域寻找机会，或许也可以说是‘初心不改’吧。”宋小春坦言，“一路走来，确实不容易，但我们很幸运，似乎每一次都押对了方向。”在乡立方总部展厅里，对过去的二十年按五年一个阶段做了总结分类，标示了每一个阶段的创新与突破。或许在每一个阶段的“交接期”，乡立方的发展战略不见得都是非常清晰的。但实践出真知，正是因为有丰富的操盘经验，加上团队自身善于总结与反思，乡立方得以一路成长。

对乡村的热爱，或许已是深入乡立方团队成员骨髓的DNA。“我不喜欢生活在大城市的‘火柴盒’里，它让我有窒息般的感觉。我更喜欢乡村的自由与清新，那里才有真正的生活。”有一次，我与宋小春走在上海的街头，他指着密密麻麻的高楼大厦对我说：“这里面的一间间不就是一个个垒起来的火柴盒吗？”听完，我似乎突然间明白了他这些年的行踪——平时做的都是同乡村有关的工作，打交道的不是农民，就是涉农干部，每个周末，能回千岛湖老家，就绝对不在杭州城内呆着。几乎每一个假期，都会约上三五好友，大江南北玩越野、玩穿越，从天涯海角到漠河，从中缅边境到阿里无人区……这些很多人可能会拿来一直炫耀的冒险经历，在“宋小春们”看来，都是“小菜一碟”。其实，更多的生活细节，在他们身上都在发生变化：喜欢吃土菜，基本不碰西餐；对住宿环境不讲究，加班晚了就在办公室沙发上将就一宿；换洗衣服办公室里都放着几套，拎上行李，随时可以出发，“说走就走”成了他们的日常。

“我们要做乡村美好生活方式的引领者，首先得让自己成为爱乡村、懂乡村的生活家。”“我们都是从农村来的，向往自由，不喜欢过于精致、考究和按部就班的生活。”宋小春这么描述自己的工作和生活状态。他甚至觉得这种无拘无束、随性随意的生活，才是真正的幸福，而这样的生活，也只有在乡村才能享受得到。“乡村不需要钢筋水泥，整洁、干净，看上去舒服就好，千万不能像建设城市一样去打造新乡村，保持住乡村的乡土味、乡亲味和乡愁味，才能保护住乡村的美好。”在宋小春的倡导下，从美丽乡村到乡村振兴，乡立方团队所打造的每一个乡村项目，都格外注意乡村特色风貌的保护，几幢老民居、几条石板路、几处老祠堂，在乡立方人看来，都是值得珍惜的乡村记忆。当我们走访千岛湖地区的乡镇时，这样的案例随处可见，很多成为乡村的网红打卡点。随着乡立方业务的扩大，他们走出浙江，从广东到西藏，从江西到宁夏，从上海到内蒙古，到处都有乡立方乡村振兴方法论打造的案例，而其绝大多数都成了所在区域的对标样板。

如果来乡立方做客，乡立方人一定会请你品尝他们自己投资运营的酱菜和腌菜。“酱立方”已经成为乡立方对外输出的主要乡村产业之一。“要让农民过上美好的生活，不能光去画大饼，一天到晚想着整高大上的项目。乡村的一些传统酱菜和腌菜，有着千百年的传统工艺，也保留着当地人的味蕾记忆，很有市场。把小工坊干成大产业，才是最接地气的产业振兴。”陈才是乡立方的合伙人之一，“酱立方”已经开张的工坊，几乎都有他的智力贡献。他很自豪地介绍说：“就以威酱坊为例，可能乡立方赚钱并不多，但我们带动了四五个村的老百姓参与进来了，有的帮我们种辣椒，有的帮我们种黄豆，有的帮我们熬原酱，现在这些村都成了威酱村。”

“如果不能帮助当地农民增收，无法实现集体经济壮大，做得再漂亮的顶层设计，都是失败的。”每逢团队有新成员加盟，乡立方合伙人之一夏迪总是要反复讲这个观点。虽然是一位年轻女性，但夏迪已经积累了近百个乡村项目打造的经验。“我们做乡村项目，不能丢了初心。初心是什么？就是要帮助农民，帮助村集体经济。农民重于千钧，农民就是一切，让农民生活幸福，我相信这就是国家实施乡村振兴战略的出发点。农民致富、集体增收，就能更好地实现城乡融合、共同富裕。”夏迪这样说，“原则上，我们不赞成上马那些同农民与集体经济无关的文旅项目，一切围绕着农民的利益转。”

写到这里，或许你明白了我的意图。我无意去点评书稿里的这些案例，相信每一位读者都有自己“见仁见智”的认知和感受。我只是想从自己的角度，向大家介绍这么一个乡立方：

——这是一群深耕乡村领域二十年的实践者；

——这是一群热爱乡村并引领乡村美好生活方式的探路者；

——这是一群专注打造乡村未来产业的梦想者。

浙江乡立方乡村发展集团有限公司首席战略官、联合创始人

莫问剑

序 3

我们找到了“乡魂”

《为乡村找魂——乡村振兴之品牌乡村方法论》即将付梓，于我确是件值得惊喜的事！这是一本记录从火石到乡立方的团队成长之书，也是凝聚了我们20年乡村实践经验的方法论专著。作为一名视觉设计师，我曾经信仰“用图形视觉就足以解决所有问题”，从未想过文字能够如此精准、深刻而全面地复盘“找魂”的前前后后。于是乎，我自觉自愿地拿起笔，用文字来向大家介绍我们这一路走来的思考与实践。

一颗坚守20年的初心

我是从浙西山区走出来的农村孩子，可能正缘于此，乡情早已根植于心底。从接触视觉设计之初，每每回老家见到家乡的地瓜干、鱼干、玉米饼等小时候最爱吃的农特产品，我就产生一种想通过自己的设计专业来改变它们现状的冲动。我想让它们有更漂亮的“衣服”，可以成为商品卖出去，而且卖到更好的价格，让农民多赚点钱。只是没想到，自2000年开始接触农产品包装设计，到2003年成立火石公司专注农产品品牌策划，到2015年开始“品牌乡村”的探索，再到现在的乡立方乡村振兴生态链的打造，我这个初心，从缘起到现在，竟然坚持了整整20年！

早在2003年，我就开始花时间研究大量的中国台湾、日本的农产品包装设计。当时，农产品包装行业还是一个设计师“瞧不上”的领域。因为很少有农产品企业或农民合作社，愿意花几千块钱去为一款可能才卖几块钱一斤或一包的产品设计包装。基于现实，公司成立之初，我们把设计的收费标准降到了几百元，希望尽量能将这些设计转化为成果，从而引导农企能够理解设计所带来的经济价值。就这样，有一段时间，全杭州地区有一半以上的农企都成了我们的客户。在一年一度的浙江省农博会上，随处可见出自我们团队的作品，几乎每个作品都成为吸引眼球的亮点。我们笑称，浙江的农博会是火石的“设计作品年展”。

2009年，有缘参与浙江大学新成立的“卡特（CARD）农业品牌研究中心”的工作，参与农产品区域公用品牌的打造和创意研究。这是国内首个正式研究农产品区域公用品牌的学者团队，我们随中心的教授、学者一起，深入全国各地的乡村，调研国内农产品的发展与品牌建设。这段经历，让我在农产品的品牌领域里有了更专业、更系统、更丰富的学习和实践。

农产品根植于乡村，所以要从乡村源头出发。通过将近五年时间的对各区域乡村的走访调研，我发现，农产品只是乡村很小的一个组成部分，除了农产品，乡村还有更多的价值需要被挖掘，文化、民俗，还有那山山水水……这让我和团队开始思考如何为中国乡村更好地赋能。

2013年，我们开始尝试美丽乡村的品牌化打造。一个农产品品牌业务干得好好的团队怎么突然要去干规划院、景观设计院的活？圈内的很多好朋友都善意地提醒着。但我们认为，美丽乡村建设不应该是千篇一律的新农村建设，每一个乡村应该有自己的主题特色、文化、产业、产品等，乡村也应该品牌市场化，这样才会有自己的生命力。于是，2015年我们首次提出了“品牌乡村”的概念。

其实，当时美丽乡村的“主旋律”是围绕乡村景观、建筑等规划设计的“穿衣戴帽”，工程才是“刚需”。“品牌乡村”是什么？大家对此完全没有认知，在行业里也没有可参考的案例。我带着团队摸索着前行，用一个又一个的实践成果来证明我们所提出的“品牌乡村”的思维是可行的。接下来的几年，我们在全国打造了数百个经典的品牌乡村案例，其中包括下姜村，我们为它找了“梦开始的地方”的“魂”，下姜村自此奠定了成为党政干部研学高地的基础。另外，

“建德稻香小镇”“航空小镇”“萧山未来大地”“宁夏硒有田园”“龙泉村”“吉林白桦村”等逾200个品牌乡村，都出自我们的创意，有相当一部分被誉为区域的模式典范。

对乡村的了解越深刻，中国乡村振兴的难点和痛点就越清晰。我和团队再一次陷入思考，当下的中国乡村到底需要什么？中国的乡村发展仅仅靠风貌改造和特色主题设计，依然不能解决根本问题。都说产业振兴是乡村振兴的核心，但农村的产业究竟是什么？我们把农产品、文旅、教育、民俗体验等产品、产业策划设计好后，发现把产品做好做漂亮了，却不能保证能卖好，把景点建设好了，却不能保证有人来，把文化疏理好了，却不见得能传播出去……面对乡村的这些问题，我认为我们不应该只是空降兵，而应该把策划和运营打通。

于是在2020年，我们再次起航，组建乡立方，为乡村做好“策划、导流、运营”三件事，解决乡村“往哪个方向做、如何有效落地、运营机制是什么、怎么实现共富价值”这些本源问题，真正提升乡村的商业价值。

一些“见路不走”的尝试

从农产品的品牌发展到脱贫攻坚，从新农村建设到乡村振兴，过去的20年中，我和团队一直是见证者、探索者，无论是农产品品牌建设还是乡村建设，我们一直在思考：农产品和乡村项目应该怎样干？我们的角色是什么？我们自己应该用什么行动去赋能？

助力乡村无非有三种形式：第一种，授人以鱼，“输血式”是最简单粗暴的行为方式；第二种，授人以渔，传道授业，通过解放思想，教会老百姓一些技能，让他们自己创业就业，这也是一种行为方式；第三种，示范带动，需要我们亲自投身乡村，用真金白银，用实际行动，甚至不计较成败得失地去影响当地人、影响农民。这种方式风险最大，有时还伴随着别人的白眼和嘲笑，但是若能给当地带来一定的思维观念的转变，我都觉得值得。

基于乡村这股情怀，我选择了第三种助力形式。数一数，我们先后尝试了30余个乡村项目，投入了大量资金和精力，把赚来的微薄设计费都投了进去。回过头来看，我不得不承认，大部分实践项目并不成功。其中有项目的区域问题、定位问题、商业模式问题、和村集体合作机制问题，以及运营团队自身的问题等，但这些失败的经历，还是对当时的市场环境和乡村发展理念起到了一定的引导作用，更重要的是，给自己积累了大量的实战经验。

2006年，火石创办“山氏”农产品品牌，两年间开了7家专卖店，誓做“农产品进城”第一零售品牌。说起来也好笑，到现在，乡立方的仓库里还有那时候的存货。

2007年，火石投资了300亩的田园牧歌休闲农场，引导家庭农场走农旅融合之路。

2010年，当很多农产品企业执着于从“聚划算”走量时，我们却打造线上“八十号仓库”普洱茶品牌，开设了天猫专卖店，只为求证通过品牌思维可做出一家好店。

2012年，和朋友一起打造“爱在零点”喜事回礼产品品牌，寻找新的渠道为农产品的销售找路径。

2013年起，火石打造了一系列云里雾里精品民宿，探索乡村产业与民宿融合的模式——“产业化主题民宿”（至今已经有5家不同主题的民宿，包括溶洞主题民宿溶洞山居、蚕桑研学主题民宿双溪茧舍、景德镇茶瓷文化研学主题民宿塔里茶宿集、运动溯溪主题民宿紫金尖下、越野主题民宿千岛湖宋村）。

2016年，组建“与自己对话”茶品牌团队，研究农产品文创化的发展路径。

2018年，组建好奇笔记研学团队，专注于青少年乡村素质教育，同时投资打造了乡村研学基地“蚕堡王国”。

2019年，投资组建“威酱坊”，形成乡村小产业＋观光体验＋互联网创新营销的品牌工场发展模式（目前，威酱坊的农创模式已经走向全国，在宁夏石嘴山有武酱坊，在江西流芳乡鄱阳湖畔有豆酱坊，在景德镇有农垦幸福酱坊，在福建有宁化福酱坊，在广东南雄有雄酱坊等）。同时投资了乡村线路开发团队“蚂蚁探路”，把乡村闲置的荒山荒路变成户外运动线路和基地。

2020年，又相继成立了渔立方、萌立方、酱立方……

在做这些项目的过程中，我们团队从分析策划、设计建设，到投资运营，一件件都亲力亲为。我们也因此累积了大量的乡村发展和运营的商业经验，这成了团队最大的收获。目前，部分产业业态已经能够成熟地按照自身的运营体系持续发展，为我们团队源源不断地提供最新、最接地气的营销和运营管理经验。

所以，从火石到乡立方，我们团队一直以来被圈内的朋友称为“不务正业”的一群人，而我，可能就担当了类似堂吉诃德的角色。但是我们把自己定义为“拿着鼠标的乡村农业生产者”，这么多年，一直坚持用微薄的设计费，自投农业和乡村相关的产业,目的就是更深入了解农业与乡村。若没有这些“不务正业”的实践，就没有今天的乡立方方法论。正所谓：自己不会游泳，又如何教别人游泳？

这条共富路，我们一起走

早在 2006 年，火石公司就开始实行合伙人制度，目前已有十几个合伙人。他们是火石最宝贵的“资产”，创业打拼以来，大家一直在一起。无数场激情澎湃的头脑风暴，无数个不休不眠的加班夜，无数次庆功醉倒在寒风街头……往事历历在目，当然也有长达半年多没发一块钱工资的困境，其中有太多的感人故事，我就不一一赘述了。非常感谢大家对公司、对事业的坚持与坚守，让我们能够从火石一起走到乡立方。

从火石到乡立方的转型升级，缘于一个电话的交流。2019 年是火石发展最好的一个年份，我却预感到了市场在变化，公司似乎又到了一个“转型升级”的节点。一方面是“品牌乡村”的市场需求在变，方法也需要迭代创新；另一方面是火石“折腾”的各个乡村产业板块需要重新架构梳理。新的方向与路径在哪里？我也说不上来。就这样，2020 年 3 月 6 日的早上 6 点半（当时新冠病毒感染疫情刚刚有所平息，杭州开始复工复产），我拨通了莫问剑的电话。他一直活跃在农村电商领域，被尊称为“莫大侠”。我们相识多年，每年总有几次酒局相遇，我听过他的一些观点，预感他能解决我内心的困惑。

没想到，这通电话对我和火石团队来说是一个全新的开始。在接下来的一个月时间内，我带着团队先后和老莫深聊了三次，从乡村品牌战略规划到县域互联网赋能乡村、从乡村研学到人才培训、从乡村运营到国家政策引导，我们发现在很多方面，双方从观念到资源，都是高度互补的，对于下一步的方向，却又是同频共振的。在交流过程中，老莫的一句话对我如同醍醐灌顶，他说：“火石是一群用心大过用脑，诚意大过技巧的团队。‘画图’的活干得很漂亮，但如今，我们不能再用‘火石思维’去思考现在的乡村项目，要完成从策划到运营的‘立方思维’的转变。”他还诚恳地对我说：“从 2017 年开始，我就觉得农村电商的玩法出了问题，光把农产品卖出去、工业品送下乡，是远远不够的，农村还有太多深层次的问题需要解决，这几年我一直在寻找。”

既然如此，何不一起出发去“找找乡魂”？于是，我们和老莫联手组建了“乡立方”团队，一群志同道合的人在一起，立志要做乡村资源的运营管理者、乡村商业价值的提升者、乡村美好生活方式的倡导者。

成立乡立方与其说是被市场所“逼”而做的转型，不如说是团队发展到这个阶段的“水到渠成”。有了老莫的加持，乡立方的起步、发展，以及方法论总结等都达到了一个全新的高度。一开始很多人担心因为我们基因不同，重组后难免会有很多矛盾，但是我们和老莫之间，就如同已经磨合了许久的老朋友一样默契。能在这个发展的关键时刻遇到老莫，并有了乡立方的诞生，说明是时代在赋予我们更大的责任。我们称老莫为“侠客”，他那豪迈的“酒风”、老记者的犀利笔锋，800 多个县域电商产业经验及行走全国百万里路的人生阅历，为乡立方打开了一片新的天空。

乡立方团队从一开始的火石走到现在，凭的全是实战经验。这本书里提到的十多个典型案例以及从这些案例中所总结出来的方法论，也是在实践的过程中积累的。我很幸运，在不同阶段总是能遇到不同的“贵人”。早在 2000 年公司尚未成立之前，我遇到了郑国海先生和陈璞先生，是他们给的机会，让我萌生了专注于农产品品牌专业设计和成立公司的信心；从 2009 年开始，我有幸受邀参与胡晓云老师主导的浙江大学卡特（CARD）农业品牌研究中心的不少项目，这成了我专业学习和实践的平台；农本咨询的贾枭，十几年来和我们亦师亦友、一路同行，给我们提供了不少专业上的建设性意见。

乡立方组建时间三年未满，用“突飞猛进”来形容其发展态势也并不为过。

从乡村顶层策划到落地运营、从风貌创意到产业设计等，我们都在不断突破自我。三年时间，不长也不短，要说这中间没有走过弯路、没有出现过矛盾与困难是不可能的，但是所幸我们有目标一致的强大的团队。所以在此，我要特别感谢徐国武、湖北乡立方莫夫、广西乡立方查尔斯、广东乡立方余巧芸、海南乡立方张馨月、山西郭源等合作伙伴，因为有你们的支持，乡立方才能走得更稳。我还要感谢钱峰、何胜利、张高立、宋素华、洪伟华、周功斌、夏泽宗等乡村产业合伙人以及我的太太谢慧荣，因为有你们参与共同创业，才能让乡立方在乡村民宿、乡村研学、户外运动、渔产业、酱产业、萌宠产业等乡村产业上有了运营的实践经验。我还要感谢俞渝、吴添羽、江亮志欢兄弟、山哥、徐志勤、赵志强、倪老腌、王国泉、赵云、沈灵等乡村振兴路上的朋友，因为有你们的全力支持，乡立方才能走得更远。

乡立方这本书呈现的只是部分案例和经验，但我们决心将更多案例和实践进行系统总结。因为，写书背后，是我们不变的初心，是对美好乡村的希冀，是团队、朋友、伙伴们的支持、信任和不离不弃。未来，我们将一起在农业和乡村领域留下更多精彩的故事，一起拥抱共同富裕的时代。

浙江乡立方乡村发展集团有限公司董事长、
联合创始人，火石品牌机构创始人
宋小春

开篇

导读

找“魂”，迈出乡村全域振兴第一步

2023 年 2 月 14 日，在中央一号文件发布后的第二天，国务院新闻办公室就 2023 年全面推进乡村振兴重点工作举行了“权威部门话开局”系列主题新闻发布会，并答记者问。在发布会上，中央农村工作领导小组办公室主任、农业农村部部长唐仁健再次提到了“五级书记抓乡村振兴”。他说，健全乡村振兴推进机制，主要包括三个方面的机制，“一是全面落实乡村振兴责任制。坚持省市县乡村五级书记抓乡村振兴，脱贫攻坚的时候我们就是五级书记抓，乡村振兴也是这样，要切实形成乡村振兴的政策合力、工作合力。”

早在 2022 年中央一号文件发布后的新闻发布会上，唐仁健就强调了，在压实责任方面，“下一步，我们将抓紧研究制定乡村振兴责任制实施办法，明确中央和国家机关各部门推进乡村振兴责任，落实落细五级书记抓乡村振兴具体要求，形成强大工作合力。今年还将开展省级党政领导班子和领导干部推进乡村振兴战略实绩考核。同时，还要完善市县考核制度，压实全面推进乡村振兴责任。”

五级书记抓乡村振兴被反复强调和多次提及，显然是因为，作为承上启下的关键环节，市委、县委、区委书记是最为重要的“一线总指挥”。如何基于域内的客观条件与基础，在全域内全面、整体、系统推进这一重大战略的同时，又能充分发挥乡镇、村支部书记的积极性，做出特色，创造出新模式？这是一线书记们围绕乡村振兴都要思考的。为中国乡村找魂，本质上也是各地的政府“主官”们在找市魂、县魂与区魂的过程，从而实现整体与局部、系统与环节、共性与个性的“同频共振”。

作为乡村振兴示范省和共同富裕示范区，浙江省对于明确五级书记抓乡村振兴的责任清单，提出了一系列的量化要求。其中有一项规定，要求设区市委书记要落实党政领导干部联系乡村振兴联系点制度，带头定点联系 1 个以上涉农乡镇（街道）或行政村，任期内走遍辖区所有乡镇（街道）；县（市、区）委书记每年要把三分之二以上的调研时间用于农村工作，任期内走遍辖区所有村（社区）。

那么如何理解“五级书记抓乡村振兴”的内涵？乡立方首席战略官莫问剑曾对此做出如下解读：首先是明确书记成为乡村振兴的第一责任人，特别是县（区）委书记要当好乡村振兴“一线总指挥”。第一，书记从党建统领的角度，具备组织行动力，从“考核”的角度发挥最大限度的领导力；第二，要求统筹好各级政府主要的行政和要素资源，特别是在财政投入方面，最大限度地支持乡村振兴工作；第三，人才永远是发展最重要的资源，地方政府也要将最优秀的人才放到乡村振兴岗位上去，也要大胆提拔在乡村振兴工作中做出优异成绩的干部。

乡立方深耕行业二十载，农业农村领域的服务案例九百多个，其中品牌乡村的打造项目有三百多个。回顾这些大大小小案例，尤其是产生重大示范效应至今运营良好的，都有一个共同点，就是地方党委、政府自始至终在其中担当了责任、发挥了关键作用，尤其是一把手书记。

本篇作为本书的开篇，邀请了四位地方政府的领导，包括中共黄岩区委书记包顺富，中共萧山区委副书记、区长姜永柱，中共大宁县委书记王晓斌和中共郁南县委书记梁世军，分别从共同富裕、城乡共融、因地制宜和补齐短板四个不同的维度，谈了他们对为乡村找“魂”的理解和看法，以及当地政府的模式创新与路径布局。

黄岩区作为浙东经济发达区域，需要更深刻理解共同富裕的内涵，尤其是如何把握先富与后富、局部富与全域富、经济富与精神富等关系，从而破解域内东西部发展不平衡、城乡差距拉大的难题，把“生态资本”变成“富民资本”，为共同富裕做好顶层设计，探索共同富裕新路径，打造出共同富裕的“黄岩模式”。萧山区地处中国县域经济最为活跃的长三角南翼，与杭州主城区仅一江之隔，本就是杭州的强区，萧山乡村振兴的重点在于发挥区位优势，做好城乡共融，率先打造出经济强区的未来乡村模式。大宁县是2020年刚实现脱贫摘帽的山西省临汾市的一个山区小县城，这一黄河小县如何因地制宜打造富民产业，让群众住得美、过得好、留得住？广东郁南县的乡村振兴面临着一系列的“短板”，通过激活域内的优势资源，做足补齐“短板”的措施，“短板”就能成为“跳板”。

四个区县，域内发展基础、资源禀赋、文化底蕴不同，这就决定了四地的乡村振兴战略实施方法与路径的不同，但最终目标是一致的，就是要不断满足城乡人民对美好生活的追求，实现共同富裕，成为中国式现代化的有机组成部分。本篇意图通过四位地方领导的视角，来看四地为全域找“魂”之路径和方式，从而为全国其他县域的乡村振兴找路，提供极具参考价值的范本。

乡立方智库总经理

叶路

以共同富裕的使命振兴乡村

党的二十大报告明确，“中国式现代化是全体人民共同富裕的现代化”，“全面建设社会主义现代化国家，最艰巨最繁重的任务仍然在农村”。要全面推进乡村振兴，坚持农业农村优先发展，加快建设农业强国，共同富裕是乡村振兴的方向指引和落脚点，乡村振兴是共同富裕实现的基础和必要条件。黄岩区全面贯彻落实党的二十大精神，在以乡村全面振兴助推共同富裕先行上进行了有效探索实践。

为共同富裕做好顶层设计

近年来，黄岩区深入贯彻习近平总书记关于“三农”工作的重要论述，以拥护“两个确立”、做到“两个维护”的高度政治自觉，立足发展实际，强化系统思维，以构建共富参照系、绘就共富全景图、畅通共富融合路、建设共富微单元为抓手，坚持协同发力、重点突破，走深走实共富实践路径，统筹推进共同富裕区域标杆建设，力促乡村全面振兴成色更足、底色更亮。

——构建标准引领、科学量化的共富参照系。共同富裕是新赶考新目标，要激发创造性张力，用好改革创新关键一招，抢抓数字化改革机遇，系统重塑共同富裕机制。黄岩区坚持借智借脑，与清华大学社会科学学院、浙江省发展规划研究院等高校院所合作，组建县域共同富裕研究中心，加快构建“141”县域共同富裕话语体系。“1”是编制一个行动纲要。紧扣全面建设共同富裕区域标杆目标，明确“三步走”分阶段目标和工作任务、政策保障、评价考核等内容，将理论与实践相结合，搭好区域标杆建设的“四梁八柱”。“4”是建立四大体系，即目标、工作、政策、评价四大体系。比如政策体系方面，围绕工作任务出台一个统领政策和九个专项政策，谋划制定 N 个特色政策，争取上级政策试点。“1”是打造一个共富引擎。上线了共富工坊、瓜果天下、青燕归巢、e 家富、重大项目全流程服务平台、模具产业大脑等数字化场景应用，集成打造数字化“共富引擎”，实现共同富裕智感知、智评价、智推动。

——绘就九富集成、立体美好的共富全景图。共同富裕是一项系统工程，包括物质、精神等各领域富裕。黄岩区坚持系统理念，着眼人的全面发展和社会的全面进步，加强统筹协调、系统集成，久久为功、步步为营打出九大共富行动“组合拳”，全面建设共同富裕美好社会。一是实施党建引富、初心为民行动。发挥党的领导核心作用，凝聚全社会共识和力量，以党建资源力量一体化推动片区共同富裕一体化。二是实施产业造富、发展利民行动。大力发展实体经济，做大经济总量，夯实共同富裕物质基础。三是实施科技创富、创新惠民行动。以永宁江科创带建设为主体，一体推进各领域创新，不断激发高质量发展动力和活力。四是实施协作带富、帮扶助民行动。统筹区域、城乡协调发展，构建全方位帮扶体系，扩大对外开放水平，积蓄发展新优势。五是实施增收帮富、兴业富民行动。聚焦“扩中”“提低”，完善就业公共服务体系，健全收入分配制度，加快形成橄榄型社会结构。六是实施民生享富、服务便民行动。统筹推进教育、医疗、养老等社会事业发展，完善社会保障体系，提高公共服务水平。七是实施文化润富、文明悦民行动。通过实施文化复兴战略，以人文之美助推精神富有，提高全社会文明程度。八是实施绿色生富、生态亲民行动。坚持走生态优先、绿色发展之路，打通“绿水青山”向“金山银山”转化通道，实现经济、生态、社会效益共赢。九是实施善治护富、和谐安民行动。不断提高整体智治水平，深化平安黄岩建设，营造和谐稳定的社会环境。

——畅通东西并进、全域统筹的共富融合路。乡村振兴、共同富裕的一个重要着力点是破解城乡二元结构，而城乡二元结构的关键构成因素是要素资源从城到乡的单向流动。黄岩区坚持问题导向，在浙江省率先推出全域协作十二大行动，通过对口支援、强村帮带、资源下沉等方式，促进要素资源在城乡间双向流动，增强农村内生发展能力。一是全域结对帮富。坚持先带后、强带弱，构建全方位、多层级、立体化的帮扶体系。二是活化资源创富。引导企业等市场主体西进，鼓励村集体资源入股，推行共富公司、飞地抱团、农民持股计划，盘活村集体资产，带动农民增收。三是下沉服务享富。推动人才科技、公共服务、金融资本等下沉，加大农村、山区生产要素和公共服务供给。四是整体智治护富。把党的领导贯穿工作全程，实行橘光党建联建，建立橘光社区等共富微单元，为村民提供居家养老、交通出行、矛盾化解等“一揽子”服务。

——建设全民优享、真实可感的共富微单元。共同富裕是可评价、可感知的，最终落脚点是增进人民群众获得感、幸福感、安全感。黄岩区牢固树立以人民为中心的发展思想，以社区、村居、企业、学校、医院等为重点，打造了一批共同富裕微单元，以点带面、先行先试，让人民群众在最短时间内真切感受到共同富裕看得见、摸得着、真实可感。比如，与清华大学社会科学学院联合，探索积极心理学应用，按照“五个一”的标准，即建设一个幸福中心，健全一套网络服务体系，打造一套积极心理学专业服务内容，培育一支专业心理服务队伍，创新一个幸福产业，建立了黄岩区社会心理服务体系，让精神层面的共同富裕更加彰显。特别是在推进乡村全面振兴上，深入实施“千万工程”，持续改善乡村人居环境，以开展彩虹西乡文旅共富行动为抓手，串点连线打造美丽庭院、美丽乡村精品村、美丽乡村风景线，通过建设美丽乡村带动美丽经济，用美丽经济带动村民共同富裕，探索共同富裕新路径。

为共同富裕探索新路

黄岩区在全面建设共同富裕区域标杆中进行了系统性探索，农业绿色发展、农业农村人才引进培养、宋韵文化润富等诸多工作亮点频现。如，以“瓜果天下”应用助力扩中，以“小橘灯”共富工坊建设助力提低，以“e家富”数字化应用助力橄榄型社会构建，“扩中提低”工作成效明显，具有很强的可借鉴性、可复制性、可推广性，成为黄岩区全面建设共同富裕标杆区的名片。目前，“瓜果天下”“共富工坊”在浙江省已进行复制推广。

——“瓜果天下”区外农业升级助力“扩中”。黄岩区的区外农业已有30余年的历史，外出农民人数近5万人，占全区农业从业人口的50%以上；区外总种植面积近60万亩，以西瓜等瓜果种植为主，种植区域遍布全国各省，及老挝、尼日利亚等国家，产值超100亿元，农民年均纯收入超10万元，形成了“追着太阳种西瓜”的创业致富景象。区外农业是黄岩区以“八八战略”为指引，跳出浙江发展浙江的典型，走出了一条区内区外共同致富的新路子。外出农民每年向中西部省份支付土地租金近10亿元，带动当地5万多名农民增收30多亿元，以陕甘宁地区为例，当地土地流转价格从2012年的800元/亩上升至2022年的1600元/亩，雇用劳动力价格从50元/天提高至150元/天。特别是近年来，黄岩区迭代优化数字惠农服务，打造瓜果产业数字化共富新引擎——“瓜果天下”场景应用。该应用通过数据链贯通区内区外杨梅、西瓜、柑橘等特色农产品的产业链、资金链、创新链和政策链，打造集标准化种植、可视化溯源、精准化销售和一站式服务于一体的数字化场景，用数字化拓宽共富路径。目前，已成功连接分布于国内的48个优质瓜类生产基地，现有注册用户10.3万人，登记种植面积47.8万亩，降低农资采购成本5% ~ 10%、物流成本20%，选址精准度提升70%以上，贷款利率从6% ~ 7%下降至4% ~ 5%，外出农民增收成效明显。

——在全省首创“小橘灯”共富工坊助力“提低”。随着城市化进程加快推进，要素资源快速向城市聚集，农村空心化趋势明显，农村留下不少闲置劳动力、闲置农房等资源。黄岩区开展“产业进农村、农民大培训、农民大就业”，引导东部发达地区的企业、合作社等市场主体发起“西进运动”，将无污染的手工业整体迁到农村，实现产能梯度转移。根据“宜工则工、宜农则农，宜建则建、宜改则改”的“四宜”原则，充分利用村庄闲置土地或房屋，在浙江省率先建设“小橘灯”共富工坊，让农民在家门口灵活就业，探索出“政府搭台、产业引路、市场运作、多方共赢”的共富模式。目前，黄岩区已建成169家“小橘灯”共富工坊，促成148家企业入驻，帮助3682位村民实现就近就业，其中低收入农户村民 343 人，人均月增收 2000 多元。同步开发建设“共富工坊”数字化应用，实现“一地创新、全省共享”。

——以“e 家富”数字化应用精准助力橄榄型社会构建。为推动扩中家庭实现增收致富的总体目标，黄岩区结合自己的特色，与清华大学深入合作，打造以“家”为研究核心，以共同“富”裕为根本目标的“e 家富”数字化应用。“e 家富”数字化应用实现了三大功能：一、汇总公安、民政、住房、人社、金融等部门和机构的家庭相关经济数据，建立以家庭为基本单元的共富谱系；二、依托大数据研究不同家庭类型的各类经济指标，快速识别扩中家庭，构建家庭经济画像指标体系；三、强化“e 家富”与扩中政策的高效联动，针对扩中家庭需求，强化财税政策落地，跟踪政策扩中成效，开启家庭共富新模式。目前，黄岩区 95.1% 的户籍人口已关联构建了家庭谱系，准确开展了以家庭为单位的共富微单元研究，为加快构建橄榄型社会提供支撑。

打造共同富裕的“黄岩区模式”

黄岩区探索共同富裕的实践是以把握新发展阶段、贯彻新发展理念为根本，既发挥党领导一切的核心作用，又激发全社会参与的热情、激情；既向区外高参借智借力，又有本土乡贤、专家、企业家带富帮富；既有产业造福，又有绿色生富，生动践行“两山”理念；既有物质生活的极大丰富，又有精神文化生活的充实富有，实现两手抓、两手硬；既有传统产业、传统文化绽放新的光芒，又有新产业蒸蒸日上，新技术、新科技应用如火如荼。黄岩区在全面推进乡村振兴，加快实现共同富裕上开展了卓有成效的探索，以期为省、市共同富裕提供有益参考。

——党领导下的各方参与是实现共同富裕的坚强保障。中国特色社会主义最本质的特征是中国共产党领导，要加强党委对共同富裕的统一领导，不断健全组织体系、制度体系、工作机制。按照习近平总书记要求的“举全党全社会之力推动乡村振兴”，团结全社会力量，形成区、乡、村多级党组织联动，党员干部全员参与的格局。

——因地制宜、绿色发展是实现共同富裕的有效途径。要忠实践行“两山”理念，把“生态资本”变成“富民资本”，将“两山”转化作为破解当地经济增长与生态保护共生问题的“发展钥匙”，因地制宜做足绿色文章，将生态优势转变为发展胜势。

——以点带面、惠及全民是实现共同富裕的关键举措。要牢固树立以人民为中心的发展思想，秉持“共同富裕最艰巨任务在农村”工作理念，聚焦扩中提低，深挖乡村资源禀赋，坚持宜工则工、宜农则农、宜游则游，通过区、乡、村三级协同推进，打造一批共同富裕微单元，以点带面、先行先试，让人民群众在最短时间内真切感受到共同富裕看得见、摸得着、真实可感。

——技术创新、智能应用是实现共同富裕的高效助力。科技是第一生产力，要充分发挥科技的支撑作用，走出一条科技兴农、科技助农、科技富农的新路子，特别是要加快搭建农业数字化场景，以数字化贯通农业产业链、资金链、创新链和政策链，赋能共同富裕。

中共黄岩区委书记

包顺富

萧山

在乡村烟火气里走出现代都市范

“留得人间烟火气，走出现代都市范”——萧山区乡村走向全面振兴后将是一个什么样的景象？这一句话，我想是很形象也很贴切的一种表述。作为杭州市的强区之一，这是萧山区在乡村振兴领域必有的定位与必须实现的目标。

杭州市萧山区地处中国县域经济最为活跃的长三角南翼，与杭州主城区仅一江之隔，区域面积 931 平方千米，下辖 12 个镇、10 个街道。作为浙江省高质量发展建设共同富裕示范区首批试点地区之一，萧山区乡村全面振兴工作又该拿出什么样的创新举措呢？基于社会经济发展水平和城乡建设现状，萧山区通过近几年的探索，大力推进城乡在人才、资金和土地等要素上的融合与双向流通，有效促进了城乡协调一体化发展。

在党的二十大报告中，习近平总书记强调“全面建设社会主义现代化国家，最艰巨最繁重的任务仍然在农村。坚持农业农村优先发展，坚持城乡融合发展，畅通城乡要素流动。”对于萧山区来说，就是要通过城乡融合，以未来乡村建设加快补足乡村发展短板，从而加快缩小城乡差距、实现共同富裕。

当下，作为浙江省“千村示范、万村整治”工程的源起地和首批省部共建乡村振兴示范区，萧山区正以共同富裕现代化基本单元试点为契机，探索实践“以美丽乡村为底色、以数字乡村为支撑、以共富乡村为导向”的迭代模式，通过聚焦五化十场景（聚焦全域洁化、绿化、序化、亮化、美化价值取向，聚力亚运场馆、核心节点、建设工地、城市家具、公共道路、公园绿地、城市河道、建筑立面、住宅小区、门前屋后十大城市居民日常生活场景），全面促进农业高质高效、乡村宜居宜业、农民富裕富足，协同推进萧山区未来乡村建设工作，并取得了积极成效。截至 2022 年 8 月萧山区已累计启动建设市级未来乡村 19 个（杭州市共 85 个），5 个同步申报浙江省级未来乡村，一些探索实践得到了省市的肯定和推广。其中，临浦镇横一村在 2022 年 5 月初通过省级现场复核，并于 5 月 27 日在省共同富裕现代化基本单元建设推进会上公布成为全省首批 36 个未来乡村之一，其“萧山未来大地”的品牌定位和“稻子、柿子、院子”的做法已经形成“横一模式”，正处于推广阶段。

虽然已取得了一些成绩，但我们在乡村全面振兴过程中，依然存在着不少困难，其中最突出的主要是两个方面：

*一方面，是美丽乡村转化为美丽经济的能力不足。*虽然有部分乡村借助美丽乡村这个契机，抓住了发展的机遇，在扮靓环境的同时盘活集体资产、打通市场渠道，将绿水青山转化成金山银山，但是大部分村因资源禀赋不足、产业同质化竞争等因素，乡村产业直接增收效益不明显。部分村级集体经济基础薄弱，内生性的“造血”功能长期缺失，刚性支出带来了持续经营的困局，美丽乡村转化为美丽经济的成效性和持久性不强。

*另一方面，是未来乡村建设资源要素制约较多。*规划是发展的导向，但由于历史上长期的多规并行，导致多规融合后建设用地资源明显不足。据统计，在全区经营性收入 120 万元以下的 139 个行政村中，有 81 个村缺乏建设用地指标，发展空间受限。同时，随着农村发展的步伐不断加快，对农业生产、景观规划、经营管理等方面的专业人才需求也越来越大，但受限于主客观条件，乡村引才、留才情况并不理想，人才供需矛盾日渐突出。

面对这些问题和困难，萧山区从实际出发，聚焦“强村”“富民”两个关键词，强化区级统筹，努力从更高层级、更大区域、更多角度开展实践探索，有效破解制约未来乡村建设和乡村全面振兴的一些关键问题。

一是探索打造产业植入＋乡村特色的“品牌综合体”，破解“后劲乏力”难题。

立足乡村资源禀赋，挖掘乡村核心优势，导入品牌运营理念，提炼乡村IP元素，并加以推广，努力提升乡村IP发源地的吸引力。同时，积极打造有前景、有潜力的创业和发展平台，以开放的姿态迎接多元资源入驻，让乡村有更多新的体验和新的盈利点。

二是探索打造村村联动+产村融合的“组团共同体”，破解“单打独斗”难题。切实打破村域壁垒，实现乡村资源共享、优势互补，鼓励未来乡村发挥辐射带动作用，集聚周边村落组村成团、联动抱团，延伸区域性特色产业链，串联起以乡村为单位的地缘经济发展路径，实现共享、共荣、共赢。

三是探索打造乡村智治+民生优享的“数智生命体”，破解“数字鸿沟”难题。聚焦“152”和“141”的有效衔接、全域贯通，积极探索“E网全覆盖·数智见未来”的乡村智治新模式。以数智赋能便捷乡村服务群众，加快乡村公共服务数字化应用、数字化集成，促进优质服务触手可及，推动民生“七优享”延伸至村“神经末梢”，实现共建共享。

四是探索打造区位优势+文化优势的“都市近郊体”，破解“二元结构”难题。毗邻城市的村镇，既有区位优势、经济优势，拥有城市化的配套设施和优质的公共服务，也有独特的乡村韵味和乡风乡貌。努力促成时代大道、风情大道、通城大道、彩虹大道等快速路的联网贯通，挖掘生态旅游、人文旅游等资源，打好“农文旅体”组合牌，发展乡村新业态，打造高效、高质、高品的城市辐射下的未来乡村。

五是探索打造产业致富+资源共享的“共富联合体”，破解“全域发展”难题。在工业发达的东片地区强化以工补农、以工带农力度；在生态优美的南片地区促进“农文旅体”融合发展，立足优质的自然山水和田园风光，开辟旅游专线公交，培育全过程配套的旅游线路。通过发展强大乡村产业体系，全民共享产业红利，助力实现生活富裕富足、精神自信自强、环境宜居宜业、社会和谐和睦、公共服务普及普惠的未来乡村共同富裕愿景。

中共萧山区委副书记、区长

姜永柱

大宁

强化顶层设计，做好乡村振兴大文章

实施乡村振兴战略，是以习近平同志为核心的党中央从党和国家事业全局出发、着眼于实现“两个一百年”奋斗目标、顺应亿万农民对美好生活的向往作出的重大决策。在脱贫攻坚取得全面胜利、全国各地全面推进乡村振兴的大背景下，为乡村找魂，为乡村振兴找魂，是值得每一位党员领导干部特别是党政“一把手”深思熟虑的问题。我国幅员辽阔，各地的地理位置、资源禀赋、文化底蕴、产业基础、风俗习惯不同，决定了推进乡村振兴的基础不同、方案不同、进度不同，也意味着乡村振兴没有可以复制粘贴的经验、没有现成的答案，必须实事求是、因地制宜，探索一条符合本地特色的乡村振兴路径，也就是找准乡村振兴的精神内核与方法思路，找准乡村振兴的“魂”。

大宁县是山西省临汾市的一个山区小县城，国土面积 962 平方千米，常住人口 5.22 万人，2020 年实现脱贫摘帽，建档立卡的 80 个贫困村 6357 户 17298 名贫困人口全部脱贫。面对全面推进乡村振兴的艰巨任务，我和四大班子成员立足全省乡村振兴重点帮扶县实际，围绕“产业兴旺、生态宜居、乡风文明、治理有效、生活富裕”的总要求，解放思想、实事求是，集思广益、群策群力，努力找寻契合大宁县乡村振兴实际的“魂”。我们认为，乡村振兴二十字总要求中，产业兴旺与生活富裕相互促进，乡风文明和治理有效相辅相成，生态宜居自成一体。因此，必须重点抓好富民产业、城乡建设、基层治理三方面工作，以点带面推动乡村全面振兴。

一、打造富民产业，让农民群众留得住。乡村振兴，产业兴旺是重点。大宁县要实现产业兴旺，必须要靠特色产业突围，通过产业提升让农民群众留在乡村、发展乡村。第一，我们抢抓苹果产业结构调整机遇，发挥地处北纬36度黄土高原优质水果生产核心区域的优势，实施果业提升工程，引进发展质脆可口、抗旱耐寒、早产丰产的“宁脆”苹果新品种，完善果水、果路、果库配套，投资2亿元建设集智慧仓储、分拣精选、物流配送、电商培训等于一体的水果供应链基地，通过分级分选、优质优价倒逼群众发展果业、提升品质，带动红富士苹果、玉露香梨提档升级，打造果业支柱产业。第二，我们坚决落实省委农业“特”“优”战略，坚持因地制宜、因势利导，鼓励支持群众发展西瓜甜瓜、设施蔬菜、高原小米、温室花卉、林下养殖等特色产业，打造以“宁脆”苹果为龙头的“1+N”富民产业体系。第三，我们紧紧抓住省市打造黄河旅游板块的战略机遇，依托沿黄自然地形特征，打造集丛林、山地、沙地、滩涂等丰富地形于一体的“黄河英雄路”越野线路，申报创建马斗关古渡口国家3A级旅游景区，盘活沿黄乡村闲置资源发展黄河人家、民宿，鼓励群众发展农家乐、采摘等新业态，推动农旅文旅融合发展，拓宽群众增收渠道。

二、统筹城乡建设，让农民群众住得美。乡村振兴，生态宜居是关键。大宁县要实现生态宜居，必须县城与农村一体推进，生态与宜居同步发力，打造美丽宜居大宁。一方面，我们贯彻落实《关于推进以县城为重要载体的城镇化建设的意见》，加大县城建设投入，实施县城更新行动，有序推进昕水河城区段综合整治、安置小区、昕水河公园、森林城市、地灾综合治理、地下停车场等重点城建项目，压茬推进新医院收尾搬迁、高中新校区、职中新校区、小学幼儿园改建扩建等重点民生项目，强化县城管理，努力打造“小而精”的美丽宜居县城。另一方面，我们贯彻落实党中央关于实施乡村建设行动的部署要求，在接续实施农村人居环境整治提升五年行动、农村“六乱”整治的同时，以“一村就是一个旅游景点”的标准规划设计，启动“一横（520国道沿线）一纵（沿黄旅游公路主线沿线）”16个重点村美丽乡村建设，用2至3年完成248省道、乡镇所在地、人口密集村美丽乡村建设，打造美丽宜居乡村。为加快推动项目建设，我们充分调动县级领导积极性、主动性，成立20个县级领导担任指挥长的重点项目指挥部，负责项目全过程管理和资金审签。建立设计、咨询、融资、施工“四支队伍”，聘请同济大学建筑设计研究院、山西省投资咨询和发展规划院等专业团队规划设计、咨询管理，与山西建投、万家寨集团等省属国企签订战略合作协议，作为投融资单位或施工单位，通过争取财政支持、申报债券资金、土地增减挂钩指标交易、招商引资等途径多方筹措资金，确保项目落地，以高质量项目建设推动乡村全面振兴。

三、加强基层治理，让农民群众过得好。乡村振兴，基层治理是根基。我们坚持把乡风文明和治理有效有机结合，以数字大宁建设为契机，与浙江天演维真联合开发“乡村振兴 · 数字大宁”平台，着力构建1个中心（大数据中心）+3个平台（政务管理平台、便民服务平台、协同平台）+N个应用系统（返贫监测、乡村振兴、政务管理、便民服务、产业发展、疫情防控、智慧党建、基层治理、文明创建等）的体系架构，让数据多跑路、群众少跑腿，探索“用数据说话、用数据决策、用数据管理”的基层治理新路径，打造“大数据 + 大党建 + 大治理”新格局。

我们坚信，小县要有大志气，小县也可以有大作为。只要我们全县干部群众团结一心、步调一致，紧紧抓住抓好乡村振兴的“魂”，就一定能在全面推进乡村振兴的新征程中走出大宁特色路径、迈出大宁坚实步伐，一定能让大宁群众在乡村振兴中感受到新变化、新气象、新作为。

中共大宁县委书记

王晓斌

郁南

打造乡村发展的底色亮色成色特色

习近平总书记在党的二十大报告中强调："全面建设社会主义现代化国家，最艰巨最繁重的任务仍然在农村。"对于这句话，郁南有着最深切的体会。作为一个典型的"八分山地一分田，半分河道半分村"的山区县，郁南经济社会高质量发展最大的短板在农村，最大的潜力也在农村。郁南的乡村应该如何"找魂"与"塑魂"，探索出乡村全面振兴并可持续发展的模式与路径呢？

郁南是广东的"西大门"，西与广西梧州市接壤，北与肇庆市封开、德庆两县隔江相望。因地处"郁水"（即西江）之南而得名，区域面积 1966.2 平方千米，辖 15 个镇，总人口约 54 万人，是全国绿化模范县、中国生态旅游大县、广东绿色名县。近年来，郁南立足实际、因地制宜，坚持发展现代农业和特色产业，坚持系统化思维和"一盘棋"思想，集聚强大合力持续推动农业强起来、农村美起来、农民富起来。

但是，从经济社会高质量发展的要求来看，郁南依然面临一系列"短板"。县域经济体量小、财政实力弱，城乡发展不平衡不充分问题依然存在。特别是在实现乡村振兴的道路上，郁南还面临三个主要问题：一是乡村基础差、底子薄，农村公共服务历史欠账较多、配套不足，闲置资源尚未充分利用起来；二是农户尚未走出"自种自销"传统模式，农业产业链条还不够长，精深加工能力弱，以初级产品为主，附加值偏低；三是郁南丰厚的历史文化内涵挖掘与活用还不够充分，强势品牌缺失，品牌经济尚未形成。

不过，透过“短板”，我们看到的，却是郁南振兴乡村所拥有的巨大潜力。就人文价值而言，郁南是“岭南祖地”，境内的磨刀山遗址是目前广东省确认年代最早的人类文化遗存，填补了广东旧石器时代早期文化的空白，将本地区最早有人类活动的历史大幅提前至数十万年前，是岭南史前考古的重大突破，也是中国旧石器时代考古的重要新进展，入选 2014 年度全国十大考古新发现。就生态价值而言，郁南森林覆盖率高达 72.98%，空气优良率常年接近 100%，西江水质常年保持在Ⅱ类；郁南还拥有丰富的“红色资源”，传承着“红色基因”，比如说龙岗村是西江地区第一个敌后抗日根据地，诞生了中国人民解放军粤桂边三罗总队；河口镇的河口寨村还是广东省第一批 30 个“红色村”党建示范点之一。可以说，古色绵长，绿色怡然，红色炽热，这古、绿、红“三色”在郁南汇聚融合，交相辉映，构成郁南乡村发展的底色、亮色和成色。

不妨先来盘点一下郁南的“家底”：在区位和资源方面，郁南拥有通航能力 3000 吨级的西江“黄金水道”，是少数拥有两个高铁站的县域之一。广昆、怀郁等高速公路和国省道纵横交错，郁南的交通可谓四通八达。郁南的矿产资源丰富，2022 年 10 月，辖区桂圩镇冲旺岭矿区建筑用花岗岩、变质砂岩矿成交价 78.5 亿元，打响了郁南资源经济发展“第一炮”；水资源潜力大，环北部湾广东水资源配置工程取水口“落户”建城镇地心村。郁南特色农产品资源也十分丰富，其中无核黄皮、无核沙糖橘、东坝蚕茧、庞寨黑叶荔枝是国家地理标志产品。作为“中国无核黄皮之乡”，郁南是广东地区乃至全国最大的无核黄皮种植、销售、加工基地，产值 32 亿元，品牌价值 44.6 亿元。“小黄皮”是郁南农民名副其实的“致富果”，是最大的特色产业。

将“短板”变成“跳板”，把“潜力”化为“实力”，这是郁南县委县政府推进乡村全面振兴的战略共识。尽管前进道路上充满各种困难和挑战，但是，作为东融西联的“桥头堡”，背靠得天独厚的资源优势，郁南未来可期，也必定能够有大作为。在落实一南一北两条乡村振兴示范带的过程中，郁南大力发展“一村一品、一镇一业”的富民强镇兴村产业，推动一产“接二连三”融合发展，加快从“农业大县”向“农业强县”转变，实现“底色更重、亮色更显、成色更足、特色更特”的目标——

一是聚焦“品牌引领”，推动“美丽资源”转化为“美丽经济”。郁南物华天宝，农特产品质优量大，但长期以来“产品叫好不叫座”，从全国市场来看，知名度更不高。究其原因，是因为缺乏可以“破圈”的强势品牌。对此，郁南正依托各镇村的资源条件，强化品牌意识和品质思维，深入挖掘差异化特色，提炼打造爆款，以硬核产品提高品牌知名度和美誉度。同时盘活利用农村闲置土地、农房和生态、文化等资源，升级传统产业，培育新兴产业，打好产业、市场、科技、文化“四张牌”，讲好郁南故事，弘扬实干精神，持续擦亮“郁”字号品牌。

二是聚焦“产业壮骨”，推动产业链向“微笑曲线”两端延伸。传统的山地资源不利于规模化耕作，一定程度上制约了郁南的经济发展。对此，郁南正以无核黄皮为核心打造特色农产品“12221”市场体系和生态甜蜜产业，统筹利用国际国内两个市场两种资源，抓住 RCEP 机遇，拓宽全球消费市场，打造全球“爆款果”“珍稀果”；同时，以“万物皆可黄皮”思维做强精深加工，健全产业链条，发展黄皮预制菜产业，创新开展“共富工厂”“共富工坊”建设，打造集“吃喝玩乐购住”于一体的“世界黄皮公园”，实现非果期引流，提高产品附加值，撬动黄皮“百亿”品牌。

三是聚焦“文化铸魂”，推动优秀传统文化创造性转化、创新性发展。中山大学黄伟宗教授曾用“五个最”来盛赞郁南之美，即目前发现的广东最早的人类发祥地、广东最老的土著百越族祖地、广东最古老的珠江主干流文化带、广东最早的海陆丝绸之路对接通道、拥有最美的青山绿水宜居环境。郁南正积极盘活丰厚的文化资源，通过用好用活岭南祖地文化、南江文化、西江文化、中华名果等金字招牌，放大地域之特、文化之魂、历史之韵、生态之美，打造具有郁南特色的体验场、消费场、传播场，以文化振兴激发乡村发展活力。

四是聚焦“文旅融合”，推动文旅深度融合，培育壮大文旅经济产业。绿色是郁南最深厚的底色，生态是郁南高质量发展的核心优势。郁南坚持用好“创建乡村振兴示范带”这个强有力抓手，高标准高水平建设“西关甜乡”和“丝路古韵”一北一南两条乡村振兴示范带，串联打造生态风光、农业观光等精品旅游线路，推动农文旅产业融合并进、协同发展。目前，郁南正积极开展南江文化的申遗工作，并以南江文化为核心大力开发生态康养新业态、新产品，全力打造世界知名的南江文化旅游目的地和粤港澳大湾区“后花园”“康养地”。

在大王山国家森林公园，邂逅清晨的第一缕阳光；在黄皮文化特色小镇，享受一场味蕾的盛宴；在磨刀山古人类遗址，开启一段奇妙的“寻根”之旅；在庚戌中学党支部旧址，感受一番跳动的红色脉搏……不远的将来，郁南一定会交出一份富有发展实力、活力、动力及魅力的振兴答卷，随处可见乡村的兴旺场景！

中共郁南县委书记

梁世军

上篇

导读

概念乡村：就是要找出绝无仅有的发展题材

到本书出版之日，我们团队已经步入了第二十个发展年头。我担任智库负责人，也已是“三年陈”了，但跟整个团队的奋斗史相比，实属新人。对这段奋斗史的了解，我是从翻阅它一个个案例 PPT 开始的，先不算其在区域公用品牌和企业品牌上的设计服务案例，仅仅这超过 300 个品牌乡村的案例思路，若把 PPT 全部打印出来，摞起来该有十层楼那么高了吧。看着这一个个乡村打造思路，更难以相信这一个个思路都已经付诸现实。惊叹之余，我不禁思考，我们一直引以为傲的方法论，背后究竟蕴含着怎样一种决策逻辑？

为乡村找魂，这是乡立方方法论的头等大事，也是本书的主题。但，中国疆域广袤，六十九万多个行政村，历史、地貌、文化、经济、资源、村情……万村万面、村村不同，虽然乡村的打造须遵循“一村一策”，但若每一次找魂都是千头万绪、无据可依的“偶然事件”，便也称不上是方法论了。乡立方反复强调和提倡的找魂，从它亲手实践的几百个乡村案例里，是可以归纳总结出可对标、可参考、可遵循的内在思维逻辑的。正如本书的上中下三篇所述，大致不外乎概念、产业、文化三类。

关于概念，我们可理解为“本质”“定义”。对于一个事物，我们需要寻找其本质、赋予其定义，在人的脑海里，一个事物是什么，其实是被概念化后的产物。乡村也一样，千百年来的变迁让乡村形成现在一种种不一样的形态，如何来定义一个乡村，如何寻找出它内在的本质，如何通过将一个村庄概念化之后，让人们认识它、记住它，并因为此“概念”而将它与其他“芸芸众村”区别开来，这就是找魂方法论里所谓的概念的意义。

结合乡村案例，我们从以下三方面来解析，何为一个概念型的找魂，我们究竟该怎么做。

首先，概念来自哪里？

在回答这个问题之前，我们先看一个乡村的概念要满足哪些要素。一是它与这个乡村之间一定要有内在的联系，不能是毫无根据、凭空瞎想的；二是它必须能经得起时间的考验，不能是今年明年适用，后年就过时了；三是它要便于理解和传播，不能搞一个大家都看不懂的。

概念可以从社会热点里去找。比如本书所列的案例之一“萧山未来大地”横一村，我们从非粮化整治和城乡融合这两项当下国家正在努力推进的重点工作出发，展开思考，结合横一村的现状，最后形成“萧山未来大地”这样一个概念，成功地将横一村打造成了临浦镇“城乡共融的先行区”、萧山“城乡共富的实践地”。红色教育基地的标杆之一淳安县下姜村，它的“梦开始的地方”这一概念，正是与“两山”理念和中国梦这些指导思想相联系后，捕捉到的创意。

概念也可以从消费需求、消费热点上去思考。浙江省临海市正在全力打造的“江南·溪望谷”的概念，就是基于台州市一百千米消费半径内的周边游、乡村游、农村游的强需求，产生的探索“最江南”的沿溪乡村振兴模式的想法。梁子湖则以其紧挨武汉这一独特区位优势，基于大都市消费圈对乡村产业和业态的强需求，来支撑一个“未来芳洲”的产业聚集概念。

概念还可以从未来趋势上去探索。位于黄河流域的山西大宁县，正在打造“一横一纵”两条乡村振兴示范带，其中纵向上就设计了一个名为“黄河英雄路”

的汽车越野线。它的创意源头，就是乡村体育在近几年的兴起，特别是汽车越野正在成为一个潜力无限的休闲业态，和营地模式一起，成为体育赋能乡村的投资起点。按照既定的打造计划，“黄河英雄路”必将成为黄河沿线最专业的越野线路、最有野趣的线路和最便利的线路，从而从根本上改变大宁在黄河沿线旅游资源缺乏的现状，走出一条独特的乡村振兴之路。

其次，概念如何落地？

概念不落地，就是纸上谈兵，就是形同虚设，就是空中楼阁。一个好的概念，除了要满足我们在一开始说的三个要素之外，它一定是具有可操作性，可以付诸实施的。概念的落地可以用三个“气”来归纳，那就是懂天气、接地气、聚人气。

“懂天气”是概念落地的战略起点。“天气”就是大形势、大趋势，既要讲政治、顾大局，又要把握市场规律、时代脉搏。以当前乡村最难啃的一项工作“非粮化整治”为例，要将苗木基地改为水稻田，直接的经济价值肯定是下降的。但在粮食安全与18亿亩耕地的政策红线前，顶住不改是不可能的。我们的办法是，“让这片稻田成为一道风景”，植入更多业态，从而产出比原来苗木基地更高的价值。事实上，这也正是“萧山未来大地”成功的关键逻辑。

“接地气”是概念落地的现实需要。围绕当地政府的实际与意愿，花小钱办大事，将当地的特色放大，就是接地气的表现。下姜村的概念“梦开始的地方”确立之后，在基本不改变原有基础设施的基础上，围绕“梦”主题从每一个小细节着手提升景观氛围，对外围绕“梦”主题建立话语体系，讲好梦故事，在业态上扶持好模范先锋，引领青年返乡创业。临海“江南·溪望谷”，选择了从不起眼的香年溪开始做起，舍大取小，就是要以务实的态度从原始风貌保存最好的空心村开始，让产业回归，让乡愁回归。

“聚人气”是概念落地的发展保障。“聚人气”是什么？一是聚本土乡贤之人气，通过对乡村资源的精准策划，孵化出符合地方区域特色、资源禀赋和乡村风俗的产业，吸引更多人才返乡创业；二是聚市场人气，通过特色精准的产业，吸引更多的城里人到乡村走走，并通过互联网手段让“工业品下乡，农产品进城”更顺畅；三是在机制上保障农民、集体以及当地国有投资主体与工商资本形成利益共同体，就是要“共富”。下姜村、横一村、临海溪望谷、大宁黄河路、未来芳洲，本篇的五个案例在聚人气上，都做到了周全的考量。

最后，概念如何做到与时俱进？

一个好的概念需要具有长久的生命力，它既适合当下，也能承载未来的无限想象。乡村需要发展，业态也需要迭代，乡村的概念若是理解为一个对外传播上的定义，那么在它看似不变的寥寥数语下，包含的内容却是动态的、推陈出新的。

以下姜村为例。从 2016 年开始，“梦开始的地方”至今已经对外发布了六年多，已成为下姜村一个不可分割的身份符号。在这之后的连续四年，项目团队一直在为下姜村提供持续的服务，每年都为下姜村这个梦的概念注入新的内容。保持内容的换新机制，是一个概念得以巩固、丰富、与时俱进、深入人心的关键。横一村也是如此。“萧山未来大地”，这六个字是不变的，但它包含的内容一直在增加、在延续、在发展。从横一村开始，再到横二村，以后还会有更多的村，“萧山未来大地”是一个多村联动的城乡共富体。山西大宁的“黄河英雄路”，是一条越野路，更是一条奔向未来的共富路。大宁项目的概念诞生之初，就已经将未来几十年的发展考虑在内，围绕越野相关的多种业态，如帐篷营地、集装箱、真人 CS 营地、民宿、餐饮，等等，随着这条路的发展，将是一个不断往里叠加的过程。临海的“江南 · 溪望谷”，沿溪玩法更是层出不穷，从一期的“一溪一线五村”开始，项目将分多期进行，以确保未来多年“江南 · 溪望谷”都能与时俱进，走在沿溪乡村共富带的最前沿。

本篇的五个案例故事中，“梦开始的地方”下姜村、“萧山未来大地”横一村、临海“江南 · 溪望谷”、大宁“黄河英雄路”、梁子湖“未来芳洲”，虽然同为概念型的找魂案例，但五个地方发展基础不同，资源禀赋不同，历史文化不同，下姜村以红色文化为核心，横一村讲城乡共融，溪望谷是激活空心村的模板，黄河英雄路是体育和运动赋能，未来芳洲是产业集聚。这五个案例都是概念型找魂案例里的典型。我们可以跟着文字一起重温决策项目的思路历程，一起经历实施过程中的矛盾与冲突，一起上山下田参与项目落地，一起享受项目打造成果所带来的喜悦和自豪。

读完这些案例，我们将明白，这听上去有些“务虚”“形而上”，甚至“玄乎”的所谓“概念”，对于部分乡村而言，一旦找准了，就是找到了未来。

扫码观看本案例
深度解读视频

第1章

梦开始的地方：从下姜村看找魂之价值

下姜村入口

2022年10月16日上午，举世瞩目的中国共产党第二十次全国代表大会胜利召开。来自浙江的党的二十大代表，淳安县下姜村党总支书记姜丽娟，走上了北京人民大会堂二十大“党代表通道”，回答记者提问，向国内外媒体讲述下姜村发展变化的故事。

那么这个下姜村，究竟是个怎样的村呢？

近几年，它获奖无数，先后获得“全国文明村”“全国民主法治示范村”“全国美丽宜居村庄”等无数荣誉。2020 年，这个村通过了国家 4A 级旅游景区验收。它曾多次被《新闻联播》点名称赞，它是国庆档大片《我和我的家乡》的取景地。2021 年，它的村民人均可支配收入达 46 959 元，是 20 年前的 20 多倍，超过了杭州市农村居民人均可支配收入的平均值。党的二十大召开前夕，它又作为共同富裕典范村，登上了《人民日报》头版的《喜迎二十大》主题报道栏目……

而这次姜丽娟作为党的二十大的浙江省党代表之一在亿万人民面前亮相，更是让下姜村成了中国乡村的一张名片、一道荣光。

本文要讲的就是下姜村品牌打造背后的故事。

1.1 难题：已经颇有基础的村该如何破局

据宋小春回忆，早在 2016 年，他第一次接到时任枫树岭镇党委书记汤燕君电话的时候，正值火石公司（乡立方前身）开始业务升级与转型。深耕农业品牌策划与设计领域十多年，火石公司参与策划、设计、打造的农业产品相关品牌已经多达两百个有余，在杭州设计圈内小有名气。而彼时，连续多年的中央一号文件都提出了要大力改善农村人居环境，建设美丽乡村。“只有与时俱进，且善于提前一步思考的企业，才能活得下来。”宋小春敏感地意识到，公司的业务重心必须逐步从产品品牌塑造转向美丽乡村建设。转型服务的第一个案例是淳安县威坪镇茶合村。宋小春带领团队率先以品牌思维改造了茶合村，令茶合这么一个昔日毫不起眼的小山村，成功蜕变成了一个远近闻名的旅游模范村。“茶合模式”是火石在美丽乡村打造上小试牛刀的产物，也将枫树岭镇汤书记的目光吸引了过来。汤燕君书记找到宋小春，为的正是下姜村。但是汤书记的邀约，却让宋小春倍感压力。他的担心不无道理，因为下姜村跟其他乡村相比，有些不太一样，这是一个地位特殊、自带“光环”的村。

淳安县枫树岭镇下姜村距离县城约 40 千米，在浙西一直都很出名。下姜村以前出名，是因为穷得出名，20 世纪 90 年代，当地流传着这样一首民谣：土墙房，半年粮，有女不嫁下姜郎……可见下姜村当时之穷困。而现在出名，是因为下姜村是六任浙江省委书记的基层联系点。早在 2003 年，时任浙江省委书记习近平同志就将下姜村定为基层联系点，并曾四次亲临下姜村指导工作。而下姜村在一任接一任的省委书记的指导下，逐步改头换面，迎来了山乡巨变。到了 2016 年，当宋小春应邀带队前去下姜调研时，下姜村早已脱贫，不再是当年那个“穷山沟”了，经过省各级领导和村民们的齐心努力，下姜村当时已经建设成了千岛湖乡村的一个窗口、一张名片。汤燕君书记在大家面前出了一道难题：“下姜村已经走出了脱贫致富第一步，下姜村的今天，可以说是由几任省委书记一任接一任地亲自带着走出来的。但是不进则退，下姜村的明天，需要下姜村自己去创造。所以，请你们团队来，是替下姜村诊断、把脉，一起策划一下下姜村下一步该如何打造，再创辉煌。”

带着这个课题，团队在公司内部展开了激烈讨论。有人提出：“这个项目可是个烫手的山芋啊，若是基础差的村，可做的地方很多，稍加改造，就能出效果，可下姜村原本基础就比一般村子强，硬件配套也都建设得差不多了，可提升的空间很小啊。”还有人说：“下姜村的基础那么好，做好了，别人会说这是应该的，村子资源摆在那里，换谁做都能做起来；没做好，那是你们的水平有问题，条件这么好的村，你们都没能搞起来。这让咱们以后还怎么在圈子里混？下姜村项目说不定是一项吃力不讨好的活啊！”

一番内部讨论后，大伙儿反而更加顾虑重重。下姜村成了团队第一个不太敢接的“客户”。

最后，宋小春做了拍板：“做好一个下姜村项目，带来的示范效应和典型意义或许会大于十个其他乡村项目。对于团队来说，这正是转型和提升自我的绝佳机会。我们要有迎难而上的勇气和自信。当然，这个项目只准成功、不许失败。”后来的事实也证明，宋小春当时的选择是正确的。

1.2　“梦”的开始：终于找到了下姜的“魂”

在对下姜村地理环境、自然资源、风土人情、产业状况、历史文化等进行了全方位的深度了解后，团队将下姜村发展过程中的几次重要时间节点、下姜村过去和现在的重大历史事件、下姜村当下的主要产业经济等进行了梳理，下姜村值得去深挖、去延展的几个关键点，一一呈现在了团队面前。

一、下姜村是浙江乡村环境整治的成功典范。现在的下姜村青山绿水，环境优美，但是在过去，村里人多地少，几乎家家养猪，虽然解决了吃饭问题，但村里的环境却越来越差，100 多个露天厕所，130 多个猪圈，别说游客，村民自己都嫌弃，半数村民选择外出打工。直到 2003 年，时任浙江省委书记习近平同志来到这个穷山村走访调研，同年，浙江省启动了“千村示范、万村整治”工程，首先整治村庄环境，下姜村这才开始改水、改路、改厕，建起了第一个沼气池。有了沼气池，村民生火点灯不用砍柴，山渐渐绿了；有了沼气池，村里的粪便污水有了输出管道，水渐渐清了。但是，绿水青山在浙江西部山区比比皆是，下姜村虽美，但在浙江村庄也属常见，仅从自然环境角度，并不具有稀缺性。

二、下姜村是多位省委书记的基层联系点，仅这一点，下姜村就拥有了比其他村更为特殊的发展基础。可以说，下姜村具备了发展的外因。但事物的发展总是遵循规律的，外因通过内因起作用，只有内因强大了，发展才有源源不竭的动力。从 2003 年算起，至今这一资源带来的辐射效应已经持续了十余年，需要赋予它新的内涵。仅凭备受省领导关怀这一历史事实，还不能成为下姜村区别于其他地方的关键点。下姜村还需要找到自身的内动力。

三、下姜村的各项基础设施都已经非常完善，还被评为了国家 3A 级旅游景区。基于下姜村在红色历史文化上的特殊性，千岛湖的各类党员活动，比如入党宣誓等，经常会安排在下姜村举行。上级政府也给了下姜村非常好的政策，以鼓励下姜村发展旅游，鼓励当地老百姓开发一些产业。在我们调研当年，下姜村参观到访的人数约有十来万。可以说，下姜村当时已经具备通过农文旅融合来推动乡村振兴的基础条件。但是，这只是表面。首先，每年的这十来万名“游客”中有很大一部分源于本地党员活动，而这些“游客”实际上并不能为当地带来多少消费，严格意义上讲，他们并非真正的游客。其次，虽然下姜村在千岛湖地区算是一张乡村名片，但下姜村的知名度和影响力在当时仅限于淳安县及周边，甚至在浙江省内，知道下姜村的人，跟杭州周边临安、安吉、桐庐等地的乡村比，其实并不算多。加上下姜村地处淳安与开化的交界处，即便从杭州出发，也要三个小时的车程，路途相对较远。虽然政府出台了不少鼓励当地村民创业的政策，村民积极性并不高，民宿等旅游相关的配套业态也很少。因此，仅凭现在的设施和业态，吸引游客前来游玩并且让游客能留下来的理由不够充分，换言之，发展旅游的条件虽有，但还不成熟。

一番剖析下来，团队对下姜村现状有了如下的认识：从基础设施角度，下姜村的基础已经非常好，也正因如此，从一般景观公司的角度去看，从规划上可提升空间已不大；从软实力来看，下姜村独特的红色文化背景和影响力肯定是下姜村最具价值的财富，但是这个政治资源，要最终有效转化为村庄发展与村民致富的成果，还需要进一步提升和挖掘。火石团队一直主张，用“差异化的乡村文化、有特色的乡村业态、百姓共同参与”的火石品牌思维去打造美丽乡村，通过差异化的品牌，让乡村的文化更好地脱颖而出。那么就下姜村而言，它现在缺的就是一个差异化的品牌文化。也就是，我们一直在强调的“魂”。无论是青山绿水的村庄环境、六位省委书记都将它作为基层联系点的历史，还是它相对比较完善的基础设施，都是优势、是事实，但还都不是下姜村的“魂”，还不足以让下姜村与其他所有村区别开来，换言之，下姜村的定位还没有找到。而这个定位没有，“魂”没有，下姜村下一步的打造就缺乏了可依托的核心。

那么，下姜村的“魂”从何而来？品牌根基从哪里找？

毫无疑问，下姜村最为人称道的事是习近平同志曾四次到下姜考察，并时刻关心着下姜的建设与发展。所以说红色文化主题是下姜村不能丢弃的自身特色。项目团队经过了无数次头脑风暴，抛出了一个又一个思路，比如，以下姜村的山乡巨变为核心，命名为“下姜村：书写一段传奇”等，但最终都被一一否决了。

为此，宋小春觉得，要找准下姜村的定位，团队除了通过与下姜村的干部们和村民们沟通，还需要搜集更多资料，听取更广泛的意见，甚至得跳出下姜那些众所周知的故事和当下下姜的局限，从更高的站位和角度去思考和寻找下姜的“魂”。

一次与《杭州日报》记者程海波的偶然交谈，彻底打通了团队为下姜找魂的任督二脉。

作为《杭州日报》的驻站记者，程海波多年来一直关注下姜村的报道，对下姜村的发展过程十分了解。同时他作为一名资深媒体人，对于传播有着更为专业和敏锐的视角。从程海波口中，团队了解到一个非常重要的信息。时任浙江省委书记习近平同志在去下姜村调研时多次提到，山区人民要靠山吃山、靠水吃水，但是经济发展一定要与生态保护统一起来。2005 年 8 月，时任浙江省委书记习近平同志在浙江湖州安吉考察时提出了“绿水青山就是金山银山”，这句话对浙江乃至全国都发挥着重要影响，被称为“两山”理念。他在下姜调研时候说的这番话，与“两山”理念的核心思想是一致的。之后，习近平同志亲自帮助村子谋划发展沼气工程等产业，解决基层和群众生产生活中的实际问题，带着下姜村走出了脱贫致富第一步。因此，下姜村可以说是“两山”理念的最早实践地之一，是习近平同志有关新农村建设的思想的“缩影式”体现地。

这个发现让团队无比兴奋。创意思路如抽丝剥茧般一步步清晰起来：

——习近平总书记在 2012 年正式提出“中国梦”，并指出“实现中华民族伟大复兴，就是中华民族近代以来最伟大的梦想”，实现中华民族伟大复兴的中国梦，就是要实现国家富强、民族振兴、人民幸福。

——“两山”理念的提出就是为民造福。因为环境即民生，绿水青山惠及的是生活在地球上的每一个个体，生态优劣关系到所有人的生存发展和根本利益。因此，习近平总书记的“两山”理念顺应了人民群众对美好生活的期盼，从这个角度而言，中国梦与“两山”理念是一脉相承的。

——“两山”理念提出时，我们国家正计划展开脱贫攻坚战，这个指导思想主要适用的地方其实就是广大农村，尤其是那些交通不便、路途遥远，虽然有着好山好水,但总体经济水平还比较低下的地方。下姜村这样的农村就是“两山”理念的实践地，把下姜村这样的实践地建设好，让村民富裕起来，就是中国梦的一部分。

——“两山”理念的提出，在中国梦之前；习近平同志在下姜村调研时关于发展经济与生态保护的言论，又在“两山”理念之前。那么下姜村是否可以被看作“两山”理念的一个萌发地呢？“两山”理念所指导的乡村振兴，又是中国梦的重要组成部分，而下姜村，不就是下姜人在习近平同志指引下开始践行中国梦的地方吗？

……

当思路进行到这里的时候，下姜村的定位呼之欲出了。项目团队兴奋的喊出：“下姜村，梦开始的地方”！

中国梦是全民梦想，“梦”是传播中不需要再去教育的全民认知符号。下姜村十余年点点滴滴的改变，看似平凡，但若放眼历史长河，这堪称中国乡村振兴和发展的缩影。“梦开始的地方”，正是下姜村的价值所在，它既见证着历史，也代表了无限延续的未来。这是下姜村要实现村美民富的梦，是游客触摸乡愁的梦，是吸引无数创业者重返乡村创业的梦。它是中国梦的一个缩影。

1.3 “梦”的实现：策略要落地

下姜村鸟瞰

在项目的方案汇报会上，时任枫树岭镇党委书记汤燕君在听完“梦开始的地方”这一方案后眼睛一亮。她在会上总结说：这个点抓得好！“梦开始的地方”的定位，能形成全民向心力，助推下姜村站到美丽乡村建设浪潮下的制高点，下姜村的发展要再掀起一个高潮，在传播上就得有这样的高度。以后，不只让千岛湖的党员干部来咱们下姜村，还要吸引全国各地的党员干部来。咱们的目标,就是要把下姜村打造成全国党政干部乡村研学的“打卡地”。不管多远，大家都愿意来，因为“梦开始的地方”就是一种信仰。如果能做到这一步，咱们就成功了！

方案最终得到了杭州市和淳安县党委、政府的认可与大力支持。“魂”找准了，接下去就要让“魂”落地，落实到看得见、摸得着、感知得到的方方面面。品牌圈有一个基本工作方法：品牌需要适当重复，重复就能形成力量。品牌理念不是一句口号，而是一种策略。一以贯之的策略需要全面和系统地落地。“梦开始的地方”，既是下姜村对外宣传的口号，更是下姜村的品牌，是下姜村的 IP。“梦”的品牌理念，大到政府战略方向，小到一块指示牌，都要有所体现。

首先，把“梦”的品牌理念落到消费者接触点上。

充分利用乡村景区的各个公共空间，“全面武装”游客所能接触到的一砖一瓦一草一木。在乡村的改造上，团队倡导“主题型”景观，需要充分考虑主题的独特性、场景的融合性等因素。对于下姜村这种基础相对完善的村落，提升景观氛围更需要花心思。在创意和落地过程中，设计部门围绕着品牌的核心价值，把“梦”元素有机地融入入口形象、沿途景观节点、景区化配套设施等，做到“处处有故事，处处能互动”——梦想小屋、梦想成真座椅、梦想小道、小店的梦……游客在参观游览过程中，真正参与到下姜村的“梦”中来，再把自己的“梦”留下。

其次，内核不能丢，花大力气讲好党建引领下的下姜梦。

下姜村的目标定位是要打造成全国党政干部乡村研学的打卡地，因此，第一批参观“红利”必须考虑到。在乡村振兴浪潮下，所谓“乡村振兴看浙江”，全国各地学习乡村振兴经验的人几乎都会来到浙江，那么下姜村就得想办法成为各地学习团队到了浙江后的“必选项”。下姜的红色历史结合下姜的现状，现有的参观内容和参观节点有机融合梦想主题和话语体系。参观下姜村，就是要看党建引领的成果，要看地方政府的治理智慧。一条书记小道，边走边看历任省委书记的乡村治理观点和乡村打造理念；一条红色走廊，看浙江省乡村治理的观点和实践；一系列下姜做法节点，看下姜基层治理的成果和经验。

再次，业态要跟上，讲好全民参与的下姜返乡创业梦。

乡村振兴的其中一项重要组成部分是人才振兴。许多外出离乡工作的人对家乡都有着道不完的思念，解不开的乡愁。吸引年轻人回到家门口创业，圆他们的归乡梦，更需要榜样的力量。一方面，淳安及枫树岭政府积极制定返乡创业的扶持政策，引导返乡创业；另一方面，扶持典型至关重要，全民返乡创业梦需要抱团和品牌引领。其中第一个典型，就是下姜村现任的党总支书记姜丽娟。2016年，大学毕业就留在杭州市区从事设计工作的姜丽娟，决定结束八年的“杭漂”生活，返乡开民宿。回村第一年，下姜村的第一家精品民宿就在姜丽娟家的四层小楼里开门营业。在姜丽娟的影响下，十二位跟她一起长大的小伙伴陆续回乡创业。他们观念新、脑子活、点子多，不断给下姜村注入新的活力。2018年1月，姜丽娟加入中国共产党，成为一名扎根基层的共产党员。2020年下半年，姜丽娟高票当选为下姜村党总支书记。2022年，姜丽娟当选为中国共产党第二十次全国代表大会代表。

对于品牌的理解和全面执行是一个品牌“全面开花”的关键因素，项目团队为下姜村打造了“梦”的基调，而枫树岭镇和下姜村对品牌的高度认可和全面执行，才让“梦”这个理念得以全面展开。在政府的引导下，招商引资的主题精品民宿，也围绕梦讲述起自己返乡的梦，如麦浪梦起下姜、梦逸的院子等，外出的年轻人重新回到家乡，讲起了一个个创业梦想故事。酒吧、咖啡吧、茶吧、啤酒屋、书店、猪栏餐厅等配套设施陆续建立起来，开展着下姜村抱团致富的梦。

最后，模式创新，把“梦”的概念落实到农产品的品牌打造中。

在完成了村庄的整体品牌打造后，团队与下姜村再次联手，打造下姜村的农产品品牌。项目团队认为，作为“梦开始的地方”，下姜村的农产品也要有“梦想”气质。因此在品牌的创意中也延续了下姜“梦想”，表明匠心态度，打出了“有梦想的下姜，有态度的农产品”这一品牌概念，并将这一概念在下姜村的各种农特产品上落地体现，包括笋干、山茶油、茶叶、地瓜干、大米、蜂蜜等。在从乡村农产品转为特色商品的过程中，往往存在产业小而散、标准缺失、营销渠道窄等诸多难题，在下姜村农产品的品牌打造中，为了避免出现上述情况，下姜村创新地采用了“村企合作”模式，引进了千岛湖知名的农产业企业，与下姜村深度合作。由村里生产初级产品，企业负责农产品的精深加工、运营推广等环节，解决许多农村“有产品、缺运营”的状态，真正实现了初级农产品到旅游商品的转化，为产品溢价提供了有力保障。将传统粗放的乡村产品带到更高的高度，也将下姜村的农产品带向更远的地方。农产品品牌打造完成后，下姜村联合枫树岭镇的其他 28 个村，在杭州运河广场举行“千岛湖下姜村系列农产品品牌发布会暨书记进城卖山货”活动。“有态度的农产品”一经亮相，立即受到杭州市民的追捧，整个活动现场一天的时间销售了 5000 千克地瓜干、2500 千克大米、1500 千克蔬菜、500 千克山茶油……现场销售和合同订单总收入 430 万元。

村企模式让下姜农产品创收

1.4 “梦”的延续：从下姜村到“大下姜”

大下姜产业——地瓜干丰收

大下姜产业——精品茶园

如果说下姜村在历任省委书记关心下从 2003 年开始进入了第一个快速发展的阶段，那么从 2016 年“下姜村，梦开始的地方”这一品牌开始打响时，下姜村可谓是梦想插上了翅膀，开始了第二阶段的腾飞。

下姜村的品牌乡村战略实行不到三年，下姜村的知名度、影响力、游客数量、村集体和村民收入，都迎来了爆发式的增长。2019 年，下姜村游客已达 73.3 万人次，全村居民人均可支配收入也达到了 39 693 元。下姜村的乡间童谣也有了新版本：“农家乐、民宿忙、瓜果香，游客如织来下姜。”昔日贫穷的小山村也成了远近闻名的富裕村。

一花独放不是春，先富起来的下姜村开始“跳出下姜，发展下姜”。2019 年 6 月，淳安县成立“大下姜乡村振兴联合体”。“大下姜乡村振兴联合体”打破传统行政区划限制，以下姜村为核心，按照地缘相邻、文化相近、产业互补原则，创新组建涵盖枫树岭镇、大墅镇等地 24 个行政村的“发展联合体”，涉及 340 平方千米、2 万多人，把下姜村对周边乡村的辐射带动作用最大限度地发挥出来，进一步加快推进当地农村区域经济发展，走出了一条“先富帮后富，区域共同富”的乡村振兴之路。片区联动，抱团发展，一村富更要村村富，“大下姜”的片区联动模式，也因此成了浙江乡村振兴的十大模式之一。

从下姜村到大下姜，进入共同富裕时代的下姜村，正在迎来它的第三次腾飞。眼下，下姜村正全力实施乡村振兴和共同富裕五年行动计划，未来社区正在建设，数字乡村完成过半建设任务，旅游设施项目启动，“快旅慢游”旅游交通设施不断完善……下姜村的筑梦大道将越走越宽。

1.5 思考：“魂”之价值

在乡村打造上，乡立方一直强调找“魂”，就如同这本书的书名，也是“为乡村找魂”。那么究竟什么是“魂”？为何非要找“魂”？找“魂”的意义和价值何在？本章所述的下姜村，就是回答上述几个问题的最佳案例。那么，就让我们从下姜村案例出发，去思考一下找“魂”之价值。

在接触这个项目之初，就有团队成员提出过，认为下姜村这样有着“众所周知”的“优势资源”的村子,其项目反而最难做。因为所有人都看得见的“资源”，不一定是“魂”，“魂”是需要透过历史和表象去分析、挖掘，并加以总结和提炼的那个最具有独特性、稀缺性、差异性的概念定位，并且，它不只是局限于当下，它还得指向未来。

在下姜村这个案例上，大家都看得到的是其曾得到多任浙江省委书记关心的历史事实，而最后下姜村找到“梦开始的地方”这个“魂”，却是从习近平总书记曾经在这个地方提到过的一个理念出发，联想到“两山”理念，再联系到中国梦思想，最后才提炼出来的。

从乡村振兴角度，下姜村毫无疑问是成功的。很多人会说，它有这么好的资源不可能发展不好。但是，放眼全国，我们发现全国各地拥有类似好资源的乡村其实很多，有些有大山大水的资源，有些有很深厚的红色文化，但很多村确实发展起来得比较晚，或者一直到现在还没有发展得很好。因此，有好资源不是最关键的，关键是如何把资源用起来、用对、用好，这才是需要重视和值得探索的事情。资源越多，越不容易取舍，一不小心就被“乱花迷了眼”，因此，越是拥有好资源的乡村，越需要透过资源去找准自己的“魂”，之后再围绕一个方向、一个主题去深化。

在下姜村这个案例中，“梦开始的地方”这一概念，渗透到了下姜村之后发展的方方面面，可以说，下姜村今天的成功，与找准了这个“魂”有着不可分割的关系。

一、有了魂，落地才有方向。

当“梦开始的地方”确定以后，下姜村的落地就有了指导思想。有了“魂”并不只是挂挂广告牌，而是意味着，这个地方接下去讲的故事有了主题。而这个主题需要元素去丰满，需要全方位的支撑。这些元素、这些一个个的支撑点，就是落地项。下姜村的落地就是围绕“梦”主题分多个层面去打造的。首先是景观，强调的就是在地化的氛围和感受，让游客一进这个地方，就能够进入一种氛围，感受到这里无处不在地在讲梦的故事。然后，从最直观的景观所打造的外在的“梦”的氛围，一步步深入“梦”的内涵，讲好回乡创业梦、乡村振兴梦、共同富裕梦。这一步步、一层层，都是在“梦开始的地方”这么一个主题“魂”的指导下去落地的。失去了“魂”的指导，落地就容易像“撒胡椒面”似的，盲目而零散，最后花了钱却没有产生效果。

二、有了魂，传播才有由头。

当“梦开始的地方”确定后，从市，到县，到乡，对外的宣发都紧扣“梦”主题，无论是新闻报道，还是营销活动，基本都是围绕“梦开始的地方”来做的。对于众多的活动和宣传，各大媒体也都顺理成章地以“下姜村，梦开始的地方”来报道这一中国乡村振兴的典型。

比如，在2018年9月联合国总部举办的“2008地球卫士奖”颁奖典礼上，围绕着“梦开始的地方”，当时还是返乡创业青年代表的姜丽娟向全世界讲起了她的故事；淳安县开通一条直达下姜村的大巴线，官媒推广文章也以《开往“梦开始的地方”》为题；下姜村率先尝试5G应用方案的开发和落地，被称为“5G筑梦”；书记进城卖山货，装的是全镇28个村的致富梦；姜祖海（下姜村的老党员、老书记）和姜丽娟的对话，媒体的报道称之为“下姜村两代‘领头雁’的共富梦”。

下姜村以“梦开始的地方”作为宣传语之后，上至中央媒体，下到地方媒体，对下姜村从各个角度进行了铺天盖地的报道，但都绕不开“梦开始的地方”

这一主题。当一个地方对外的传播都反复强调同一个概念的时候，这个概念就成了这个地方与生俱来的DNA，成了这个地方的IP，成了这个地方的品牌。

三、有了魂，引流才有手段。

乡村需要流量，但流量的导入不是吆喝来的，不是硬拉来的。流量进来需要有一个合理的“理由”，这个理由可谓该乡村的独特“卖点”，也可理解为该乡村独一无二的“魂”。有了它，流量的导入就成了顺理成章、自然而然的事。对于下姜村而言，找到“梦开始的地方”，就拥有了流量源源不断的理由。

下姜村，影片《最后一课》拍摄点

在2016年之前，下姜村每年的游客量徘徊在十来万人次左右，且主要来源于千岛湖本地及周边的党员活动。“梦开始的地方”这一定位，帮助下姜村占领了“乡村振兴梦”概念的高地，它让下姜村从无数拥有红色资源的村庄里脱颖而出。它突破了距离障碍，凡是来浙江考察乡村振兴，下姜村通常都会被定为考察地之一，因为它是“梦开始的地方”，俨然已是信仰。定位抓准了，全国的党政干部研学团体都纷至沓来，因此，流量有了。有了流量，农特产品不愁卖了，民宿生意好了，吸引了更多人回乡创业，从而业态也更丰富了。随后，电影《我和我的家乡》摄制组也来这里拍片了，下姜村更出名了，除了党政干部研学的流量，普通游客也多了。2019 年，下姜村游客量已达 73.3 万人次，到 2021 年的时候，游客量突破 100 万人次。从找对一个“魂”开始，流量的通路也就此打通了。

四、有了魂，发展才有动力。

“魂”既是立足当下，更是着眼未来。找到“魂”，也就找到了未来发展的战略方向。就下姜村而言，过去的历史是“梦”的开始，现在的发展更是为了“梦”的实现。从而，有从下姜村到“大下姜”抱团联动的“共富梦”、有引领生活美的“未来社区梦”、有建设“乡村大脑”的“数字乡村梦”……下姜之“魂”，虽表现为“梦开始的地方”这样不变的六个字，但“魂”之内涵，一直在发展、在延续。

而这些，才是找魂之价值所在。

扫码观看本案例
深度解读视频

第 2 章

萧山未来大地：这就是未来乡村的样子

“萧山未来大地”横一村入口

2021 年 11 月 16 日，杭州“萧山未来大地”横一村人头攒动，来自浙江全省的上百名县委书记、县长们正在聆听时任省委书记袁家军的现场发言。这里正在召开的是浙江省深化“千万工程”建设新时代美丽乡村现场会。

台下角落里有一个圆脸、身着黑色短大衣的女子，一脸严肃地看着这一切。她叫夏迪，是乡立方公司的合伙人之一，也正是这个“萧山未来大地”项目的项目策划总监。虽然从她的表情中看不出来，可是此刻的她，内心心潮涌动，直到此刻，她这近半年来悬着的心才算真正放下。看着眼前这景象，听到来自各地的领导们对横一村的夸赞，她知道，“萧山未来大地”成功了。

2.1 临浦镇的难题：如何打造横一村

横一村“萧山未来大地”是乡立方经手打造的众多乡村案例中的一个，夏迪是这一项目的负责人。别看她年纪不大，但从火石到乡立方，她已经在农业农村领域摸爬滚打了十余年，经她手的乡村项目也不少，可从来没有一个项目如同横一村“萧山未来大地”那样令她兴奋。从项目合同金额来讲，横一村在夏迪接过的项目里并不算大，那又缘何得到如此重视呢？夏迪不禁回忆起第一次接触横一村项目时的情形。

一日，夏迪在拱墅区经纬创业园的办公室里，遇到了两名不速之客。他们由园区管理部的人带着，进入一楼大厅。夏迪就成了负责接待的人。照例，夏迪给客人大概介绍了一下公司，以及曾经做过的项目。听到夏迪说起下姜村、千鹤村等成功案例时，其中一位男士的眼睛仿佛一亮，他问：“这些都是你们做的？”夏迪说：“是的。”他又问：“你们为一个乡村做策划的时候，是基于什么去考虑的？”夏迪说:“我们一直认为每一个乡村都有自己的‘魂’,这个‘魂’可能就是这个乡村区别于其他乡村的独一无二的点。它有可能是自然资源，有可能是文化历史，也有可能是某项产业，先找到这个‘魂’，再围绕这个点去做文章,是我们打造乡村通常的思维。”夏迪觉得客人对乡村振兴的思考很深入，必也是这个行业的从业者，或者分管这项工作的政府官员。便邀请客人上楼座谈。座谈期间，对方又提了好几个乡村振兴领域的核心问题，比如关于业态的打造，关于运营等。夏迪都认真地一一作答。直到最后，夏迪才了解到这位来访的客人是杭州萧山区委常委、临浦镇党委书记陈龙宁，而他来到乡立方，是带着课题来的，那就是横一村该如何打造。

当陈龙宁书记来到乡立方的时候，横一村面临的是这样一个迫切需要解决的问题：横一村位于萧山区临浦镇，有着1700多亩苗木基地，都需要退林还耕。退林还耕后的村子该怎么做，是横亘在镇政府面前的难题。陈龙宁走访业内多个企业的时候，其实村子的改造工作已经部署，当时横一村请了中国美术学院的规划团队给村庄做好了整村改造的规划方案。可是陈龙宁认为，仅从规划方案本身来看，作为一个美丽乡村，似乎没毛病，但他隐约觉得少了什么最关键的东西。可少的到底是什么呢？在与夏迪的一番对话后，答案出来了。没错，正是夏迪提到的“魂”！夏迪说：打造乡村品牌，首先要找到它与众不同的“乡魂”，然后围绕这个“乡魂”再去做一系列的设计，否则，很可能就是一个环境美化了的没有灵魂的美丽乡村。这是这一段话，打动了陈龙宁，也让横一村与乡立方接下去的项目合作成为了可能。

2.2 “萧山未来大地”：顺藤摸瓜找思路

“夏迪，辛苦了。”夏迪的回忆被一声问候打断，一看原来是横一村的党委书记傅临产。“傅书记，您才是最辛苦的。”在过去的半年多中，夏迪和横一村支书傅临产，通过无数次的会议和碰撞，在这如火如荼抢时间建设的三四个月里，已经结下了深厚的“战友情”。傅书记对夏迪团队的评价很高，逢人便讲，乡立方团队很敬业很负责。

夏迪与傅临产的初次见面，就是在应陈龙宁书记之邀后第一次去横一村的实地调研中。傅临产亲自带着项目团队走遍了整个村，也详细介绍了村子的情况。这位村支书自己开过公司经过商，讲起整个村子的情况如数家珍，是一个实干型的村干部。经初次调研后，横一村当时的情况在项目团队脑海里也有了一个大致的框架。

横一村位于杭州市萧山区，萧山在杭州人的心目中，既算不上杭州传统的核心市区，也算不上乡村。说起萧山，杭州人脑海里首先会联想到的是“暴发户”“有钱”“萧山丈母娘”等标签。在旅游资源上，萧山以湘湖度假区为核心，周边多的是各类人造主题公园或游乐场，如杭州乐园、烂苹果乐园、海洋公园、东方文化园等，主推的是城市消费，与乡村没有太多联系。一圈调研下来，团队对横一村的结论就是“千千万万没有什么特色的乡村中的一个”，没有自然资源优势，没有文化历史故事可挖掘，没有特色产业。非要找亮点，一片古柿子树林可能算是横一村当时唯一拿得出手的东西。这么一个村的项目怎么做？带着这个难题，夏迪把公司的“智囊团”（由乡立方合伙人团队组成，包括联合创始人宋小春、莫问剑、徐大伟，合伙人陈才、王玉丽、傅超琼等人）召集起来，开始了头脑风暴。经过梳理，大家先把横一村的打造目的捋清楚了。

打造横一村两个明确的目的：一是萧山为浙江“千万工程”的发源地，所以横一村想通过改造，争取成为今年深化“千万工程”现场会的一个备选点；二是萧山正在开展非粮化整治，横一村面临着1700亩的苗木地要退苗还田的难题，若能争取在这么个当口，做出一个非粮化整治的成功案例来，对于横一村的发展也会有重大意义。打造目的想明白了，就能有的放矢地去思考了。

但这个“千千万万没有什么特色的乡村中的一个”的横一村，凭什么发展呢？硬挖它曾是西施（的闺密）的故里？行不通，“姐只是个经不起考证的传说”。拿着那一片有几百年历史的古柿子树林来做文章？也不合适。因为一年到头，吃柿子的季节只有不到一个月。“你们一定要跳出横一村去看横一村。”莫老师说，“横一村最大的优势就是区位优势。它位处萧山，是城乡接合处的一个村，也可以说是最接近市区的村。所以，我们一定要站在萧山区的高度，甚至杭州市的高度来看待这个项目。”莫老师，就是莫问剑，他是乡立方首席战略官，也是联合创始人之一，曾是新华社记者的他，常常能从独特的角度看问题，加上他光头铮亮，因此被戏称为公司的“灯塔”。莫问剑的话如同醍醐灌顶，打开了所有人的思路。一条找魂的脉络开始清晰涌现：

——临浦镇领导们需要的是什么？一个样板，一个典型，甚至一个能在“千万工程”现场会上脱颖而出的机会。

——横一村村集体要什么？要客流，要收入。

——横一村的老百姓要什么？要有生意可做，要共富。

——横一村有什么？位于城乡接合处，有距离杭州市区近的区位优势。

——横一村突围的机会在哪里？成为城乡接合处乡村打造的样板和典型，成为非粮化整治的样板和典型。

——横一村这个村如何才能跟别人不同？“我们的村与城市无缝对接，我们的村不一定像个村，我们的村城里人也喜欢去玩。”

……

“成了！我们找到了！”一整串思路线捋下来之后，项目团队无比兴奋，用品牌乡村的思维，把非粮化整治后的横一村，打造成代表萧山区城乡融合的乡村振兴样板和典型，换句话说，就是率先打造出一个能从中看到萧山未来乡村模样的试点，一旦横一村打造成功了，就可以复制和推广到其他村。就这样，“萧山未来大地”的名字横空而出，并且获得了团队的一致通过。

2.3 第一次思路汇报：不同声音很多

带着这样一个大胆的、具有突破性和创新性的思路，夏迪代表项目团队在第一次提案会上亮相。这次会议对夏迪来说，恐怕也是一次终生难忘的经历。会议室里坐了二十余人，除了镇委书记陈龙宁和村支书傅临产，其他人她都是第一次见。他们分别是来自临浦镇和横一村的专班领导和工作人员。夏迪准备的 PPT 足足有 300 多页，这个“萧山未来大地”的设想，是项目团队集体智慧的结晶，她有信心获得满堂喝彩。

然而，一番热情洋溢的汇报做完，令她没有想到的是，现场并没有出现她所期待的一片叫好声，反而是在座的二十余人，对此思路表示反对和质疑的有十之八九。现场的讨论一度十分激烈。有人提出：绝对不能这么干，想出个新名字就叫思路了？我们要打造的是横一村，横一村才是我们的品牌，我们不需要“萧山未来大地”。也有人提出：省领导都说了，乡村就要有乡村的样子，也不能用乡村没有的元素，你这个思路过于现代和时尚了，丢了乡村该有的乡土味。还有人说：美院的规划都做完了，就按照规划落地，搞什么花里胡哨的玩意儿？

夏迪在坚持。面对这些不同的声音，她回应道："萧山未来大地"是用更高更远的格局来看这次打造，横一村只是一个起点，它不是孤立的，我们着眼的是未来，是村村抱团，是共同富裕。乡村的样子并不能固化于乡土气，横一村的位置决定了它是城乡融合的最佳实践点，城市和乡村其实可以互为配套，横一村要成为城里人休闲、亲子活动的后花园。既然想要吸引到这些人的到来，就得符合他们的喜好、审美和需求。规划如果脱离了策划和运营，只是把环境整改漂亮了，建筑造得好看了，那是没有灵魂的。乡立方从品牌先行、运营前置出发，总结了一个"三转"理论，叫作"景观围绕业态转，业态围绕市场转，市场围绕共富转"。符合业态需求的规划，才是有用的规划，落地的景观和建筑最后才不至于浪费，钱才不是白花。

极少数的支持之声来自供销社和村支书。供销社既是投资方，也是建设方，后续也将参与运营，供销社的领导认为：这个提法符合城市人和年轻人的需求，未来或有市场前景。而村里的代表傅临产，则从横一村发展的角度出发表示了支持。他觉得如果横一村是整个"萧山未来大地"概念的起点，那么对于拉升横一村地位和格局有好处，以后也有利于跟其他村的抱团共建。

夏迪的方案汇报可谓一石激起千层浪，会场里争论不下，没有结论。最后大家的目光都投向了陈龙宁，期待书记表个态。陈龙宁听完了每个人的意见，沉默了数秒后，说："既然大家的意见都发表完毕了，那么今天就先散会吧。关于这个方案，我们另择时间讨论。"夏迪一时有些反应不过来。以她的经验，通常最后发言的大领导，就算不在会议上直接拍板，多少也会对方案本身提出一些个人的看法，从他的发言里，她就能大致判断出领导的总体态度是赞同还是反对。如果是赞同，她会思考哪些地方是要保留的亮点，哪些可能需要改进；如果是反对，她也能判断出反对的理由在哪里。可今天，书记一个字都没有表态，那究竟代表了什么？

那天正值周四，夏迪想，领导的意思也不需要妄加揣测了，手头其他的事情也很多，既然一时半会儿确定不了，那横一村一事索性暂且搁置一边，待下周工作日再跟进吧。没想到的是，第二天一早，夏迪就接到了陈龙宁的电话，书记的电话很短："周六，我们再去你们公司一趟，你把你们公司的主创人员也召集一下。"接完电话，夏迪想，书记主动再次上门，说明昨天横一村的思路汇报一定有打动他的地方，我们一定要抓住这个机会，更清楚地阐明我们的思路和理由。

周六，陈龙宁带着镇村干部上门来，和夏迪等项目团队的成员如约开会讨论。在夏迪再次陈述一遍方案后，宋小春解释说，这不仅仅是为了一个村，而是站在整个萧山区的高度去考虑如何让横一村成为萧山区乃至全省的一个典型。从未来考虑，横一村对其他村是有带动作用的，不但要把横一村做好，还要让周边的村都好起来，在这样的格局之下，我们以城乡融合为命题去展开了做。听完大家的观点后，陈龙宁表示，他对"萧山未来大地"整个思路表示很认同，用品牌思维去发展乡村是对的。为了打造横一村，他已经走访过很多村，在调研中，他发现一个问题：很多乡村整改都是只围绕环境整治去做规划，道路、房子、环境是整漂亮了，可是并没有想过要怎么打品牌，没有业态，也没有运营，这种做法他认为是不对的。他的意见也得到了同行干部们的附议。"按这个思路，你们再继续深化，我也回去召集专班组成员对你们的方案进行研究和讨论，我们择日再开正式会议。"陈龙宁临走前说。就这样，周六这个会议，让"萧山未来大地"这个概念后来得以落地并付诸实现成为了可能。

2.4 运营前置：景观围绕业态转

令夏迪没想到的是，真正参与横一村项目之后的工作，并没有想象中那么顺利。作为总策划，她的团队原本应该在项目初期最早介入的，而现在却成了"半路杀出的程咬金"，带着一个颠覆性的整体方案"从天而降"，这也就意味着前期就已经参与进来的协作单位的很多工作得推翻重来。

乡立方 · 好奇笔记研学中心

首当其冲的就是中国美术学院的规划设计。在夏迪接手策划工作之前，美院做的规划原本要准备落地建设了。若作为美丽乡村的规划，美院的方案似乎没有什么问题，看上去很美，景观很美、道路很美、建筑很美，落成后，应该就是一个想象中的美丽乡村的样子。但“萧山未来大地”的总策划思路一来，一切不同了。这是一个全新的“城乡共融”模式，乡村与城市互为配套，互为所用。横一村要成为城里人喜欢去的地方，是周边城里人随时可以去休闲的地方，这里面需要有城里人喜欢的生活方式和喜欢的业态。稻田也是公园，稻田也是课堂。夏迪提出：既然稻田要做成公园，那么稻田里就要做跑道；既然稻田也是课堂，那么稻田里就要有教室；既然乡村也是乐园，那么就要有可供游客消费和游玩的地方。这些业态，在原本的规划里都没有考虑过，现在既然要做了，那么景观设计就要围绕这些业态重新调整。

陈龙宁召集了更多人来听项目团队第一次深化设计后的完整提案。在这个长达四五百页的深化方案里，项目团队根据“萧山未来大地”的定位，将横一村从入口形象开始，一直到道路改造、景观风貌、标识标牌、小品体系、建筑风格等，都进行了全盘梳理。用品牌来串联起各个游玩内容，打造出了一条完整的游玩线路和研学线路。在农业上，用生态化模式，实现稻鸭共生、稻鱼共生、稻虾共生。将一个与传统乡村截然不同的全新的、时尚的乡村展示在了全体人员面前。

会议上，第一个举起反对大旗的就是美院。美院的项目负责人甚至毫不客气地指责夏迪团队：你们是一群不懂乡村的人在做乡村！乡村，就得有乡村味。也有人提出：简简单单一片田才是农村，整这些花里胡哨的，能收回成本吗？

夏迪说：我们要改变对乡村的固有思维。“萧山未来大地”是一个城乡融合的概念，它要“新”，它是“时尚的”“品牌化的”，它要成为一个区别于传统乡村的乡村。我们要吸引城里人进来，就要配合城里人的需求，要符合周边游、周末游目的地的气质。它是公园，是课堂，是运动场，那它就要有稻田里的骑行线、稻田里的小火车、稻田里的游乐园等一系列能让城里人驻足的业态。景观建筑设计一定要围绕这个概念来做调整。我们在下的是一盘大棋，“萧山未来大地”一定要一经推出，就一炮而红，而不只是个毫无特色的美丽乡村。

“萧山未来大地”，由稻田里的一棵树，打造出网红摄影点“不想嗨发呆空间”

随后，承接设计、运营、数字化系统的公司也都抛出了各自的方案。每家都基于自己的立场，各有各的思路，各有各的主张。足足三小时了，会议室里依然群情激昂、讨论热烈。陈龙宁摸了摸脑袋，觉得这样下去不行，策划、设计、运营、数字化，必须统一成一个有机整体，要有一家负责总体统筹，带领各方劲往一处使，才能让工作有序进行下去。他说：数字化要在策划方案的指引下进行，景观的规划要满足未来业态的需求，策划与日后的运营若能一体化，是最理想的。我们每一个部分的工作都不是独立的，不能自说自话，各干各的，在一个整体方案的统筹下进行才是有效的。

陈龙宁的观点其实与夏迪她们提出的“品牌先行，运营前置”思维是一致的。遇到干实事的政府领导，夏迪他们的干劲往往也会更大。一股豪气上头，夏迪说：“既然如此，如果大家没意见，我们就自告奋勇，来担当整合人和统筹人的角色吧。我会建立工作群，回去后，尽快整合出一个策划、设计、运营、数字化等一体的完整方案。”

2.5 紧锣密鼓的落地过程：如同一场战役

“萧山未来大地”横一村稻田鸟瞰

“萧山未来大地”横一村真正的建设期只有四个月。其中2021年6月是苗木迁移期，从7月到9月30日，是三个月的施工期。

在移苗这件事上，夏迪一开始对村里的决心和能力也是持观望态度的。横一村一共有1700多亩苗木，众所周知，苗木的经济价值要远远高于粮食作物，有些昂贵的苗木，一棵就要好几万元。而移苗从国家战略上是一件必须要做的事，横一村从3月开始，就在考虑做这件事。但是退林还耕谈何容易，这需要领导有决心、村干部有执行力、老百姓愿意配合。时值5月底6月初了，播种期不等人，还有一个月，稻子就必须得种下去了，短短一个月里，所有苗木都要移走，能办到吗？老百姓会同意吗？望着那依然种满苗木的1700亩地，夏迪心里还是打了个问号。

在这事上，村支书傅临产最终让夏迪看到了一个基层干部的担当。他找到夏迪，对她说:“趁此机会，我们得把移苗这件大事干成，你见到陈书记的时候，也请他为我们助把力。”在镇里的协调下，村里几个移苗“钉子户”的问题先得到了解决，接下去，傅书记自己家作为横一村的苗木大户之一，率先带头移苗。最终，一个月内，1700亩苗木被全部成功移走。回想起这个壮观场景，傅临产颇为自豪，在接受乡立方智库的访谈时，他这样描述当时的情形：

> 我自己也是种苗木的，我家也种了有200多亩苗木，损失也有。但我们村要做的，必须由我带头做。作为一名党员，村党支部书记，我在做，别人在看，我做好了，别人才无话可说。在迁苗的过程中碰到的问题也有，比方说最大的种苗农户，他有约两百亩土地，投资了几千万元，种的都是大苗。我们在6月15日之前，还有200多亩大苗没有迁，我们通过村里专班，把这些苗在7月15日之前迁掉。我们动员了萧山的所有挖苗农户，因为挖树苗需要技术。6月份天也热，整整一个月，迁走的树苗装了有几千车，挖的人每天都有几百号。这个事难度真的很大，因为6月迁苗必定对苗木的损伤很大，有的苗木会死。但是为了这次现场会，为了村庄的发展，必定要有牺牲，跟以前打仗一样，没牺牲就不叫打仗了。我们把这次迁苗任务当成仗来打，打到最后我们胜利了。

移苗完成后，6月底种上了晚稻，7月正式施工，9月30日完工。这三个月里，庭院改造、道路白改黑、建筑外立面改造、游客接待中心建造、研学中心和鸭棚咖啡装修……总计四十多个标段的项目同时开工，真可谓如火如荼。在整个过程中，各方出力，夏迪带团队全程参与，虽然有争吵、有磨合，偶尔也会拍桌子，但是大家总体都在朝着一个方向使力。到了10月1日试运营的那天，出现在大家面前的“萧山未来大地”起点横一村，令所有人眼前一亮。

在深化“千万工程”现场会上，上百位县委书记来了，他们给予了“萧山未来大地”高度评价。新闻媒体也接踵而至，一时，关于“萧山未来大地”横空出世的报道密集出台。

……

据不完全统计，从2021年10月1日试运行到由于疫情原因在10月30日关停，一个月里，仅算移动用户，横一村的游客就达到了15万人次，这里面不算没有手机的小孩，也没算联通和电信用户。按比例测算，10月真实的游客数据应该约24万人次。

事实证明，“萧山未来大地”横一村的打造方向走对了。

2.6 思考：横一村实践的方法论启示

夏迪总结说：就项目规模和投资金额而言，“萧山未来大地”并不算是大项目，却成了我们团队在2021年最受瞩目的一个案例。在乡村振兴的实践之路上，横一村项目绝对是一次重要的探索，它为我们进一步思考、总结和升级自己的方法论，并逐步形成较为成熟的“立方设计”思维，起到了很重要的探路作用。

横一村项目坚定了项目团队把找魂塑魂放在第一位的观点，进一步证明了“品牌先行，运营前置，策规一体”思维是切实可行的，“景观围绕业态转，业态围绕市场转，市场围绕共富转”，在未来的乡村项目里，这“三转”理论依然是指导原则。横一村项目在进行中，有多方协作单位同时参与，景观的、数字化的、运营的、活动的、营销的，等等，若是没有一个核心的“魂”将各方整合在一起，各干各的，那就如同一盘散沙，最后呈现的效果也必定大打折扣。横一村的“魂”，就是“萧山未来大地”这个核心定位。无数过往成功案例证明了找魂的重要性，如下姜村的“梦开始的地方”、千鹤村的“妇女能顶半边天思想发源地”等。横一村的打造，从它在大杭州的地理区位，聚焦到“城乡接合处”这个点，再上升到做“城乡融合，共同富裕”的样板和典型这样的格局和高度，根据这个定位，又设计了多种创新业态，景观、建筑等风格又围绕着业态的需求来进行。所以，横一村在短短三四个月里，在看似紧张杂乱、打仗一般的硬赶出来的活背后，其实是有一条非常清晰的脉络的。

如果说项目定位是项目本身内在的“魂”，那么一个项目能否顺利推进，决策方的灵魂人物更不可或缺。在横一村项目中，临浦镇的陈龙宁书记屡次在关键时刻发挥了“灵魂”般的作用。首先是在合作方选择上的敏锐眼光，陈书记在众多的乡村从业机构里选中了夏迪带领的团队，他们在品牌乡村打造上确实具有丰富的实践经验。哪怕项目原本已经有了落地方案，出于确保项目最终结果的考虑，他也依然果断地在半路引进这个总策划。其次是面对很多不同声音，他以项目优先、敢于决策、勇于创新、不惧担当的精神，去做了一件颇具颠覆性的事情。最后是在实施过程中，能做到全程参与并协调各方工作，以确保项目进展效率。而能有如同村支书傅临产这样的实干型、有行动力、有威信的村干部，更是项目得以有效执行和落实的重要因素之一。

在做横一村项目的过程中，项目策划方也在不断思考。乡村振兴是在党的十九大报告中提出的国家战略，至今不过几年，共同富裕更是继脱贫攻坚决胜年 2020 年之后，在 2021 年才兴起的热词。从事农业农村相关服务的企业虽然很多，但是真正理解乡村振兴且能提供有效服务的其实并不多。乡立方虽有火石经验为基础，至今已近 20 年，算是一家乡村振兴领域内的专业服务机构，但是乡村振兴无先例可循，一切也都在摸索和学习中前行。在横一村的项目中，乡立方就看到了政府和乡村对于全产业链服务的急迫需求。现在很多美丽乡村的失败案例就是源于做策划的不懂运营、做规划的不懂业态、做设计的又不懂市场，概括之，就是各个环节脱节，从一开始就没有做到全盘思考，走一步算一步。在多年的品牌乡村打造过程中，乡立方已经意识到仅提供品牌策划是远远不够的，乡村振兴需要的是符合乡村的独特的服务体系。光有品牌不够，有了产业也还不够，乡村服务要做的是，把人扶上马，更得再陪着走一程。

在给横一村做策划方案的时候，陈龙宁书记其实就提出过，项目团队能否接手后续的整体运营。当时，乡立方已经开始启动“乡村产业燎原计划”，但还在初始阶段，尚不成熟，乡立方也已经开始着手考虑运营，但那个时候，条件还不是很充分，因此，在横一村项目中，作为策划方，只接手了比较成熟的研学板块的运营。但是，这一项目也促使乡立方后来出台了“立方设计”模式，即场景设计、产业设计、营销设计和模式设计，为乡村打造提供更为全面立体的服务。

因此，“萧山未来大地”横一村可谓立方设计的 1.0 版本，乡立方之所以这么多年一直能走在行业前端，勇于学习和探索，敢于自我否定是很重要的一方面。事后，团队也一直在复盘，这个项目虽然成功了，但还有遗憾和不足之处。一是仅关注项目筹划，以及现场会效果，虽然抓住了政策红利，但没有及时完成本地产业和产品的孵化，以及网红村民的培养，以至于错过了现场会这么一个绝佳的为百姓和村集体未来的共富发声的机会；二是试营业期间这 24 万人次的客流没有好好利用，因为很多产业还没提前布局，当大批量的游客涌进来的时候，这一消费洪流就没有最大限度地体现其价值。

但是“萧山未来大地”正如其名，横一村只是个起点，未来更大的想象空间在于更多的村。继横一村之后，周边其他村的项目也开始启动，比如正在策划中的横二村项目。“萧山未来大地”更为精彩的 2.0 版本还在后头。

扫码观看本案例
深度解读视频

第3章

江南·溪望谷：探索“最江南”的沿溪乡村振兴模式

江南·溪望谷 溪流上的向往生活

“浙江各地都在做乡村振兴，也出了不少优秀样板。我们临海有经济基础，也有文化底蕴，是非常有优势的一座城市，那么临海的乡村振兴该怎么做？要做成什么样？”

这是临海市委书记吴华丁在参观了杭州地区的乡村振兴项目后留下的问题。

在浙江建设共同富裕示范区的大背景下，全省各地都在积极探索乡村振兴与共同富裕的新机制、新方法、新路径，临海作为台州先进模式的探索者，自然也需要做出一个乡村振兴的样板来响应。

而这个需求，也正是这一次故事的缘起。

3.1 香年溪“三个最”，促成了乡立方“舍大取小”

出于对“萧山未来大地”项目的认可，吴书记在2021年底就提出，希望邀请策划方——乡立方团队前来调研，为临海的乡村振兴工作出谋划策。而团队在历经了三百多个乡村打造之后，也在寻求新突破，特别是在共同富裕的大背景下，双方由此一拍即合，开始谋划临海特色的乡村振兴之路。

于是，乡立方专门抽调骨干力量七七、朱涛等人，组成临海项目团队。临海市副市长林敏接待团队实地走访，考察了临海本地适合开发的项目。经过一番实地考察后，摆在团队面前的有三个选择：尤溪江南大峡谷、括苍山以及香年溪。

相比于尤溪江南大峡谷的规模，以及括苍山的旅游圈基础，香年溪是三者中最为“低调”的，一条6千米长的溪流，从山谷穿过，串联了沿线垟路村、汇丰村、上马村、岙底罗村等数个主要村庄。这在遍地山区的浙江而言，似乎并没有特别之处，但反而是这最不起眼的香年溪，受到了项目负责人七七的格外关注。

“我倾向于先做香年溪项目。”作为团队里的资深操盘手，七七展现了她极其冷静的思辨能力，“香年溪沿线的几个乡村基础都比较差，但很有潜力。”这个看似自相矛盾的说法，引起了大家的兴趣。她解释道：“说它基础差，是因为香年溪一带的村庄，自来水还没通，岙底罗的村民还需要自己去提水，排污问题也没有整体解决过，村里大量的房子处于倒塌状态，内部交通非常不便，年轻劳动力也都出去了，空心化严重。”说到这里，她话锋一转：“但我又说它比较有潜力，也正是因为这些年没什么改造，才得以完整保留乡村的原始风貌，这样对于后期的改造不会有太多从前改造痕迹的限制，这是其一。其二，香年溪是目前这三个项目中距离临海市区最近的。香年溪到市区直线距离7千米，到尤溪大峡谷14千米，到括苍山15千米，距离优势明显。城乡融合，搞乡村振兴不能孤立地去看待乡村，只有城乡共融，市民下乡，才能盘活乡村资源，而空间距离的远近，会直接影响市民下乡的积极性。其三，香年溪本地人乡愁最浓。很多村民即便离开了香年溪，周末还是会回来度假的，自己带着烧烤架过来野营，甚至把衣服带回来洗，这背后是故土难舍的情结，有句话说得好，'离得开的是脚步，离不开的是乡愁'，香年溪其实是一个很有群众基础的乡村带。”七七用三个“最”来总结她选择香年溪的原因：原生态风貌保存最好、距离临海市区最近、本地人乡愁最浓。

一番清晰的逻辑梳理下来，众人豁然开朗。当然，对于其他的声音，团队也十分理解，正如首席战略官莫问剑说的：“做项目，谁都想揽大活，做大盘。但我们不能辜负领导的信任，不妨先做一个小样板看看，让大家掂量一下乡立方究竟有多少能耐。”在考察当天，团队就项目抉择上的考量，也与吴华丁书记交换了初步的想法，吴书记大为赞同，并鼓励团队放开手脚去做。至此，临海香年溪项目的开发工作正式拉开序幕。

香年溪的三个“最”，让乡立方在开局立项上舍“大”取“小”，以更务实的心态服务项目，这是团队在历经三百多个乡村项目洗礼后，沉淀下来的成熟心态。

3.2 三个“缺什么”，问出了一个“最江南”的方向

在敲定项目后，团队很快就在月底对香年溪进行专项调研，考察了香年溪沿线六个乡村，包括乡村产业、历史文化、生态资源、闲置资产、企业情况等，并对临海市本地特产进行调研，同时和市里相关人员进行深度座谈。在第一轮摸底后，对于香年溪破题思路的解决之道，也正式列入了会议讨论的核心。

在听取项目团队的初步构想后，莫问剑反问了大家三个“缺什么”：临海社会经济发展基础很好，历史文化资源禀赋深厚，要打造一个乡村振兴样板，为何要找我们？我的理解，是当地领导基于我们在全国范围的操盘经验，知道如何找到有影响力的突破口。所以，我们不能为打造而打造，为临海而临海，而是要思考临海缺什么，台州缺什么，浙江缺什么。只有从这三个维度做通盘的思考，才能拿出优秀的顶层设计。他的这番话，迅速让策划创意团队找到了灵感。

临海缺什么？

从临海的很多指标来看，这座城市的整体素质相当全面：经济上是中国沿海首批开放城市之一，文化上是台州府城，名城、名人、名迹、名特（产）“四名”之城，生态上更是获得“中国宜居城市”称号的县级市。但如此全面的城市，在共同富裕时代下，却没有一个在全省、全国拿得出手的乡村振兴样板，这是一个遗憾，也是一个缺失。

台州缺什么？

台州是全国闻名的制造业之都，城市经济发达，但乡村相对滞后，尤其是全市有多达400多个“空心村”，土地、产业、文化、公共设施整体空心化，这事实上已经拖了台州社会经济高质量发展的后腿。而香年溪沿线，就有三个典型的“空心村”。这里能否为台州“空心村”治理与振兴提供样板经验？

浙江缺什么？

浙江“七山一水两分田”，主要地貌是山区与丘陵，这决定了大多数浙江的乡村是“依山傍水”而建的，“沿溪”是浙江乡村的一个突出风貌特征。在农业农村部与浙江省联合发布的“浙江乡村振兴十大模式”中，有衢州的空间集聚模式、有丽水的品牌引领模式、有绍兴的要素激活模式……但唯独缺少一个基于溪谷地貌的乡村振兴模式。

七七受到了启发，她总结认为：浙江的山村会有几个共同特点，一是沿溪而建，依山傍水，但绿水青山看着好，却还没有转化价值；二是“空心村”很多，缺人，缺产业，也找不到发展方向；三是古村古建多，但还没有找到开发的价值。香年溪沿线的五六个村落，都是这类十分典型的浙江山村。所以，我们这次的探索很有意义，如果能够围绕“沿溪”“空心村”“抱团共富”等关键词做文章，一定能够回答好临海缺什么、台州缺什么、浙江缺什么的重大问题。

有问题，就会有答案。“沿溪空心村”的精准聚焦，为乡立方在香年溪项目找“魂”上，提供了清晰的指导方向。从项目的普遍性与模式的可复制性上看，团队认为，这必将成为乡立方方法论的又一块重要拼图，也将带领临海一步走到浙江乡村振兴的创新前列！

3.3 好品牌配好故事，锁定香年溪之“魂”

通常来说，乡村的打造都是先“筑巢”再“引凤”。但乡立方“品牌乡村”的思路倡导，一个乡村首先要找到自己的“魂”，明确了乡村核心灵魂是什么，再围绕这个“魂”进行打造，这样乡村才能有精准的打造方向，而不至于出现投入后的基础建设与未来业态需求不符的偏差。

找“魂”，是项目成功与否的关键，也是乡立方品牌乡村建设的第一步。

乡立方品牌乡村定位方法有三大策略类型，归结起来就是：有产业做产业特色，没有产业做文化特色，没有产业也没有文化资源，就创造概念特色。那么香年溪沿线乡村聚落的“魂”是什么？以产业来说，岙底罗、宿仙村有茶叶基础，以历史来说，上马村有佛教寺院文化，但遗憾的是，这都无法完整覆盖整个香年溪的精髓。尤其是在三个“缺什么”问题提出后，香年溪所要承载的使命，也变得愈发清晰。这不仅仅是临海乡村振兴的典型，更是要为台州空心村振兴提供解决范例，为浙江沿溪乡村振兴模式提供样板。

沿溪是关键。但目前还没有一个地方，真正做到以“沿溪”为主题，无限放大，做足“沿溪”乡村的文章。如何将香年溪打造成浙江沿溪乡村共富示范带？从一条溪的打造，辐射临海更多溪的发展；从一条溪的探索，带动临海更多溪的共富。溪好，就是临海的山水好，营销好临海的溪，就是营销好临海。

所以最开始，团队里有人提出品牌名为“十二里溪湾”，因为此次开发涉及的香年溪沿线段总长约 6 千米，以清晰的物理特点来标记品牌名，乍一听，这似乎也是满足前提条件的一种方案。但几位决策人觉得还少了点什么，方案无法在团队内部达成一致。支持的观点认为，一个好的品牌名，应当好记，好传播，并且又有理念可以延展，有故事可以讲述，所以“十二里溪湾”是不错的选择。但反对的声音认为，这个名字一听是在做文旅，乡立方需要做的是“乡村”，文旅只是其中的一个选项或者其中一部分。在激烈的头脑风暴过程中，无数名字被提出，又被否定：三香湾、临溪湾、香年溪谷……每一个都围绕香年溪和沿溪特质展开，但无一例外，都没能跳出旧有的思路框架，不够让人耳目一新，或者传达更为深层次的使命和内涵。

苦熬了几个日夜后，一个名字从众多草案中脱颖而出——江南·溪望谷。这个名字一出，便让所有人眼前一亮，就是它了，绝了！香年溪这几个沿溪的小村庄，没有产业，没有特色，没有发展，如今房子旧了，人走了，茶园也荒了……几个村抱团做一个“溪望谷”，希望为乡村留住希望，共同守护和创造乡村振兴、乡村共富的希望。

希望，是一个有能量的词。

有人来，就有希望。

有人回来，就有希望。

有产业复兴，就有希望。

有文化活力，就有希望。

有可持续发展，就有希望。

有梦想，就有希望。

乡立方团队认为：共富是乡村振兴的核心，而乡村振兴带的打造，抱团发展是方向，所以香年溪的“魂”，必定要跳出单一村庄规划思路，采用浙江特有的“政府有为＋市场有效”的方法，发挥政府引导作用，搭建平台促进多村抱团发展，优势互补，产业互促，站在“最江南”的浙江沿溪乡村样板立场看待。

3.4 从十二里溪湾到溪望谷，这条路我们走对了

从十二里溪湾到溪望谷，背后是项目团队的打造理念完成了从文旅策划到立方设计的提升，开始以“产业设计＋场景设计＋流量设计”的思维方式赋能乡村。“最江南”不是口号，而是使命。所谓“最江南”，就是本项目的灵魂所在，是乡村找魂方法论的落地方式。所以，要将项目做“最江南”的全面解读。

七七总结道：我们要凸显沿溪乡村风貌，链接沿溪乡村文化，做深沿溪乡村体验，做透沿溪乡村产业，讲好沿溪共富故事。

在战略选择上，为什么是“沿溪”？

因为如果我们只是选择其中一个或者两个村打造，虽然轻松且容易出成果，

但对于乡村的带动面太小，未来发展空间一定会受限，乡村振兴示范村的打造不只是为了一个或者两个村，而是以强村带弱村，村村联动，形成片区效应，从而带动更多乡村和老百姓共同富裕。这样的项目思路也是团队在数百个项目打造中总结的经验。从下姜一个村富裕了到带动周边二十多个村成立“大下姜”，横一村从刚起步就奠定“萧山未来大地”聚集周边多个村的格局，这都是很好的例子。

在实施路径上，为什么是“沿溪”？

近年各地虽然都在大力打造乡村振兴，但本质上地方财政都是紧张的，沿溪的几个村村域面积都不算小，如果全村铺开，资金有限、撒胡椒面难出效果，需要集中资金做好示范线，因此将一期的有限资金使用的重点集中在沿溪范围，二期再以线带面全面铺开。另外，从产业布局上和消费者体验上，沿着溪流开车、步行、骑行等，分别能体验不同的内容，也是更有效的市场做法。

为了让溪望谷品牌落地，项目团队还策划了七大“溪望计划”，包括乡村引力、孩童回乡、文化新生、拯救老屋、复兴茶园、乡贤归乡、村企共建。在实施打造上，以“串点成线，抱团发展，整体考虑，分段实施”为纲要，以一溪六片多点为业态格局，互促互补，合作共赢，从经济性上拉动产业发展，从示范性上在浙江乃至全国有示范意义，带动百姓共同参与，建立联农带农富农机制。最终目标，就是要树立一个沿溪共富的品牌引领模式，政府搭平台，孵品牌，出政策，村企共参与，共致富，将江南 · 溪望谷建设成新型乡村振兴的标杆品牌。

随着思路的逐步清晰，第一次汇报的时间，也很快到了眼前。

项目团队去临海调研完一个多月后，吴华丁书记便带队来到杭州，同行的有农业、文旅、国土、财政、交通等多个部门的人，在现场听取香年溪项目的方案汇报。听完汇报后，吴书记对方案给予了高度评价，甚至用“十二分满意”肯定团队的成果。他说：“香年溪沿线村落空心化严重，人口持续流出，如何吸引年轻人尤其是乡贤们回来？同时如何推动小而散的乡村产业的兴旺？如何将这片故土打造成一个共同富裕的新福地？我很期待这个方案的全面快速落地。”而在临海市农业农村局局长董立看来，能够提炼出“溪望谷”这个名字，这个项目就有成功的基础，这确实是神来之笔。

思路达成一致后，吴书记便叮嘱团队迅速推进，尽快落实，政府各部门做好配合。许多参会领导在事后都表示惊讶，吴书记对于策划方案的认可、对于香年溪项目的决心，是之前少见的。在内部讨论会上，莫问剑曾总结说：“香年溪这个项目，从‘溪望谷’这个名字出来，就成功了一半。”如此顺利的沟通，超出团队预料，可见大家在项目认知层面的高度一致性。这条路，我们走对了。

3.5 香年溪沿线村支书们的“溪望”

经过一段时间的前期工作后，香年溪项目进入正式作业期。为了出细化落地方案，整个团队需要进行深度实地调研。根据实地情况，判断哪些老产业可以复兴，哪些新业态能植入，哪些共富机制可以建立。

七七第三次带队前往临海。这一次，业务核心团队几乎都参与了进来，项目组、规划组、策划组、品牌组、运营组、景观组、产品组、推广组等浩浩荡荡几十号人，大家的目标都很一致，就是要在临海干出一个不一样的乡村振兴浙江样板来。

临海市政府的各大职能部门、江南街道以及沿线村落的负责人，也高度重视这次系统调研，根据考察团队列出的“问题清单”，安排好了各个点位的接待与解说。项目团队根据原先构想一一核对、记录，并连夜进行各种业务复盘。只是，调研期间暴露出的道路交通、市政基础、政策处理等问题，其难度远远超过了的预期。坍塌了几十年的老屋，剩下半堵危墙，地基被繁盛的杂草覆盖了大半，房子中间甚至还长出了柿子树；曾经繁忙的水车磨坊，如今只剩下一条干涸的沟渠；曾经的四合院，屋顶的瓦片都坍塌下来散落一地，摔碎的瓦片已经化成泥土和大地融为一体；部分新砌的房子，半面墙贴了瓷砖，门口用围墙把自己围得严严实实；这里没有自来水、没有燃气、经常停电；一些外面新村批了地搬走的人，房子拆了一半残留在那里，阳台残破得只剩下几根钢筋锈迹斑斑；新建的半间房，半架在马路上，让原本不宽的马路更加拥挤；房前屋后，偶尔遇到的一个七八十岁的老人，独坐门口台阶上……

但是，香年溪沿线几位村支书的“溪望”，却给了项目团队极大的信心。

洋路村的崔书记带着考察团队走遍了整个村落，站在溪边上，他详细地为大家介绍村里自古至今发展的来龙去脉。他感慨地说：“村里好多年没有搞过村庄规划了，我们村委楼的这片地都‘农转用’批好了，就是没钱建。村里没有产业，没有人气，年轻人都走光了。这次香年溪开发，是我们村史无前例的机会。”

无独有偶，汇丰村的胡书记，同样非常支持溪望谷项目。汇丰从十年前，就在进行老村搬迁，腾出土地做集中开发，在外面做新村规划。但那时还是2010年，搬迁在临海的乡村还不多见，群众工作十分难做。很多人都不理解，胡书记回想起过去，不过村干部的立场坚定，一户一户地做工作，当时市里领导下来带队，到汇丰村里了解情况，支持汇丰做搬迁，之后又开村民代表会议，从立项到动工，村委整整做了两年的工作。他还说：“以前汇丰人靠山吃山，现在山上的树没人要，柴也没人要，光靠种地盈利不现实。汇丰与香年溪其他几个村相比，平整的地块比较多，方便做集中开发。前些年好多老板来看过，还有台湾的投资商，地方都整理好了，后来项目又没有启动，都搁置了，这次只要你们来，我们汇丰村会做好全方位配合。”

宿仙村的马书记告诉调研团队，宿仙村有茶产业的优势，一定要借助溪望谷走向大市场。要守住这片蓝天白云、青山绿水，必须要搞生态开发。

岙底罗村的李书记，也谈了他对于溪望谷的看法：岙底罗村是国家级历史古村落，是整个临海都是很难得的资源。溪望谷的建设，一定要发挥好这张人文历史这张牌，只有这样，才能有大作为。

上马村的马书记，对溪望谷更是信心十足：“我们村里名人、乡贤特别多，你看这一户四合院，家里出了几个博士、教授，就是好多年不回来了，前两年我们找他们聊，他们也想回来，修整修整老屋，房子也可以给村里用。我在村里前前后后折腾了整整五年，终于等到了溪望谷。这个名字就很给力，我绝对相信这事能干成。”

这不仅仅是基层书记的信心，同样也是临海市委市政府的决心。临海市委书记吴华丁在听取香年溪连片打造专题会议时，就强调过：我们面临的不是做不做香年溪这个项目的问题，而是怎么把香年溪做好的问题，各部门要全力配合，力往一处使。事实上，在项目启动后不久，临海市就提出，重构旅游产业要素，重塑旅游经济发展格局，加速彰显特色，持续打响品牌，加快形成“一城、一山、一海、一田、一溪”五个骨干景区和N个特色景区组成“1+4+N”的“5A引领，5星闪耀”全域旅游高质量发展布局。这“一溪”，即是江南·溪望谷，临海市的目标是“打造成最具江南特色的沿溪共富示范带和乡村旅游目的地”。

五级书记抓乡村振兴，在江南·溪望谷，我们看到了“市街村”三级书记的共同梦想，在这条6千米长的香年溪上冉冉升起。这一份故土的情结，这一份浓厚的乡愁，让我们没有理由去怀疑这个项目的未来蓝图。

撸起袖子加油干，是整个团队众志成城的士气与决心。

3.6 “立方设计”的创新实施，为香年溪沿线带来“溪望”

2022年4月正式招标会过后，溪望谷整个项目进入设计阶段。临海市委书记吴华丁提出明确的要求：2023年5月份，溪望谷项目要正式对外运营。从创意提出到规划设计，再到投资建设、落地运营，只给一年时间，对于如此体量的项目来说，绝对是一项十分艰巨的任务。

对项目团队而言，溪望谷的项目涉及的面非常广，需要有条不紊地统筹内部的策划、规划、运营、品牌、建筑、景观、室内、产品、产业、推广等十几个部门的工作。对临海政府而言，项目涉及市委、江南街道、社发集团，以及农业、交通、水利、建设、自然资源、教育等诸多部门的相关工作，要无缝衔接；对香年溪沿线村庄而言，要孵化产业，吸引老百姓和乡贤回乡创业、有品质地创业，要带动村集体增收，需要有节奏、有方法地推进。

传统项目的做法是先做规划再做设计和建设，规划半年、设计半年、建设一年，完工后再招商，这样下来没有2～3年项目很难呈现成果，但等建设完成后，常常又发现建设和运营脱节，项目的情况并不满足运营需求，因此招商也非常难。这次溪望谷不一样的做法是策规一体＋运营前置。策划找魂，从品牌入手，为项目做好市场定位。有了好的品牌，未来事半功倍。规划布局，既要考虑现有空间资源的匹配能先上什么项目，也要为未来发展留足空间。运营前置，充分发挥项目团队十几年的乡村产业运营经验，在项目建设的初期，运营就参与进来，从项目布局、运营测算，到产业孵化、政策策略等方面给予意见。通过策划、规划、运营一体化融合打造，使得项目一完工，就能直接开张营业。

3.6.1 首先是产业设计

虽然香年溪沿线村庄基础比较差，后续工作量也会很大，但环境整治、村庄美化并不是这个项目里最难的事情，乡立方旗下境立方设计院专业的团队分工给了项目最基础的保障。我们需要啃下的硬骨头，是沿线产业与业态的创新与布局。在深化设计方案的汇报会上，七七在正式推进一系列“溪望计划”时，同时作了如上的总结。为何这些古村落成了空心村，年轻人不愿意回来？因为这里缺少机会，年轻人没有发展空间。溪望谷的打造，不只是要让香年溪变得漂亮，更要将这里打造成台州乡村产业发展的创新地。

与其他规划团队不一样，乡立方并非将“景观设计”摆在第一位，也没有将“文旅项目”作为优先开发的方向，而是采用“立方设计”，将产业设计放在了思考序列的优先位置，并根据各村的空间资源布局合适的产业：

垟路村被命名为“溪望谷·漫溪湾”，定位为慢生活体验中心。作为项目的入口，村庄小且精致，游客能顺着蜿蜒的村道漫步到溪边，未来这里的每一户都有机会做成庭院业态。结合村委楼，还规划了乡村振兴学院，将老房子改造成临海蟠毫新式茶饮店、小吃共富工坊，将沿溪的竹林改造成森林露营基地等。

江南·溪望谷乡村振兴学院效果图

汇丰村被命名为“溪望谷·野溪湾”，定位为亲子娱乐中心和研学体验中心。利用这里集中且独立的农田、溪边林地，规划了萌宠乐园、无动力乐园、稻田乐园、露营基地等亲子体验业态，这将是溪望谷最能引流、最好玩的亲子体验区块。

江南·溪望谷溪望牧场效果图

上马村被命名为“溪望谷 · 福溪湾”，定位为美食民宿产业中心。这里是周边村民的聚居地，两排房屋整齐地面朝马路一字排开，庭院开阔，周边停车空间丰富，未来有足够空间打造成民宿和餐饮的聚集地。因此规划了有口福小院、溪餐厅和溪宿，将溪望谷传统特产改造为网红爆款，打造 3 至 5 个带动型业态，开发当地特色小吃，鼓励村民参与其中，例如溪望谷柴叶豆腐、溪望谷滚滚擂圆等。

江南 · 溪望谷溪宿效果图

岙底罗村被命名为“溪望谷 · 隐溪湾”，定位康养休闲与茶文化中心。这里是国家级古村落，大量的古民居闲置，四合院非常有味道，因此借助现有空间，规划了茶创空间、茶观光工场、高端民宿等。尤其是茶观光工场，是项目团队最新战略级产品，以当地优势农业产业为基础，打造成集生产销售、产品研发创新、观光研学、文旅体验、直播共创为一体，是颠覆了乡村业态的新玩法。

江南·溪望谷茶空间效果图

项目团队专门为这些业态的布局绘制了一张图，称其为“江南·溪望谷-幸福地图”。他们认为，乡村产业开发除了一二三产业融合外，还要讲究“三场”叠加，即体验场、消费场、传播场三大功能的叠合。

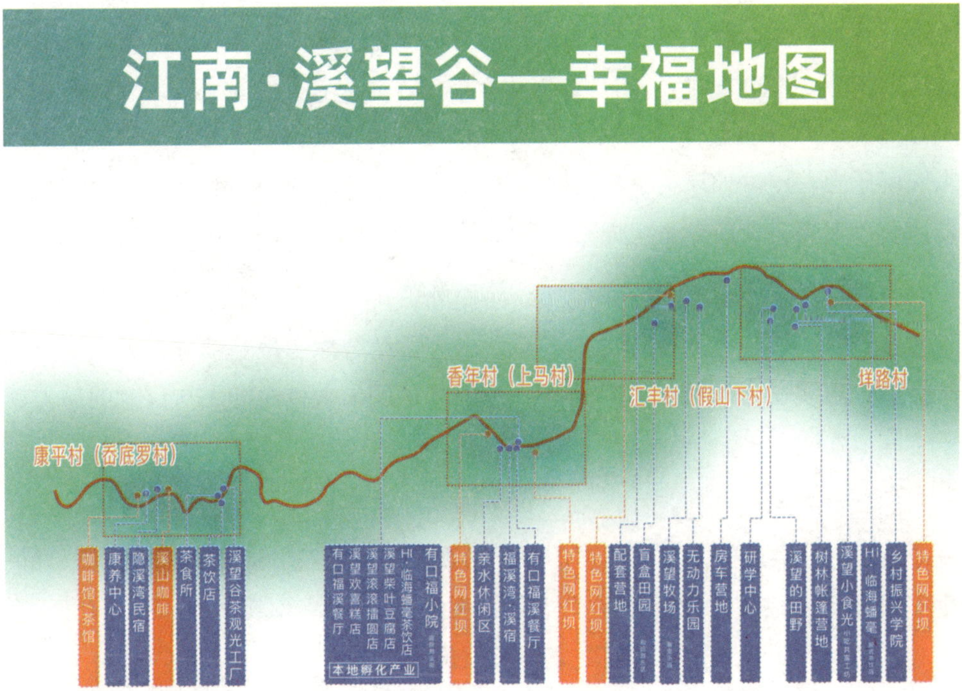

江南·溪望谷-幸福地图

3.6.2 其次是场景设计

项目团队倡导“景观围绕业态转”,一个项目不是一味全面铺开做景观改造，而是围绕产业来配景观，哪里有产业，哪里才做景观。针对沿线业态布局，梳理了溪流生态修复、沿线道路提升、村庄环境整治、田园风光打造四大板块的工作。

溪流生态修复上，围绕周边计划有业态节点的溪段重点改造，增加通过性、下水性、互动性、可玩性，使得特色溪坝能成为周边民宿餐饮和营地的引流点。其他非业态集中段，则维持原有风貌，将有限的资金集中起来使用。

沿线道路提升一直是溪望谷的痛点，沿途许多路段都是单行线，一方面，团队和自然资源和规划部门对接，拓展城市开发的边界，这样建设完成时间与预计道路报批的时间可以合上。另一方面,没有采取全面“上改下”,而是局部“上改下”，这样做主要是为了省钱，把资金留到更加需要的地方。沿途通过空间改造，增加了 200 多个车位，当然这个量根据对未来项目成果的预判还是远远不够的，因此交通上，计划后续采取线上预约制，以及推出公共交通接驳制度来缓解压力。原本如果整个项目向山体或者溪流拓展，可以增加道路的扩容量，但团队思量再三，还是坚持把对生态和野趣的保护放在了第一位。

村庄环境上，不做大面积的外立面提升工作，而是对重点业态部分进行重点改造。将诸多宅基地倒塌的地方梳理出来，结合原有地基部分，做成乡村生态公园，更多交流和游玩空间的释放，可以拓展未来村内老人与孩童的交流娱乐空间。

溪望谷的 12 大提升策略，包括路面改造、溪流改造、建筑风貌、山林改造、庭院围墙、公共空间、宅间巷道、田园景观、茶园景观、地域文化、民宿集群、生态民居点。村庄的改建不是大规划、大改造，而是“微改造、精提升”，合理和精巧地利用现有空间，使之实现最大价值。

3.7 打造“新乡人”、归乡人喜欢的“溪玩法”

一个项目需要有一个让人记得住的定位和亮点,这是品牌传播中讲求的“心智占领效益”，即抓住一个点、抢占一个定位，并无限放大、无限强化。

在溪望谷项目上，所谓“靠山吃山，靠水吃水”，毫无疑问需要在“溪”上下足功夫。从时间上看，每年4至11月，都是适合下溪游玩或沿溪游玩的季节，有水、有山、有空地的“溪流游”，可以占据春、夏、秋三季的游玩时段，属于用低成本就可以发挥出最大效益、吸引到最多人气的乡村生态业态，因此沿溪布置业态和释放空间，就成为项目的重点。

品牌设计总监盛奔浩与景观设计总监林柯达，为了将景观落实到位，在香年溪沿线6千米段反反复复不知道走了多少遍，尤其是针对规划提升、打造的12个溪坝，上百张手稿与模型设计是对他们调研勘探成果的证明。各种独树一帜的网红造型，最终从他们手上诞生。其中有烟雨江南坝、油纸伞坝、梯田坝、锦鲤坝、莲花坝、云朵坝等，每一座溪坝，都是一种江南风情。

江南·溪望谷烟雨江南坝效果图

设计团队在景观设计上的不遗余力，也激发了策划团队的想象力。

在沿溪业态的植入上，互动性的玩法层出不穷。在垟路村到汇丰村这一段，团队设计了浮力溪湾水上游线，游客可以在浮岛上聊天、喝茶甚至烧烤，十分惬意。在上马村流域段，设计了欢乐溪湾水上游线，游客开展溯溪运动，溪上自行车、桨板、竹筏、秋千等，百花齐放，让沿溪这个资源，得到最大程度的开发与利用。

江南·溪望谷“溪望摸鱼去”营地效果图

一个创意盒子被打开，便能激发这个团队无穷的想象力。更重要的是，这些创意想法都以落地运营为导向，考虑到香年溪汛期的影响，为保证溪上互动设施的安全性，项目团队在策划前期，就将建立安全预警系统考虑进去，让安全隐患消弭无形，并且经营安全系数高、引流能力强、趣味性强的水上娱乐业态，让香年溪在淡季也能很好地承接游客。

除了上面提到的溪内的堰坝和业态，溪边的业态也少不了。团队将所有业态沿着溪流一路做了点状布置：

几十年闲置的乡公所，摇身一变，成为溪水主题民宿和溪餐厅，民宿围绕“出门近溪、入户揽溪、庭中戏溪、房内泡溪”，打造了一系列天空泳池、露台泳池、露天泳池、房内泡池等多个溪水主题体验。

沿溪边自然散落的林地，被打造成为溪畔的乐园；葱葱郁郁的竹林，巧妙地植入下沉舞台空间；大片的稻田中间，沿着溪流打造骑行线路，消费者可以徜徉在希望的田野上；还有溪客到来小铺、溪望美好手工店……而这些都围绕着溪流一一展开，可以让消费者一路走、一路玩、一路体验。溪望谷的这条溪流就像是一根线，而一个个业态就如同珍珠，用溪流将这一颗一颗的珍珠串起来，就成为一条美丽的珍珠项链。

3.8 史无前例的政企协作专班：让一切高效运转

香年溪项目的推进，表面上看只涉及沿溪 12 里的几个村落，但事实上项目需要统筹协调的政府职能部门可不少，如农业农村局、自然资源和规划局、交通运输局、水利局以及项目所在地的江南街道和各个村。很快，一系列矛盾暴露出来了：

一个项目过来，需要国土和交通两个部门的有效对接，对接得慢，光流程就要走两三个月。

各个部门每次过来开会的人不一样，信息不对称，沟通成本高，很多事情落实不下去。

有些事提出来后，后续没有落实到位，也无法有效决断，缺一个总的拍板人。

大部分时间花在协调统筹上，进度跑不起来，这个问题不解决，活儿没有办法干。

……

政府各条线行动不一，交通的干交通，旅游的干旅游，环境整治的干环境整治，所有人各干各事，没有沟通，导致步调不一致。针对这项矛盾，临海市由市委常委、副市长宋江涌负责，专门针对溪望谷项目成立了工作专班，包括农业农村局、江南街道，以及文旅、国土、水利、交通、自然资源、财政等多个部门，每个部门安排固定成员负责跟进项目，并设固定时间参会议事，再跟各个局领导定期汇报，保证各流程不脱节。

政府部门马力全开，乡立方溪望谷项目的核心统筹小组成员七七、王惠、陈琪也马上召开会议，明确沟通流程和内部分工，在和政府沟通上将工作分为三个层面——报、理、跑。“报”即一月一报，以月为单位，和主要分管领导临海市委常委、副市长宋江涌做好汇报工作，需要领导支持决策的问题要直接明了地提出来，并跟进领导落实。“理”即一日一清，几个月的时间下来，项目总监王惠写了无数沟通表、落实表、责任表，满满当当一本笔记本的工作记录，确保有效地将每一项工作落实到位。“跑”即腿要勤、跑得快，溪望谷是乡立方的年度重点项目，公司派了驻村代表陈琪带队进驻江南街道办公。在沟通中陈琪说：“‘跑’这一点，江南街道非常值得我们学习。”在街道党工委书记王臻的带领下，江南街道的规划、水利、旅游等各部门和驻村干部都非常给力地同我们一起跑部门、聊政策、通难题，在大家的共同努力和接力之下，确保了征地合同、用地指标、租房合约、改造方案一个一个落实到位。

政府专班的成立，政企协作机制的建设，直接解决了三大问题：一是汇报内容有明确的上级领导做最终拍板，快速推进工作节点；二是清晰了部门间的“交叉责任”，避免推诿；三是解决了乡镇与职能局办的协调难的问题。项目团队也在这个过程中收获了极其宝贵的经验：做大体量的乡振项目，一定要对政府的程序有更多了解，这样才能迅速找到程序卡壳的关键，快速解决问题。此后每一次政府专班工作会议，都没有将项目团队视为“外人”，大家就是同一个团队成员，为了同一个目标而努力。

3.9 运营前置：为乡村运营闯出一条新路

在设计施工一体化的同时，项目团队更是战略性地拿出运营前置的计划。以前的规划策划单位主要负责前期设计，但这一次项目团队打算从项目前期就介入运营，以运营倒推业态，用市场思维建设项目。

站在业主江南街道立场，开发如此投资体量的项目，必然要考虑资金平衡问题，每年光利息就上百万元，这部分钱怎么赚出来，所以必须考虑开发业态的盈利性，而考虑盈利问题，就必然要介入后端运营。当项目团队提出要做运营时，江南街道对于这件事情十分认可，但也提出了不少现实困难，不过文旅集团何总的一句话，给在场的人都打了一剂强心剂：街道推不动的我来推，街道不好做的我来做，我可以来做立项。

从这件事上，我们看到了政府各部门，对于做好溪望谷项目的热情与决心，这也是项目能顺利推进到今天的重要原因。每一个部门、每一个个体，都在当中发挥了重要作用。

很快，项目团队拿出了溪望谷的运营目标：一年树形象，三年出亮点，五年成标杆！

依据每年的业态经营进度，第一年引流 10 万人次，创收目标 500 万元，第三年客流 25 万人次，树立江南 · 溪望谷品牌效应，创收目标 1700 万元。与此同时，梳理出溪望谷十多个盈利板块，包括餐饮、康乐、住宿、活动、服务、场地、加工、产品、研学、党政干部培训等。在经营模式上，村民手上适合改造的房屋可以租赁给业主方，由业主出资改建，再统一运营，也可以“共富合营”，村民以房屋资产保底入股。

除了改造房屋，为提升当地农产品附加值，项目团队还将通过品牌策划、设计，打通渠道，帮助村民提高农产品销售额，且农产品可在项目多个业态里进行捆绑销售，作为溪望谷伴手礼。并为本地有创业意愿的村民、“乡创客”提供指导就业，提供创业过程中的共富模式、经营方向，协助拓展市场渠道等。

正如溪望谷运营经理陈琪所说：我们的三大运营特色就是样板、扶持、孵化。“样板”是指通过首期树立运营标杆项目，为整个项目的品质、特色提供引导；“扶持”是指我们不只参与运营，更要帮助有意愿创业的老百姓选择他们所擅长的、适合他们的项目创业；“孵化”是指我们在他们创业的过程中，要提供帮助和指导。一个项目只有通过政府、企业、村集体、村民多方共同努力，才会越来越完善、越来越有特色。

除了本地村民的创业，如何吸引临海尤其是江南街道的农创客、农业企业、合作社来溪望谷创业也是项目团队十分关注的事情。2022 年 10 月 10 日，江南街道在溪望谷召开“溪流上的向往生活，江南里的甜美食光”农创客交流会，邀请了当地多个共富工坊的负责人参加，向他们展示溪望谷未来的美好画卷，发起溪望谷“乡贤回归”溪望计划，一方面将更多工坊引导到项目上来，同时也计划对这些工坊进行文旅化提升，使之不但是一个生产空间，更是一个旅游空间、消费空间。

基于本地文化打造的系列茶创产品效果图

3.10 思考：浙江沿溪乡村的开发创新

回顾整个江南·溪望谷项目，从立项到今天，每一个难点的突破，都为乡村振兴工作带来新的启发。项目负责人七七说：我们要把溪望谷的经验进行总结和梳理，这是一笔宝贵的财富。

溪望谷项目得以顺利推进至今，找到三个“缺什么”是创意思路导向的关键，想清楚了“缺什么”，才为项目找准了目标，这个目标就是要成为临海乡村振兴的样板、台州空心村现象的解决范例，更是浙江沿溪乡村振兴的新模式。明确了项目的使命意义后，才能把准项目业态规划的脉，于是才有了“一溪二线六村”的总布局，打造并放大沿溪互动业态，在三产融合之外，引入体验场、消费场、传播场“三场融合”概念，用小感动制造大消费，最终形成“用品牌去代言、用运营去导流、用创意去留客、用人流去带货”的良性闭环模式。

此外，当地主要领导的决策支持，农业农村、文旅、国土、水利、交通、自然资源、财政等政府各部门、江南街道、沿溪各个村委的通力合作，同样是决定这个项目成功与否的关键。大项目必须从一开始就建立起一套政企协作机制，这也是项目团队从溪望谷打造中积累的重要经验。

乡村振兴是一项综合性的工作，它不但是服务方的智力输出，政府部门的作为与远见同样重要。如何做好双方统筹协作，关系到项目落地的效率与效益。让我们期待这个“最江南”的沿溪乡村振兴模式，在临海乃至浙江，发挥更为突出的示范作用！

扫码观看本案例
深度解读视频

第4章

山西大宁：看黄河小县如何创出乡村振兴大路

陕晋交界入口形象

“乡村振兴看浙江，浙江经验确实有很多可取之处。但我们北方搞乡村建设，一定不能照抄照搬浙江经验，要走出我们山西的新路子，奋力谱写小县也有大作为的新篇章。”在当地乡村振兴工作座谈会上，山西大宁县委书记王晓斌语气平缓却坚定。

山西大宁县始置于北周保定元年（公元561年），取义大吉大宁。黄河在北边的永和县“一气呵成”壮丽的乾坤湾，到南部吉县飞泻成壶口瀑布，唯独在大宁这一段平静安宁，呈现出黄河母亲十分慈祥温和的一面。具有典型的黄土高原地质形态，大宁地势南北高，中间低，东部高，西部低，呈马蹄形向西敞开，素有“三川十塬沟四千，周围大山包一圈”之说。

受制于自然条件，多年来大宁一直为脱贫攻坚而奋斗，直至2020年2月27日退出贫困县，进入乡村振兴的全新阶段。同时，这里又是黄河流域的生态保护区域，如何在限制开发的前提下实现高质量发展，成为摆在大宁县委县政府面前的一道新难题。

黄河仙子祠

4.1 一次朋友间的探望

王晓斌担任大宁县委书记前，在隰县担任县长。在他任上，他亲自谋划，举全县之力，打造了隰县玉露香梨区域公用品牌，同时大力发展农村电商，推动了整个产业的高质量发展。“隰县经验”一度成为全国脱贫攻坚的样板，他本人也因此成为著名的“网红县长”。一大批涉农电商专家也与他交上了朋友，大家评价他“是一个真正懂得政府需要做什么的县长”。

到大宁就职后，王晓斌书记带着新的县委干部班子，对大宁县展开系统调研。大宁位于吕梁山南端，常住人口仅 5.22 万人，是山西省临汾市人口最少的县之一。这要是放到某些地方，仅相当于一个乡镇规模。但大宁是一个千年古县，历史文化非常悠久。“一个千年古县，我们谁都无法改变它的过去。但作为一名党的干部，大宁今天不发展、不振兴，却是我们的责任。”王晓斌书记坚定地说，“贫困与落后不应该是大宁的代名词。沿河我们就靠河发展，临川我们就借川生长。让大宁的百姓看到变化，让大宁的百姓感到满意，这是我们所有工作的核心和目的。”

大宁县委常委、组织部部长宗燕军全程参与了调研。他对王晓斌提建议说：“乡村振兴需要干部带头，首先我们的干部要解放思想。其一，干部要去外面看看，看看北方的村庄都是怎么干乡村振兴的。其二，都说浙江是‘藏富于民’，那我们也请浙江的专家过来帮我们看看，有没有什么好点子能够启发我们。”

县委一致认为此方案可行，出去学习很有必要。很快，县委就拿出了相关干部考察乡村振兴的方案。考察团由组织部部长宗燕军带队，一行 20 多位乡村振兴干部，一线干部对于发展大宁的迫切心愿可见一斑。考察地以北方为主，主要是太原、陕西、宁夏等地的乡村振兴样板典型。在考察群里，各位干部都不断分享着乡村打造方法和一些值得学习的点。

当大宁县乡村振兴局局长尉林平看了宁夏大武口硒有田园时，他由衷地说道：“这个地方的打造方法真的让我眼前一亮。从之前的照片里看到，园子很简陋也很乱，但是打造之后呢，环境变好了，还深挖了它的矿工文化，随处可见一些复古怀旧的故事，游客很感兴趣。同时，它不仅局限在一些环境的提升上，关键是用一块‘硒有’的牌子让 20 多个小园子抱团发展，让里面体验的内容更有价值。我问过大武口的街道书记，听说总投入也就200万元。小投入，大效果，这件事儿就做得很漂亮，也符合我们大宁县的情况。我们沿着黄河、沿着昕水河，也可以借鉴这种做法。”

太谷镇党委书记任彦伟对大武口街道的“武酱坊”很感兴趣：“一款酱竟然可以这么创新，一个酱坊采用这种生产、销售、直播、参观在一起的形式，前面是店，后面是工坊，当地三个老百姓在这里做酱，就是一个旅游景点了。酱坊的负责人跟我们讲，村集体每年还能有几万块钱保底收入。此外，酱坊每卖出一瓶酱，村集体还有额外5毛钱收入，这个模式很有创新性啊。我们这里的特产‘不烂子’是不是也可以做成工坊形式？”

各位干部针对各个考察点都发表着自己的看法，这说明了这一次北方乡村振兴的考察是有效果的。当一线干部都跳出大宁看大宁时，才有了更多角度的思考。

对于宗部长提议的“请浙江的专家过来看看”，王晓斌想到了在乡村振兴领域里摸爬滚打多年，同时也是他老朋友的莫问剑和宋小春，便电话邀请他俩去大宁县聚聚，看看老朋友，顺便再给大宁“号号脉”。上一次三人的相聚，大概还是在隰县雨露香梨的品牌建设时期。当三人相聚在大宁县的时候，初春久旱的大宁竟然下起了雨，书记笑称：“已大半个月没下雨了，你们给大宁县带来了春雨呀！”

既然如此，这“雨”可不能白下。王晓斌指着大宁县地图，说道：“邀请二位来看看，这900多平方千米的土地，生态脆弱，又是限制发展地区，如何能做点实事儿？这是我们的难题，请你们二位给指指道儿。”

没有调查就没有发言权。书记带两人到达的第一站是从北边永和县进入大宁县的第一个村子，太谷镇任堤村。镇党委书记任彦伟拿出一本乡村闲置空房子资源摸底的册子，上面详细记载了村里的空窑洞、空房子以及老百姓是否愿意打造的意愿。原来，早在莫问剑和宋小春到达之前，任彦伟就做好了资源摸底排查。看起来只是一本小册子，但是背后的工作细琐又繁杂，大宁县干部的执行效率仅在这件事上就表现出来了。后面陆续又走了沿着黄河的十几个乡村，这里面有以苹果产业为主的云上村、索堤村，有以一些明清建筑为主的太谷村，也有“全国优秀共产党员”“摩托医生”贺星龙所在的乐棠村，更有黄河边唯一的马关头娘娘庙……这条线贯通大宁县南北，村子各有资源特色。

第二天调研，书记带着大家从东走到西，这一条线基本上沿着 G520 国道展开，沿线有以种植甜瓜和西红柿为主的罗曲村，有保留着大宁民风民俗的黑城村和甘棠村，有红色文化很突出的道教村，还有自然资源有特色的桑峨村……村村有特色，同时也各有限制发展的因素。

在调研结束后的座谈会上，王晓斌表态说：“这两天辛苦大家了，时间精力有限，我们不可能覆盖全部。我认为可以先重点打造‘一横一纵’，也就是带二位走的这两条线，横线是 G520 的沿线村，纵线是沿着黄河的 10 多个村，这是目前我的想法，二位给诊断一下。”

听到书记的这个想法，莫问剑说道：“目前的大宁县周边，上有乾坤湾，下有壶口瀑布，大宁有什么？大宁作为中间的 40 千米，行人是只过路，还是会留下？”他停顿一会儿，继续说道：“大宁县整体上区位不占优势，基础比较薄弱，资源又不独特。不能跟着别人走老路，需要弯道超车，至少要走到沿黄区域前头。将整个大宁县打造成沿黄的重要旅游景点，成为北边乾坤湾与南边壶口瀑布中间的独特区域，沿黄线上的重要节点，带动周边乡村振兴。这是我们这两天调研时候，我觉得需要最先聚焦的两个问题。那具体要怎么做？重点打造‘一横一纵’两条示范带这个想法，可以说与我们不谋而合，横向沿昕水河畔的 G520 公路，串联沿线乡村，纵向围绕着沿黄公路，南北串联起重点乡村，形成乡村振兴生态示范带。”

书记接着讲述自己对大宁乡村振兴的建设构想。大宁是典型的北方乡村，跟南方乡村还是有很大差别的，如果说南方乡村秀气精致，那么北方乡村就是大开大合，南方乡村是婉约派，北方乡村就是豪放派。所以乡村振兴肯定也要有差别，浙江经验是无法照搬的。而且南北方农村乡村振兴的发展确实存在一定的时间差。南方尤其是浙江的乡村振兴已经从美丽乡村建设到共同富裕的阶段了，但大多数的北方村庄依旧处在“1.0 版本”，但相较于南方的“小而散”，北方却是地大物博、产业特色突出。

针对这个问题，宋小春回应：“南方北方乡村振兴具体做法不一样，但其实有共通之处，即都需要用到‘品牌乡村整体改造’的方法。我们在北方做的比较典型的案例也有不少，比如上次各位县委干部去过的宁夏大武口硒有田园。大宁的基础比大武口好太多，那里投入 200 万元，都可变成区里的重点项目，也能成为网红打卡点。我们大宁要打造，大致可以遵循三个基本原则：第一，就是品牌定位先行，坚决不采用传统规划公司的千篇一律的规划，因为有些规划根本落不了地；第二，创意要务实，保证每一个点子都是能快速落地的；第三，因地制宜，要做到时间短、投入少、见效快，能快速树样板。”

大宁县乡村振兴的建设方案，就这样在三个人的探讨中逐步形成了一个大概的轮廓。看得出，王晓斌心里也是越来越有底气。他提议道：“要不这样，你们先给我们开一场培训课，把你们关于乡村的先进经验讲给我们的干部听听，让他们能结合去北方考察的经验，产生更多的思考。”

乡村振兴的过程也是不断解放思想的过程，只有不断地更新观念、更新知识，才能适应新情况，形成独属于大宁县的新思路。没有思想的大解放，就没有乡村的全面振兴。一场专门为大宁县打造的题为“乡村振兴的 N 种实战路径与方法”的培训会，进行了约两小时，近 100 名干部到场听课。在干部们的笔记本上，我们看到了满满当当的笔记。

住建局局长任秀红的笔记：不能让美丽乡村变成“三无”乡村，当地特色、文化大有可挖，地方节日、风土人情、建筑风貌、传统习俗等都可以成为乡村的特色和文化。乡村振兴示范村有三大类型，有产业的做产业，有文化的做文化，没有文化也没有产业的就做特色概念。

农业农村局局长杨云清的笔记：乡村要振兴，产业兴旺是第一位的。衡量产业是否适合当地，是否有可持续发展的前景，关键只有一条，就是产业本身能否让产业链关联方鼓起“里子”。对于县域的乡村振兴，“面子”漂亮了，能够带来流量，不是件坏事，但光顾“面子”是不够的，必须让“里子”鼓起来，要让农民、集体经济和社会资本都有“利”可图。

乡村振兴局副局长石振华的笔记：借力于“空降兵”的同时，必须用好“子弟兵”。谁是“子弟兵”？当地从县到乡镇再到村的乡村振兴干部队伍，本地人、乡贤以及新的“旅乡人”，当地消费半径之内的潜在目标客户。“空降兵”更多是短期利益驱动，而“子弟兵”更多是长期的情感驱动，这是两种完全不同的基因决定的。

从这些笔记中，我们感受到大宁县的各级干部对于乡村振兴这个大课题的重视度，同时也为我们打造特色大宁增添了很多信心。

4.2 一本《美的历程》背后的殷切嘱托

6月份，山西的夏天骄阳当空，黄土高原的风呼啸而过。但只要有树荫的地方，却也十分舒爽，不似江南的闷热。宋小春带着策划师、设计师穿行在沿线的村庄中，这里已经有部分村子开始了美丽乡村建设，但只是表面上的“美丽”。

在这次调研之前，王晓斌又特意同设计师团队开了一个座谈会。会上，他有这么一个提议：“中国的城市和乡村的建设基本上是统一化、标准化、整齐划一的，横平竖直规规整整，完全没有了乡村本来随山而建、就地而走的美观，干部的审美力要提升。我希望我们的设计师队伍乡土化、自然化，不要大面积的彩色，不要‘遮丑墙’。比如我在路边种柏树，时间长了，自然形成一道绿墙；比如我夯土墙，绝对不放玻璃碴，而是种上仙人掌……乡村就要有乡村的美感，这是我们在乡村的建设中尤其需要注意的东西，不能破坏原本的乡愁感。我们有几个村已经开始动工了，但我感觉不对味儿，你们去看看在现有基础上有什么改进建议。”

叮嘱完设计师，他拿出一本李泽厚的《美的历程》送给宋小春：“小春，这本书是我从初中就开始看的一本美学启迪书，我对里面的篇章记得十分清楚，第一章龙飞凤舞，第二章青铜饕餮……它对我的影响也蛮大的，你也细读一下，对做设计还是很有启发的。”宋小春欣喜地说道：“这本书我大学时看过，确实很经典，我带回去让我们的设计师都看看。”

看到眼前已经动工的部分工程，想着晓斌书记的重要嘱托，大宁项目落地总监宋小波建议先停工，说:“这些现象在浙江地区，基本上是不太会出现的了。不过还好，这才刚开始，目前这些问题还不算严重，还是有补救办法的，让我们团队好好想想。”听闻宋小波如此有信心，大家悬着的心放下了一半。

于是，团队的设计师、策划师一起加入了这场“补救”中。村干部和施工负责方在完成了一半的短墙上摊开施工图，为大家详细解说着方案。在烈日下，在暂停施工的工地上，一群人围着图纸，只有树上的知了声嘶力竭地为大家加油鼓劲。

当设计师郑琳芸看见长达几百米的后墙时，她当即指出："这个墙壁不要再建了，浪费人力物力，反而显得累赘笨重。我们可以改成镂空的，这样显得不那么笨重，墙头上隔一段种一段仙人掌，墙就变得生动了，开花时还是蛮好看的。"

沿着公路沿线往前走，原本的墙壁要拆除建成统一的水泥式样，景观设计师阿文说："这是老百姓的院墙，全部建成水泥的，反倒没了特色，我们可以在现有的基础上进行修缮，然后沿街种上三叶爬山虎，它们等到夏天的时候盘满一整面墙，秋天了又会变成红色，做景观绿化的效果非常好，而且管护成本也不高，倒是可以尝试一下。"

跟着一起调研的还有当时的施工方，他们对这些好点子也啧啧称奇："还是你们年轻人眼光好，这些改进都还不错，美丽乡村还可以这样做，这样还可以省下一批费用补贴到关键节点，做出彩。"

就是这样的"补救"工作，让团队一行七人前前后后走了三天，最后出来的调整方案还是让大家都满意的，尤其是没有辜负晓斌书记的赠书厚望。

宋小波针对这次美丽乡村的"补救"工作，跟团队总结道："原来的方案是常规的规划方案，没有真正贴合大宁本土的特色，但是我们在调整的时候要做到三个'尽可能'。第一，尽可能朝着乡村美感方向去；第二，尽可能不用钢材、砖块、铁板等材质；第三，尽可能用本地的木头、青砖、铁锈板等更乡村化的材质，比如扔掉的老磨盘收集回来放在树下做休息桌，废弃的马槽用作花盆，那些刷上了亮黄色漆的墙面尽可能用上一些稻草漆，稻草漆性价比又高，又颇具乡村味道。后期，我们做'一横一纵'工作的时候，尤其要遵循这些原则。"

4.3 "一横一纵"两条发展轴线

有过前面几次深刻的接触后，大宁县给团队的感觉越来越亲切，团队对于各个村的基础资源、产业情况等认识得越来越清晰，大家发现，大宁不像最初印象里的那么偏僻贫困，反倒有些特色资源。

随着整个县域乡村振兴全面推进，“一横一纵”的乡村振兴工作也正式开启。大宁县委班子一致决议，该县乡村振兴示范区规划涉及 4 个乡镇、16 个行政村，将打造“一横一纵”两条发展轴线。“横线”6 个村以产业特色为亮点，“纵线”10 个村以黄河文化为主线，高标准、创意化打造沿黄乡村旅游“大宁样板”。大宁县委班子一致决议，一期先做“一横”工作，以大宁县 G520 沿线为横向发展轴线，以昕水镇的罗曲村、曲峨镇的甘棠村和黑城村、太古镇的桑峨村为一期的重点村。

项目总负责人郭源在大宁项目内部启动会上说：这次大宁项目是整县推进、整体谋划、分阶段实施的。但大宁县基础薄弱、资源禀赋也不突出，我们必须做到精准策划、大胆创新，要走出一条新路来，为吕梁山区和山西乡村振兴做出一个新典型来。根据当地的文化、产业确定特色方向，高标准、创意化却又低成本打造一批特色乡村振兴示范村，形成“一镇一模式、一村一特色”的发展格局。

在每个项目启动之前，团队都会聚集项目总负责人、策略师、设计师、施工落地人员等每一个小伙伴，进行项目头脑风暴，让大家畅所欲言，保证每个人对项目的充分理解，从而把大家团结在统一战线上。

项目总策略师陈才提议：“这次大宁项目在风貌整治的同时，要通过景观撬动更多，所以需要思考六个问题：第一，乡村环境要如何实用性美化？第二，如何让环境打造也能带动大宁县老百姓？第三，都在跟风做休闲旅游，我们如何赢得机会？第四，农民一年忙到头，如何让他们有赚头？第五，大宁县那么多村庄，我们的着力点在哪里？第六，如何让小投入在短时间内产生大效果？我想，回答好这六个问题，诸多的策略问题就迎刃而解了。”

总设计师阿云，是一个重庆小伙儿，他说道：“反正我牢记前面书记再三强调的，一定要自然、符合当地的气质，不要建墙，不要硬化，不要铺草坪，不要彩色。整个村的设计，需要遵循乡土化、低成本、创意化、主题化的原则。”

项目策划师申申认为：“在做策划时需要做到‘一镇一模式，一村一特色’，我们调研时每个村的特色产业资源已经很明晰了，比如罗曲村，是从东边进入大宁县的第一村，应该以果蔬产业为主，围绕果蔬主题把环境打造得符合大宁县环境整治的标准，所以罗曲村应该是大宁高原果蔬产业村。其他的村，每个村都有自己的打造方法和打造价值。甘棠村、黑城村的古村古巷，可以成为乡村传统资源提升和文化古村的典型，道教村可以发展成红色主题的三产融合发展典型，桑峨村的鬼门关漂流可以成为荒沟荒溪的生态价值转化典型……”

思路一致后，整个团队进入了方案阶段。对于这个项目，团队成员干劲尤其足。针对一期的 3 个村，团队分成了 3 个组，每个组 7 人或 8 人，整个项目一共 20 多人。这是乡立方单体项目里投入人力最多的，也足以看出公司对整个项目的重视程度。在第一次提案汇报前，整个项目组创下了连续 5 个星期泡在公司的记录。

第一次方案主要汇报横线上的 3 个村（罗曲村及自然村牧马岭、甘棠村、黑城村）的打造思路，整个方案 PPT 长达 600 多页，这令听取汇报的领导十分诧异：从没见过第一次汇报就这么详细、这么长的方案。但这也足以证明项目组的用心。但当畅快淋漓汇报完方案的时候，会场出现了一阵沉默，显然大家存在分歧意见——

昕水镇党委书记李永峰说：“包装、线路都很有特色，让我们眼前一亮，尤其是那些有创意的景观小品，还是很不错的。但希望你们再斟酌一下罗曲村的定位问题，罗曲村不应该是甜瓜主题村，因为他们的甜瓜也只有 40 余亩，还有西红柿 65 亩、核桃 89.5 亩、玉露香梨 206 亩、苹果 23 亩等。另外呢，甜瓜的季节性太明显，存在市场的不确定性。”项目组发现，这个情况在调研时确实疏漏了。当时听到村里反馈甜瓜是一大特色，且供不应求，所以策划师们草率地将它定为了甜瓜主题村。而这恰恰是南北方的一个差距，在南方完全可以做的小而美、小而精，在大宁来说并不适合。

曲峨镇党委书记贺晓龙说：“甘棠村和黑城村打造一个‘大宁记忆’的体验片区是很恰当的。因为这两个村之前就是大宁老巷子、老底子最集中的地方，但是产业太少了，要让老百姓都参与进来。我们的产品很丰富，有香菇酱、西红柿酱、韭花酱、面点、咸菜、酸菜……这些能不能都变成产业？同时，我们需要在一期二期中分别落实那些东西，这也是需要团队帮我们完善的。”

第一次提案会在大家褒贬不一的反馈中结束。但王晓斌书记鼓励团队说，有这样的初步效果就不错了，你们项目组再去村里走一走，结合各部门意见尽快完善方案。这次会议也让团队清楚地理解了各位领导对乡镇发展的一些诉求和想法，意识到了之前调研工作中的不足。

在对前三个村深化的同时，有一家做大麦苗青汁的企业老总专门联系曲峨镇书记贺晓龙，想看看自己是不是能参与乡村振兴。贺书记认为这是好事，政府、企业、村集体、村民一起，多方抱团创共富。他随即找到宋小春，二人一致认为可以在曲风村的一个闲置土窑洞中打造一个大麦苗青汁工坊，政府出基础配套,企业来运营,让村集体和老百姓一起参与进来。在这一个工坊的基础上，再打造几个特色农产品工坊，比如当地的不烂子工坊、红薯粉丝工坊等，对于整个村来说，这些就是村企合作三产融合的典型。

调研团队一行来到道教村。这是一个有着 1400 年历史的老村落，更是一个有着深厚红色文化的村落。这里有大宁县第一个加入中国共产党的党员，有大宁县的第一任县委书记，更是大宁县的党性教育基地。可以在现有资源基础上，打造红色教育实践基地，发展壮大“红色产业”，聚集党建研学人群，在道教村讲好红色文化助力乡村振兴的故事。可以盘活现有农家乐和餐饮区域，作为党政干部研学的餐饮住宿配套，开发基于党性教育的主题餐饮和主题民宿，研发“忆苦思甜”套餐等。

当团队把这些想法跟道教村党支部书记贺鑫交流时，这位年轻的书记频频点头。贺鑫，是大宁县医保局之前的一名选派干部，从她到道教村的那一刻起，她就把自己当成了道教村的一员。贺鑫充满信心地说：“这里是久负盛名的全国文明村，我们要对得起这个荣誉。希望你们团队能帮助我们树立标杆，起到良好的示范带动作用。”

沿着 G520 公路朝着黄河方向走，就是桑峨村，一个被溪水环绕的村庄。下午 3 点钟，桑峨村的桥头阳光炙热。党支部书记王贝贝正在给大家介绍昕水河在村口穿过形成的一系列“奇迹”：这里有常年 17 度的温泉，是村民饮水、洗衣服的地方。“你们看，那块石头像不像一只海豚？”大宁县乡村振兴局副局长石振华指着远处说，“这块石头山水环绕，脚下还有一个天然温泉。我们在这里打造一个恒温温泉，岸边可以垂钓、野炊，水中可以戏水、玩耍，是一个非常适宜家庭出行、亲子娱乐的近郊旅游点。”村支书王贝贝说：“我们村最大的特色资源就是这一条河，很有特色，可以做很多特色文章出来，这条河能成为大宁县夏天玩水的好去处。刚好我们这个季节的水果也成熟了，李子、香瓜、桃子、西瓜等，采摘、农家乐等一并跟上。肯定会火起来的。河水流到中游的时候，落差瞬间变大，最深处达 10 多米。下游的河边还有一座白马寺，寺内有很多颇具民间特色的壁画。”

全盘了解当地资源后，结合周边市场情况，项目团队认为，以水为核心，把桑峨村打造成一个玩水的目的地是完全可行的。这里水质好，有特色，结合村里的文化，可以讲很多故事，同时也可以带动村里其他产业。在河边，还有一片山西药茶“迷迭香”的种植基地。放眼望去，绿油油的迷迭香布满田间地头，微风拂过，芳香入鼻。据王贝贝介绍，这是当地引进的“公司 + 基地 + 农户”项目，已经取得了很好的成效。

在大宁县这些走乡村的日子中，我们看到了很多年轻的基层干部，他们对大宁县、对村子都有很深厚的感情，既能与老百姓一起走在田间地头，打成一片，也能及时对上汇报，为当地争取更多发展资源。他们在实际工作中，放下身段，带领村“两委”班子挨家挨户走访，了解村民的生产生活情况，脚踏实地地为老百姓做实事，带动整村的老百姓发展。

这一次调研之后，项目组在之前的基础上又重新做了深化完善。果然，这一次方案获得了一致通过，并快速开启了落地施工深化阶段。这让大家越发相信，“潜下去、沉下心、钻进去”的工作方法是非常有效的。在每一个乡村，深度潜下去，对村里资源做好梳理，沉下心，结合团队经验方法，把握总体方向，完善设计细节，最后方案提报的时候，拿出令人信服的答卷。

现在去大宁，倘若沿着 G520 横线，游客可以在罗曲村感受果树产业的发展；在甘棠村看一看“大宁记忆”甘棠老西沟、黄河人家；在黑城村回味“大宁记忆”老巷子、创意业态景观；在道教村访房普明故居，重温红色记忆；在曲风村大宁农创公社、大麦苗青汁工坊、农创工坊体验农耕生活；在桑峨村与家人逛一逛晒谷场、观景台、采摘园等。

在一期横线6个乡村的打造上，团队形成了一系列适合大宁县的工作方法。譬如，怎样更好地跟村里沟通，怎样更好地满足村民对乡村发展的需求，怎样更好地梳理每个乡村的资源，怎样更好地挖掘村文化底蕴，怎样更好地为每个村定位……大宁各级干部的协作让项目的快速推行有了保障，对任何一个项目而言，最后能顺利落地一定是多方紧密配合、相互协调的结果。有了这一套方法后，项目组对纵线的10个村的乡村振兴工作内容更有信心了。

横线项目按照8月底竣工验收的目标进行，纵线10个村的项目也正式开启。纵线的村庄项目开始前，团队接到了王晓斌书记的指示：纵线的谋划要更多地考虑一些产业，不能停留在景观工程的层面。因此，在调研策划的时候，团队有的放矢地更倾向于对乡村闲置资源的调查，比如闲置的窑洞、砖瓦厂、废弃小学校、老广场、旧房子等，同时也更加注重对乡村产业的摸底，比如苹果产业、酒产业、甜瓜玉米产业、党员培训等。

已经进入11月，黄土高原上寒风凛冽。团队一行还是奔赴沿黄河纵线，开启深度调研。团队中的策划师瑶瑶，脸颊和嘴唇被寒风吹得干燥起皮。晚上回到酒店，白色的灯芯绒棉服上抖下来的都是黄土。这对一个从小在海边长大的小姑娘来说确实是一种挑战。后来她讲，那段时间她敷了人生中最多的面膜，用掉了好几管润唇膏，但是最终还是坚持下来了。

纵线的村子面积大、范围广，工作量也更大。为此，在征求地方政府同意后，团队在太原找了一家合作方一起参与。事实证明，这是很有效的方式，在异地作业，必须寻求第三方协作，因为他们更了解当地，也能调配更多的当地资源，从而更高效地推进项目。

纵线的10个村依旧延续横线的“一镇一模式，一村一特色”的打造手法，抓住每个村的特色，为每个村未来发展找到方向。

——任堤村，北边的第一个村子，沿黄入口交通便利，村内现住人家不到40户，年轻劳动力几乎没有，村内主要种植黄芪。结合整个山西省打造中医药强省的大目标，围绕中草药产业，发展为特色产业主题村，第一年到第三年以发展中草药产业的第一、第二产业为主，第三年到第五年发展中草药三产融合。

——云上村，苹果产业比较有特色，为大宁秦脆苹果即后来的“宁脆苹果”

第一批试点区域。针对苹果产业，更新原有品种，打造苹果产业主题村，让村里有“看得见”的苹果主题景观、“玩得到”的苹果主题业态、“学得到”的苹果主题研学、“吃得到”的苹果主题餐饮、“买得到”的苹果主题文创品。

云上村苹果采摘园

——割麦村，靠近黄河仙子祠，黄河祈福文化深厚，做深做透黄河仙子文化项目，同时配套以美食主题街区，带动周边老百姓的发展。

——徐家垛村，无支柱型产业，居民多外出务工及耕种，是典型的“三无”村庄，无特色、无文化、无产业，但是其地理位置居中，是乡政府所在地，也是横线纵线的交叉点，因此打造成“大宁县乡村振兴会客厅”。

——太古村是现存明清风貌古村落，建筑保存完好，苹果种植面积较大，耕地面积有1000多亩，也有一家苹果脆加工厂，主要加工苹果脆，工厂体量不大，产品也相对单一。依托苹果产业，实现传统古村的活化，实现古村产业化示范。讲好新时代的“太古故事”。重点开发一系列生动的沿黄古村落主题研学，配套以研学主题民宿。

——处鹤村，是纵线上的黄河南大门，拥有上万亩苹果种植地和果丹皮加工技术，且有正在规划建设中的黄河人家生态园。把这里打造成黄河文化主题村，让游客来这里体验最地道的黄河文化。

整个纵线的调研结论也是在一次一次的深化中逐步成型的，这些定位和发展方向是内部多重论证和与纵线乡村相关领导深度沟通的结果。

大宁县乡村振兴局副局长石振华说："自从美丽乡村建设工作开展以来，很少有时间坐在办公室里。都快忘了坐办公室是什么感觉了，每天就是东边跑、西边看。每一个村子都像是自己的家，一天一个样，沿线走一走，很有成就感。"

整个"一横一纵"两条发展轴线的打造，前前后后持续近两年。这期间，也确实冒出很多困难，比如有些景观小品的落地会影响到老百姓的庭院，施工时突然天降暴雨……虽然状况百出，但好在不影响大局，所有问题最终都能迎刃而解，项目还是在朝着预期的方向推进。

4.4 一条并肩黄河的30千米的英雄路

黄河英雄营入口效果图

站在黄河边上的马关头，调研团队看到的黄河迥异于平日里的波涛翻卷、气势磅礴，而是格外宁静恬淡。这里是秦晋交界处，每年正月初一到初五，附近十里八乡的人要来这里的仙子祠拜娘娘，每天的人流量达 3 万人左右。黄河大桥上挤满了各色美食和小商品的摊位，人声鼎沸，好不热闹，这就是所谓的“骡马市集”。在桥下河边，有一片滩涂，上面齐刷刷长满的笔直矗立的白杨树，像极了准备出征的队伍。

向团队介绍的时候，太古镇党委书记任彦伟讲起这个盛况神采飞扬。但他又补充说，即便遇到这样的旺节，这里也没有消费，吃的、住的，甚至洗手间等基础配套都没有，人来了也带动不了村里的收入。镇里之前就曾在桥头上面那一块地建设一个“黄河人家饭店”，专门做特色菜“黄河大鲤鱼”。由于涉及“红线问题”，建了后也拆掉了。我们不知道，究竟用什么样的业态可以把这块资源盘活。能让人来，让人留下来，并且持续地来。

听到书记这个诉求，团队成员谢慧龙回应说：“仙子祠的资源很好，能引流。但是，这里能用的东西不多。土地红线，不能越；那块沙滩地，又有产权问题。所以，我们可以沿着黄河边跑一跑，看能否做出一条越野线路来。”

说来也是凑巧，谢慧龙就是浙江千岛湖状元谷等多条越野线路的设计者，他还主持了状元谷 300 辆牧马人的越野大赛，用一场小活动带动了整个村的民宿、餐饮、农特产的销售。在获得书记认同后，谢慧龙当即驾着一辆越野车朝着黄河边上一条废弃公路开去，尘土飞扬，不一会儿小车就淹没在腾起的黄土沙尘里。大约 20 多分钟后，他回来了。他从车上跳下来，吐了吐嘴里的沙子，摘下眼镜，兴奋地说道：“这条废弃公路很好，有做越野线的基础，再做几个有意思的节点，比如波浪湾、S 拐、45 度坡，一定有很多越野爱好者来玩，在黄河边越野，听着就带劲。”

王晓斌书记之前对阿拉善越野的盛况也有所耳闻。在详细了解了千岛湖状元谷及丽水越野线路的很多案例后，他做了表态：“你们可以去尝试一下，在不破坏黄河生态的前提下，把这里打造成‘荒山荒路变金山银山’的典型。”

为了验证这个项目的可行性，团队做了大量的数据调研。自驾游已成国民旅游的重要组成部分，马蜂窝大数据显示，2021 年，约 70% 的自由行用户选择自驾游，2022 年选择自驾游的用户占比增长至 79%，自驾游已成为国民旅游的重要组成部分。这组数据证明这类线路开发后是有充足的市场空间的。

于是，谢慧龙带着团队详细勘探了整个区域的土地性质、地形现状、水文特征。在这里，团队还留下了最经典的一张调研照片。团队的六个人，在近 90 度的山坡上手脚并用往上爬，六张南方面孔被黄河边的狂风吹得煞白，头发凌乱飞舞。尽管天气恶劣，但在一个星期内，谢慧龙还是带着团队，拿出了一个线路的打造方案——

以黄河滩原公路为主线，从马关头方向往北约 30 千米，结合原有地势设置体验节点，打造一条黄河边的山地特色体育线路，满足不同程度爱好者的山地特色体育运动体验。因为黄河是母亲河，是英雄河，有着大气磅礴的文化底蕴，因此，此条线路被命名为“黄河英雄路”，营地命名为“黄河英雄营”。场地体验基地的打造分为专业级别线、爱好者线等，借助地形等来设置越野体验节点，如炮弹坑、泥地、乱石岗、状元坡、五连坡、V 形坡等各种类型的体验项目。在整条线路上，依托山势打造核心区，并有三处营地，分别为“望山河营地”“笑江湖营地”“览天地营地”。

黄河英雄营地

王晓斌书记听完方案后，提出他的建议：索性做得更彻底些，连通大宁县、吉县、永和县三个县，不仅仅有越野，而要打造出全国最长、业态体验最丰富的黄河特色体育运动线路。包括主题穿越线路、马拉松线路、自行车骑行线路，用线路吸引人气和流量，带动三个县的发展。势必成为体育赋能乡村、黄河生态价值高质量转化的示范线路。

这个将三个县串联起来的大胆设想，超过了项目团队的预期。如此一来，就形成了三个“最”。第一，最专业的越野线路，全长30千米的穿越线路和超过800亩的专业越野线路，其越野线路最大环线4.2千米，线路上打造的下长坡、阶梯路、发卡弯、泥潭、Z字弯、炮弹坑等障碍体验点多达30多处。第二，最有野趣的线路，丛林、山地、沙地、沼泽、滩涂，地形丰富，可以在黄河边尽情“撒野”，场地视野开阔，可以将壮丽黄河、旭日东升、长河落日等自然奇观览收眼底。第三，最便利的线路。线路在秦晋交界处，周边交通十分便利，到大宁县沿G520国道不超过30分钟车程。同时周边有村落，能够吃到最地道、最美味的黄河人家美食，体验冬暖夏凉、干净舒适的窑洞民宿。

大宁县委组织部部长宗燕军反复要求，这条线路必须考虑未来如何带动村民和村集体。谢慧龙回答说，这条线路开发后，肯定会在行业内产生一定影响力。随着大批量车队流入，更多消费业态可以丰富起来，比如一批英雄帐篷营地、全地形UTV或ATV、真人CS英雄营地、集装箱音乐小馆等，这些都可以让老百姓参与经营。随着人流的增加，线路上可能会有更多汽油、轮胎、绞盘等广告赞助商的进驻，也可以成为很多品牌的大本营，这些都可以增加村集体收入。这里的机会多了，未来也会有更多的创业者、年轻人回乡创业。

“黄河英雄路”在走完相应的流程后，就开始了落地施工。作为技术指导，谢慧龙常驻大宁。他几乎每天都待在线路施工地上，亲自走线路、造节点、调配挖机和越野车资源。30千米的穿越线路和超过800亩的专业越野基地线路，基本上都是他开着越野车一圈一圈跑出来的，然后挖机再根据他的图纸施工。很多地方都没有路，纯“野生”，危险无所不在，好在他经验丰富，每次都是有惊无险。在线路上的一个月时间，谢慧龙磨穿了两双山地鞋。目前，这个场地还在不断深化。王晓斌书记也会不定期去看线路的进展情况，大家都对这条线路充满了期待，相信它对周边的带动也是指日可待的。

“要是一无所有，那就大胆地无中生有”，在复盘“黄河英雄路”项目时，莫问剑提出，对于那些“一村一品、一镇一业”有了较好基础的乡村，或者已经成为乡村特色产业强镇的，我们要扬长避短，让当地的产业更强、更优、更有名。那些毫无特色的乡村怎么办？先天资源条件平平，优势不突出的乡村其实比比皆是，甚至有些地方是“一无所有”。而对于这一类乡村，在短期内难以找到突破口。既然如此，我们就需要从广义的层面去理解乡村产业，大胆创造出新的“未来产业”来，“无”中也能生“有”！

4.5 一个叫“宁脆”的苹果

当“一横一纵”的项目建设正酣时，苹果种植大户冯元明正在自家100多亩的苹果园里套袋。自从大宁县委县政府号召种植新品种苹果“宁脆”后，他便将自家老果园全部进行了“高接换优”改造。“今年果树坐果率非常高，我便早早雇工人开始套袋，需要套七万多个袋，预计有五六天就套完了。”冯元明说。

大宁县地处黄土高原优势水果生产带，有着多年的苹果种植基础。但由于近几年苹果产业出现了品种老化、管理不到位等问题，当地苹果卖不上好价钱，果农种植的积极性受到打击。在高质量发展路径的诸多选项中，县委县政府一直支持苹果产业的发展。究竟如何推进呢？基于“隰县玉露香梨”的打造经验，在调研了国内各大苹果产区和走访了无数种植专家后，王晓斌坚持认为，虽然国内苹果行业竞争激烈，但高端市场还是供不应求的，如果有好品种、高品质，再结合品牌化路线，苹果还是可以成为大宁富民强县的好产业的。于是，他动员县委县政府相关部门，一方面通过科技攻关，为大宁苹果提质增效找到技术解决方案，另一方面继续委托第三方团队，为大宁苹果在市场、品牌和推广上寻找后来居上的途径。

方向对了，一切都顺了起来。很快，大宁农业部门为当地的苹果找到了“秘密武器”——他们从西北农林科技大学引进了一个新品种，并命名为“宁脆”（从其名字就可以看出这类苹果的特点）。当时，项目团队正在深化纵线云上村的乡村振兴工作。云上村以苹果产业为主，打造的是大宁苹果产业主题村。王晓斌提出，既然这里是苹果产业主题村，那首批200亩“宁脆”就在这里试种，并同时建议项目组一起考虑未来这个“宁脆”品牌的打造，最好是能符合“北上广深”等一线城市年轻人的消费习惯，做成苹果里的高端品牌，真正让农民分享到品牌带来的价值。

结合云上村产业乡村的打造，团队商讨之后认为大宁县苹果产业要搭建“三位一体”模式，即一个大宁苹果产业的区域品牌、一个大宁苹果产业主题村、一个大宁苹果文创产业园，实现苹果产业的三场融合，三场即体验场、消费场、传播场。

这一任务交给了设计师黄煜臣带领的团队。在着手创作前，他们首先提出了三个问题。第一，全国知名的苹果品牌非常多，大宁周边就有洛川、吉县、万荣等品牌，而且它们都已经基本完成了品牌建设，那么宁脆苹果如何做品牌建设？第二，苹果市场很大众化，竞争激烈，如何找到“宁脆”苹果的细分市场？第三，宁脆苹果作为新品种、新品牌，如何在红海市场中实现“后来居上”？经过市场调研和多轮头脑风暴，大家一致认为要聚焦于高端消费市场，将最重要的消费场景锁定为“送礼”。

宁脆苹果吸引一线城市年轻人的理由是什么呢？团队把市面上的苹果品种基本上都买了一些，经过不同小组试吃、对比，总结出宁脆的一些特质：一是口感好，酸甜爽口，果肉细腻无渣，也就是常说的“可溶性固形物”指数高；二是外观好看，形状好、颜色鲜艳；三是好管理，没有大小年；四是好卖，并且货架期长；五是属于中晚熟，刚好赶在中秋、国庆节日前成熟上市。但在这些特质中，宁脆苹果最大的特色是“脆”，所以为宁脆苹果喊出“中国苹果大宁脆”的广告语，在中国所有的苹果里，大宁苹果爽脆、脆甜的特质突出，这句话很大气顺口，得到了内部一致认可。

听完汇报后，王晓斌却有不同的意见，他认为：虽然顺口好记，但还是少了那么点味道，也没突出宁脆的差异化，需要有点通俗但耐人寻味的，需要新的创意，要时尚、高端。

基于书记的反馈意见，团队重新换了方向，认为要吸引年轻人注意，包装是不是要结合黄土高原的文化和大宁的特征，突出宁脆苹果的特征，让它带来强烈的食欲。于是在多次自我否定和重建中，提案使用“宁脆苹果，听得见的爽脆”，用一种年轻人喜欢的对话方式，制造听觉突出脆的特点。然而这一次，相关提案依然被王晓斌驳回，理由还是“不时尚，不高端”。

团队推倒几个方案后，重新进行复盘。徐大伟提出两个建议：第一，时尚与高端不是喊出来的，所以也绝非一句广告语所能解决的，国际大牌的 LOGO，包括爱马仕、LV、古驰、迪奥等都非常简洁，包装也没有花里胡哨的东西。所以，干脆就在包装上只呈现“宁脆”的 LOGO，不要广告语，就用三个小圆标呈现我们的价值卖点：西北农林科技大学最新研究优质苹果品种；高原冷寒环境种植，可溶性固性物超 16%；创新品种成就超群品质、口感脆甜多汁。第二，把高端的仪式感做足，仿珍藏版书本盒包装，黑红色对冲，里面放一封烫金的信，高端，大气。

大家一致赞成他的两条意见，并依此做了第三稿提案。果不其然，这一次的方案最终获得了王晓斌书记及县委班子的一致认可。在这期间，大宁县现代农业发展中心派出多批技术员，帮助果农免费嫁接新品种，县里还配套出台了果业供应链基地建设、建立分拣中心、果农技术培训、发展智慧果园等 15 项工作措施，越来越多的老百姓也信任这个品种，对宁脆苹果产业发展的未来充满了信心。

宁脆苹果包装

2022 年 11 月 15 日，载有 25 吨优质宁脆苹果的首发集装箱车从大宁县起运，发往英国伦敦。这也是大宁苹果首次出口到英国，标志着大宁果业走向世界。

据了解，到 2022 年年底，大宁县苹果出口量将达到 500 吨以上，可创汇 120 万欧元。未来，大宁县将用三到五年时间，全力打造宁脆苹果全国示范县，通过老果园改造、退耕还林、补植补栽、庭院经济等方式发展宁脆苹果 5 万亩以上，出口量达到 1000 吨以上，使群众的钱包鼓起来、果业强起来。

随着更多大宁乡村振兴项目的落地，越来越多的当地老百姓参与进来，他们在家门口就能赚钱，修路、做绿化、做小工、做泥瓦匠……或务工，或卖货，甚至还有一些村民，开始把自家闲置的窑洞、空房子清理出来，准备做农家乐、民宿。还有些紧挨着景区的乡村小店铺，开始重新装饰面门，使其焕然一新。这些变化不一而足，但正是这些一点一滴、微不足道的变化，让我们看到了乡村振兴时代大宁的希望。

大宁县乡村振兴的工作任重道远，一切都刚刚开始。在一次工作推进会上，大宁县委副书记、县长王志华说的一段话，让我们记忆犹新：乡村振兴示范村是战略层面的部署，而大宁县提出要打造美丽乡村示范村建设，这是措施层面的抓手。二者的共同目标是让农业成为有奔头的产业，让农民成为有吸引力的职业，让农村成为农民安居乐业的美丽家园。

让我们一起祝福大宁、期待大宁！

扫码观看本案例
深度解读视频

第5章

未来芳洲：以未来产业破解空心村振兴难题

梁子湖·未来芳洲鸟瞰效果图

梁子湖是全国名湖之一、湖北省第二大淡水湖，是我国重要的湿地，生态系统完整，也是武汉城市圈的重要生态屏障。境内绿草如茵，波光潋滟，湖光山色，生态资源十分丰富。到目前为止，由于保护得力，房屋、道路等保持着湖北农村的原生状态，是一片未开发的“处女地”。而另一方面，梁子湖地处武汉城市圈核心区，离武汉最具活力的光谷片区车程不到一小时，加上鄂州本地和周边的咸宁、黄石、黄冈等城市，车程1个半小时内能覆盖大约2500万人，区位条件十分优越。

梁子湖之所以闻名，得益于她的两大特产。一是螃蟹品质好，每年到了金秋时节，成千上万的武汉和周边城市居民都会自驾来到湖畔，品尝当季最肥美的大闸蟹。二是闻名遐迩的武昌鱼原产于此。有毛主席的“才饮长沙水，又食武昌鱼”，加之多年以来的持续宣传，武昌鱼已经积累了足够的消费者认知度，从而进一步推高了梁子湖的关注度。

如何让这有着绝佳的区位条件和良好生态优势的梁子湖，嫁接周边庞大的消费市场，成了乡村振兴时代的一个大课题。

5.1 “金字招牌”为何没有打出去

2013年7月22日，习近平总书记来到梁子湖所在的鄂州市视察峒山村，并同部分村民代表进行座谈，指出要让居民“望得见山、看得见水、记得住乡愁”。同年12月召开的中央城镇化工作会议，强调“依托现有山水脉络等独特风光，让城市融入大自然，让居民望得见山、看得见水、记得住乡愁”，“尽快把每个城市特别是特大城市开发边界划定，把城市放在大自然中，把绿水青山保留给城市居民”，“要注意保留村庄原始风貌，慎砍树、不填湖、少拆房，尽可能在原有村庄形态上改善居民生活条件”，以及“要传承文化，发展有历史记忆、地域特色、民族特点的美丽城镇”。

“望得见山、看得见水、记得住乡愁”——这句话，如今已经成为无数乡村谋划振兴方法和路径的精神坐标，无数策划团队都会以此作为风貌和产业构思的起点或终点。可惜的是，当我们拿起电话随机采访圈内朋友时，却无一人知晓在梁子湖畔的不远处，峒山村的居民早在这句话被正式提出之前，已经得到了习近平总书记同样的嘱咐。包括第一次调研前的我们……

如今，虽然在总书记驻足过的峒山村村委会，安装了大屏幕介绍当时的情况，也建起了风貌廊展现当时的情形，还有讲解员专门讲解。凡是来到峒山村的，都会了解“望得见山、看得见水、记得住乡愁”的源起。但知情范围仅限于安排到这里参加党建活动的党员干部。除此之外，周边乡村的风貌特色和产业现状很难直观地反映出总书记“望山见水忆乡愁”这份情怀。这正是，有初心而心迹不显，有缘起却情分不深。

联想到安吉 · 余村之魂——“两山”理念发源地、淳安 · 下姜村之魂——梦开始的地方……同样是总书记关怀踏足过的乡土，同样是总书记有过殷切希望的村庄，如今余村、下姜村不仅自身家喻户晓，而且带动了周边十里八乡一起走上振兴共富之路。回望自身，调研团队深感“望山见水忆乡愁”这个“金字招牌”被埋没了。

有了对比，就有了与现实的反差，有了反差，就引发了团队的深入思考——整个梁子湖区，生态优美、浅丘环绕，炊烟在湖畔升起，落日被花海掩映，俨然是一幅渔猎农耕、山水和美、乡愁氤氲的画卷。无疑，“望山见水忆乡愁”就是这一片湖区和沿岸村庄的魂！既是风貌之魂，更应是产业之魂。只有把这个魂变成底色，才能刻画出这片山水的精气神，才能生长出未来产业的体貌韵。

至此，团队在完成第一次调研后，实际上对梁子湖区的产业和风貌应该在怎样的底色上描绘，已了然于胸。所要研究的核心是如何将产业与本地实际情况更好地结合起来，并且与周边庞大的消费市场相连接。如何把星罗棋布于整个湖区的自然村庄用“山水乡愁”连接成一个风貌特征显著的整体，用恰如其分的乡村产业将“山水乡愁”融入业态创意，这些亟待深入思考和破题的挑战，令整个团队兴奋不已。

5.2 未来芳洲：空心村上建起“理想国”

2022 年 7 月，团队受邀在梁子湖区走访了十余处拥有不同自然条件、文化元素和产业特色的村庄。在第一轮思路碰撞中，有一个摆在面上的共性问题成为了大家关注的焦点。大家发现，梁子湖区的每一个自然村，无论是经过前期风貌和环境整治的村，还是处于原始状态待发展的村，有人居住的房屋几乎十不存一，剩下的“一”也都是老年人在住。事实上，乡村的空心化问题在全国都较为普遍，但这么好的地方空成这样的，确实也不多见。仔细想想其实原因也不复杂：一方面是因为离武汉太近了，而且毗邻武汉经济最活跃、年轻人聚集密度最大的光谷片区，但凡想多挣点钱，有手有脚的，在光谷工作的收入肯定远高于留在村里从事传统农业。另一方面就是因为梁子湖区是国家级生态保护区，红线范围很大，基本不可能发展工业，对环境有压力的农业也受到极大的限制，因此本地无法提供年轻人工作的机会，人们自然也没有留在家里的理由了。如果不能谋划和集聚一大批符合生态保护要求的乡村产业，空心化的问题只会越来越严重，大批空心村消失是迟早的事。

这么一个突出的现象摆在大家眼前。策划总监饶之帆建议，我们可以把严重空心化的问题作为切入点，围绕如何激活空心村来做产业和业态策划，以此吸引本地的年轻人回乡创业就业，吸引城里的年轻人下乡旅游休闲。或许围绕这个出发点一路走下去，能够积累出一种类比性很强的经验，以梁子湖为切入点，形成梁子湖区乡村振兴的模式……

在东沟镇茅圻村的村支部会议室，团队围绕这个切入点提出了初步思路。因为是第一次正式沟通，更多的是对现状做了分析，对方向性问题提出思路。梁子湖区委书记蔡和林、鄂州市国资委主任邵卫星等领导认真听完汇报后，现场氛围却并没有如我们期待的那样“同频共振”。我们所不知道的是，在我们来之前近一年的时间里，全国不少服务乡村振兴的企业和知名专家已经陆陆续续到过梁子湖多次，大家对现状的判断和理解基本上是一致的。我们第一次调研后提出的这个思路，与之前这些专家和机构的相比，并没有太多新意和亮点。早已听过各路专家分析评判的领导们自然兴奋不起来。

蔡书记先是肯定了我们仅仅一两天时间就能够把情况摸得比较清楚，提出较为完整的思路方案，但紧接着，他话锋一转，又抛出了一个让团队毫无思想准备的问题——村湾空心化，少了“人多思想难统一”的问题，多了“人少资源好集中”的机会，这难道不是一种优势吗？大家都有点蒙，都没有料到蔡书记的视角如此独特，把“空心村”这个普遍难题看成大的机会和优势，这让我们意识到探索梁子湖区的乡村振兴之路需要一个全新的视角。

经过视角的转化，我们也总结出了空心化的村湾确实至少有两个“优势”：村民不在本地生产生活，意味着在外都有住所，有稳定的收入来源，我们在村里做的任何有收益的事情对他们来说都是增量，基本上不会涉及原有利益的调整，群众工作难度应该相对小一些；村民和集体的闲置资产有可能集中连片利用，可以承载需要大物理空间的业态，业态之间更容易围绕一个主题形成有机产业组团。

我们决定不再大而全地思考整个梁子湖区该怎么做，而是集中精力和资源，选择一个点切入，找到一个综合条件相对好的自然村，在满足生态保护红线要求的前提下，聚焦到产业策划和业态创意上，充分利用空心村的优势，力争干出一个投资效益与落地效率最高的标杆项目，有了良好的经济效益，何愁集体不增收，何愁村民不富裕？

经验丰富的乡立方合伙人陈才慧眼如炬，他指着地图上的盛家咀湾说，就是这里了！大伙一瞧，嘿，还真是好地方！这是一个自东南向西北自然延伸到梁子湖中，与对面的梁子生态旅游岛遥相呼应的半岛，村里有 26 栋闲置的旧宅，只住了几位老人，周边不是管理不善的林地就是大半抛荒的农田，几个半干涸的池塘加一条三面环水杂草丛生的湖岸线。离高速公路只有几千米距离，到武汉光谷核心区不到一个小时车程，却又静谧得像一个世外桃源。

紧接着，团队围绕乡立方“懂天气、接地气、聚人气”三气方法论，开始了我们对盛家咀湾该怎么做的产业推演。这里面最重要的还是研究如何“聚人气”，所谓聚人气，核心就是针对周边消费市场做深入研究和分析，评估什么样的业态能够成为周边的 2500 万名潜在消费者来到这里的理由。

项目所在地的盛家咀湾空心村初始面貌

最终，团队一致认为，可以把盛家咀湾打造成一个独具特色的“城市微度假目的地”。整个策划过程中，我们把能够为盛家咀湾植入的业态写满了一面墙。一方面反复推敲论证各种业态和盛家咀湾自然资源禀赋以及生态保护要求如何相适应；另一方面还要研究和求证土地性质是否能够适合业态的要求。在这个过程中，自然资源和规划局的蔡志才局长可谓经验丰富，几番沟通下来，解决了很多产业与土地性质之间的矛盾。

明确了产业策划的方向，找到了承载的区位和空间，接下来该为盛家咀湾重新构思一个品牌名字了，这也是品牌化乡村的第一步。一个好名字是乡魂的具体体现，就像一盏聚光灯，会让消费者的兴趣一下子调动起来，产生体验一把的冲动。为了这个名字，团队成员可谓八仙过海，各显神通，一番绞尽脑汁之后——梁子湖昌达乐园、梁子湖乐活漫岛、梁子湖潮玩萌乐岛、梁子湖萌趣欢乐岛……到最后，乡立方掌门人宋小春也加入进来，不愧是带头大哥，一锤定音：“梁子湖畔需要导入一批未来乡村生态产业，形成一个一个的组团，就叫‘梁子湖·未来芳洲’。”这个名字不仅充分体现了半岛的地理特性，而且还植入了对未来的想象。就这样，梁子湖畔的盛家咀湾这样一个默默无名的空心村从此有了一个响亮的名字——“梁子湖 · 未来芳洲”，她承载着我们所有人赋予一个空心村全新未来的期待。

到了这个阶段，空心村的两大优势确实体现出来了。团队在做策划时，终于可以放开思路谋划，不用担心某一户村民不积极配合，也无须考虑某一处房屋把人流动线截断。最典型的一个例子就是酱立方。酱立方负责人宋素华和方华斌跟湖北乡立方创始人莫夫说，全国开了这么多酱立方旗下的品牌工坊，每个地方都是绞尽脑汁地去想怎么利用原有的房屋结构和区域空间，很多时候都十分勉强，不是面积不够，申请 SC 认证很麻烦，就是空间功能无法完全满足需求，只有在梁子湖 · 未来芳洲的酱立方品牌工坊可以放开手脚来设计和规划。无他，就是因为这里是空心村，所有业态所需空间都可以整体连片考虑，有充分挖掘空间的潜力。

5.3 一份流水账背后的“同频共振”

按照莫夫的说法，这是一项决策和执行得“快得不能再快”的项目。

2022 年 6 月下旬，莫夫接到乡立方联合创始人徐大伟的电话，请他抽时间陪同德隆集团（原开元酒店集团）的张再平副总裁到湖北看一个项目。张再平考虑的是，德隆集团有意让旗下的部分酒店业态落到有特色的乡村附近，作为战略合作伙伴的乡立方正好在这方面可以做完美配合。打造有特色的乡村，正是乡立方的拿手好戏。

就这样，张再平和莫夫一起到鄂州市梁子湖区开始了第一次调研。当日白天，两人马不停蹄地看点位。晚上，鄂州市国资委邵卫星主任和昌达集团金先波董事长，了解了考察团的基本诉求后，立即安排联络了梁子湖区窦小华区长，商定尽快碰面。

第二天中午，张再平和莫夫每个人花了十五分钟，向窦小华区长介绍了各自情况并做了项目落地的初步判断，同时邀请区政府主要领导去杭州分别考察德隆集团和乡立方集团总部。

仅仅几天之后，邵卫星主任、金先波董事长、梁子湖区委常委陈国璋一行就来到了杭州。三天考察下来，考察团对渔立方、萌立方、品牌乡村等业态和项目产生了浓厚兴趣，特别是对渔立方等业态的经济指标做了进一步了解之后，几位领导当即拍板敲定了合作意向。

接下来的工作可以说是跑步前进。

7 月 1 日—2 日，由乡立方合伙人陈才、新华网乡村振兴研究院院长李建初以及湖北乡立方莫夫团队组成的调研组就来到梁子湖区做首次调研，并就初步思路向蔡和林书记、邵卫星主任、金先波董事长、余绍树副书记等领导汇报，明确了小切口落地、产业引入为主、深度运营为保障、EPC+O 模式合作等基本原则。

7 月 18 日，调研团队到盛家咀湾区域现场勘察、摸底。

7 月 21 日，第一次正式向昌达集团主要领导及各级干部汇报未来芳洲策划方案，提出打造未来乡村产业集聚区先导区的方向，围绕微度假目的地，在盛家咀湾区域导入多达十五种高匹配度的业态，以产业集聚破解乡村空心，整体方案获得高度认可。

7 月 22 日，第二次在项目所在地茅圻村村委会，向区委书记蔡和林、区委副书记余绍树、市国资委主任邵卫星、董事长金先波等领汇报方案。众人达成高度共识，现场办公成立工作专班，由余绍树副书记担任专班组长。

7 月 25 日，昌达 · 前海湖团队和乡立方团队到梁子湖区自然资源和规划局就未来芳洲项目落地处茅圻村的土地性质是否合规进行专项论证。

7 月 27 日，核心业态之一的萌立方的设计团队再次深入现场，勘察地形并评估设计与施工工期。

8 月 9 日，区政府召开未来芳洲项目专班会议，专班领导及农业农村局、自然资源和规划分局、生态环境分局、文化和旅游局、城市管理执法局、区城投公司等部门悉数参加。各部门对策划方案进行了会商论证，同时东沟镇刘书记对村里的人口、房屋、坟墓等的摸排情况做了专项汇报，最终大家形成统一意见，进一步优化方案，倒排工期，全力推进。

8 月 15 日，区政府再次召开梁子湖项目专题推进会，就运营合作内容正式洽谈，对项目总投资、投资效益及运营风险进行了全面分析，并在此基础上形成运营合作协议。

8 月 17 日—21 日，东沟镇政府组织村镇两级 15 人考察团，深入乡立方在浙江境内多个项目点位深入考察，以增强村集体和基层群众信心。

8 月 25 日，东沟镇政府和昌达 · 前海湖公司针对盛家咀湾现有村民闲置房屋租赁、土地流转、青苗补偿、迁坟等方案，资金保障措施等再次召开专题会，进一步明确了工作进度和节点。

9 月 9 日，昌达 · 前海湖和乡立方团队一起对梁子湖 · 未来芳洲项目的整体投资预算做了专项沟通，进一步明确双方的责任、权力、利益，为签署协议扫清最后障碍。

9 月 16 日，核心业态之一的渔立方新址选定。

9 月 26 日，昌达集团副总经理胡劲松带领下属昌达 · 前海湖公司总经理曹俊等现场办公，安排 500 万元搬迁安置预拨付资金。

9 月 28 日，梁子湖 · 未来芳洲项目整体品牌策划与设计、项目详细规划、各业态策划设计工作陆续启动。

10 月 11 日，政府、昌达·前海湖公司、湖北乡立方三方进一步明确搬迁安置、项目整体设计、工程建设准备三项工作的时间节点。

10 月 13—14 日，昌达 · 前海湖与湖北乡立方正式签订运营合作协议。与此同时，萌立方、渔立方、酱立方、民宿板块等各业态设计团队进驻现场开展工作。

11 月份完成全部设计工作。

12 月份全面启动建设工作。

……

这份流水账记录了总投资超过 1.5 亿元的梁子湖 · 未来芳洲项目从初次接

触到开工建设，短短 5 个多月的大致历程。如此高的效率，靠了什么？两个关键词决定了效率的高低。

一是共识。

一个乡村振兴项目涉及地方政府、投资主体、村集体、村民、运营主体等多种角色，通常情况下，大家总的愿望是好的，但是一涉及利益调整、先后顺序、公平问题、政策风险等因素，从决策到执行，往往要经历一个漫长的过程。缩短这一过程要做的第一件事，且在过程中要不断重复做的一件事，就是凝聚共识。有了共识，才有方向感，才能激发出合作各方的主观能动性和内驱力。

二是担当。

这是个老生常谈的话题，但在实际工作中，敢说话不敢表态、敢表态不敢拍板、敢拍板不敢担责的大有人在。在梁子湖·未来芳洲这个项目里，无论是地方政府的各级领导，还是投资平台公司的各级领导，甚至项目团队自身都体现了充分的自我担当，每个角色都把工作做在前面，传递出来的就是信心和信任，更进一步影响其他角色的跟进，形成正循环，再难的事情也变得简单。

我们不禁感叹，小小的盛家咀湾，集聚了大小几十种业态，摇身变成梁子湖·未来芳洲，涉及的决策方、资源方、合作方主体角色有十几个，没有决策力和执行力的集聚，就不可能实现产业的集聚，更不可能打出品牌的高度。

5.4 运营前置：把乡村产业的收益账先算明白

早在 2022 年 7 月 2 日第一次调研后的思路汇报时，市国资委邵卫星主任就直言不讳地说：“我们对你们的概念策划不是不感兴趣。这几年来，很多专家团队都来过梁子湖区，都对这里的生态资源条件赞不绝口，但是前前后后提出了很多版本的思路方案，花了很多的规划费用，方案始终没法落地。我就希望你们能明明白白地告诉我们：这个地方的乡村振兴要怎么做，引入哪些能落地的产业？如何能够切实保障集体增收、村民致富？国有投资平台的投资收益如何平衡？运营方能不能也参与投资？可否适当对赌？这些问题要有了明确的答案，我们才能放心地把你们引进来。”

他的这番话说得很直接。坦率地说，项目还处在初步接触阶段，还没法判断双方是不是能走到一起。但这些问题终归是要面对的，不大胆往前走几步，又怎知前面的风景美不美呢？莫夫当即表态：作为顶层设计的智力输出方，原则上我们不参与重资产投资，但我们有自营的核心业态产品，如果条件合适，我们可以参与自营业态的部分投资。如果按照设计、采购、施工和运营一体化，即 EPC+O 的模式合作，我们可以负责长期整体运营，对经营绩效负责。

开弓没有回头箭。这次对话，定下了双方合作的基调，接下来就是上面那份流水账记录的紧锣密鼓的工作推进。

梁子湖 · 未来芳洲项目有这样几个有利条件：

区位好。项目所在地一小时车程内，可达武汉（1000 多万人）、鄂州（100 多万人）、黄石（200 多万人）、黄冈（500 多万人）、咸宁（200 多万人），合计超过 2000 万人口，巨大的市场就在眼皮底下。

名气大。梁子湖生态环境优美，物产丰饶，大闸蟹、武昌鱼，武汉无人不知晓，农业（含渔业）产业在知名度方面的优势很明显。

趋势明。这几年，消费新常态已形成，近车程、短距离、高频次的“微度假”正成为一种休闲度假的新方式。自助游、周边游、家庭游，以及近郊旅游、城市休闲等，正成为大众出游的主流方式。

但问题也正在于此，具备这三个条件的可不止盛家咀湾这一个村湾。仅仅梁子湖沿岸，就有几十个村湾具备同样的条件。可以说，“未来芳洲”想要火起来，需要一位策划、运营、推广皆擅长的高手。

乡立方的方法论特别强调“运营前置，策规一体”。团队要做的第一件事就是市场调研和数据分析。在这期间，萌立方总经理洪伟华带着市场总监蔺鹏、湖北乡立方合伙人张瑾、项目总经理鲍超等小伙伴，在武汉转悠了四五天，听说凡是有动物的地方他们都走了个遍。门票多少钱？有哪些二次消费、增强体验的项目？动物品种和结构是怎样的？其他萌宠乐园的管理细节做得怎么样？人流动线有哪些改进空间？两个闭着眼睛都知道萌宠乐园是怎么回事的业界“大咖”，为了把梁子湖 · 未来芳洲里面的核心业态“贝拉萌宠牧场”做出差异化特色，他们扎扎实实干了几天“商业间谍”。

未来芳洲 · 萌幻童洲效果图

再比如稻田书吧这个业态。为了把这个创意落到实处，团队找了很多知名的互联网社群团队，经过多次调研和深入沟通，最终和一个以亲子读书分享为核心价值纽带的妈妈社群达成了合作意向。这个社群有几万名会员，由一群愿意在周末带着孩子读书、分享和交流成长经验的年轻妈妈组成。这个建在稻田里，独具风格的网红地标，以后将由一群妈妈当中的“领袖”来运营。整个书吧的面积、配套功能、软硬装风格、活动策划、市场推广等，都由这群妈妈说了算。说到这里想必所有人都明白了为什么要把“稻香书吧”交给妈妈社群来运营，因为她们三观很正，自带流量。这就是运营前置的意义所在。

梁子湖 · 未来芳洲一共划分为“九洲”，分别是：月光沙洲、蔚来汀州、星湖绿洲、希望稻洲、闲适乡洲、萌幻童洲、奇趣森洲、造梦乐洲、梁湖渔洲。围绕九个主题又裂变出数十个大小业态。业态之间如何互相呼应，围绕“未来芳洲”品牌形成特色鲜明的产业主题，这不算困难，如何评估投资回报并且实现永续经营才最具挑战性。投资回报不仅仅是国资平台公司对经营的要求，还包括了能不能实现乡村振兴的根本目的：帮助集体增收、带动农民增收，最终探索出一条共同富裕的道路。

未来芳洲 · 希望稻洲效果图

围绕这个核心问题，我们要从两方面考虑。

一是业态经营效益如何最大化。团队把每种业态的市场前景都做了评估和预测，看着热闹却无法产生经济效益的业态一律不要，确保投资的每一分钱都有回报。不仅如此，还要尽可能实现同一投资项目的多场景价值。比如未来芳洲的露营基地里面的系留式热气球，团队不仅会算热气球一天能放飞几次，每人次收费多少，抛开雨天全年使用率是多少，最后产生多少经营收入，还要算针对对面湖中心的国家 4A 级旅游景区梁子岛生态旅游区，如何发挥热气球的广告价值和引流效益。

二是联农带农富农效应怎么充分体现。除了村民的闲置房屋每年会为他们带来一笔租金收入之外，还会产生将近 80 个就业岗位，这是直接效益。间接效益包括，酱立方品牌工坊每年要向周边村民采购几百万元的原材料，带动几百户村民增收；萌立方的萌宠牧场每年需要向周边村民采购上百万元的饲料；渔立方的外塘养殖模式至少可以帮助周边上万亩鱼塘的渔民增收 50%；未来芳洲的整体人流量溢出至少能够带火周边村湾数十家农家乐和民宿。

未来芳洲·月光沙洲效果图

众所周知，投资越大的文旅项目其实是越难实现理想的投资回报率的。持续几年的新冠病毒感染疫情导致目前国内大多数文旅项目都面临着难以为继的困境。但同样也是因为疫情，乡村游最近两年很火爆，不过从业者也都知道，乡村游能不能持续火下去也是个未知数。为了破解这个难题，乡立方团队经过精心谋划，做了时间和空间结构的风险对冲设计。

从空间结构上，我们把一部分物理空间和近半的营收“交给了”渔立方。渔立方是乡立方旗下高科技渔产业三产融合模式的品牌名称，其本质是“渔养殖＋渔加工＋渔文旅＋渔研学＋渔文创”的渔产业综合体。采用淡水海化技术在内陆地区建立高标准数字化渔工厂，养殖高品质海鱼海虾，把渔文旅融进来，使传统渔业的养殖效益十倍、百倍提升。渔立方的经营主要面向B端市场，技术壁垒是核心竞争力；而萌立方、酱立方、主题民宿等业态主要面向C端市场，运营能力是成功的关键。

从时间结构上，未来芳洲的平日和假日是两种不同的景象。在最初的策划阶段我们就敲定了两家专注于本地研学服务并且有很强导流能力的教育公司作为合作伙伴，结合昌达集团本身即为鄂州市教育三产业务主要承接方的优势，要求梁子湖·未来芳洲项目的所有的业态特色和服务能力要能够满足周一到周四的中小学生研学需求。而周末和节假日，则回归“乡村微度假目的地”的定位，主要满足城里人到乡村休闲度假、小微企业团建聚会的需求。

未来芳洲·造梦乐洲效果图

这样的产业时空结构设计，既保证了业态之间的盈利模式不依赖同一要素，又让消费场景围绕主题展开，不显突兀，还规避了大多数乡村文旅业态十分依赖流量运营，淡旺季过于明显的风险。这就是未来芳洲项目破解乡村产业投资难以盈利难题的关键策略。

5.5 思考：用业态聚集效应“引爆”空心村

在决定把盛家咀湾这样一个临湖的半岛小村湾作为未来芳洲项目的切入点之前，团队经过了一番思想斗争。一开始我们面临的任务是思考整个梁子湖区的乡村振兴该怎么做，事实上，即便是昌达集团下属的前海湖公司一期项目的范围也有 21 000 亩，覆盖几十个村湾。如果在一个只有 26 栋旧宅的小村湾里集中乡立方旗下的渔立方、萌立方、酱立方、夜经济、主题民宿等核心业态加上其余数十个创意业态，产业类型横跨一二三产业，我们担心由于物理空间覆盖面太小，影响力出不去，对周边村庄的带动有限。大量业态集中于一个小区域内，引流和分流的压力也很大。

随着调研的逐步深入，渐渐地我们坚定了用业态聚集效应打造“爆款”的决心。梁子湖·未来芳洲的区位条件决定了她作为城市功能配套的定位，以及让城里人得到美好的乡村农文旅业态体验，感知山水和乡愁的定位。在网络时代，影响力也不再受限于物理空间，产业集聚在一起更容易打造高感知度的品牌氛围和消费场景，形成聚集效应。

用互联网爆款思维打造乡村农文旅融合项目，把空心村彻底变成产业主题村、乡旅网红村，这是乡立方的一次全新尝试。我们坚信，乡村振兴，产业是魂！未来芳洲，未来可期！

中篇

导读

产业乡村：创造潜力无限的未来价值

从产业扶贫到产业振兴，在乡村发展的历程中，产业始终是躲不开的一个难题。习近平总书记2021年在河北承德市双滦区大贵口村考察调研时指出："产业振兴是乡村振兴的重中之重，要坚持精准发力，立足特色资源，关注市场需求，发展优势产业，促进一二三产业融合发展，更多更好惠及农村农民。"

产业振兴之于乡村振兴的重要性毋庸置疑。在近年来的乡村实践中，我们走南闯北也看到这样的趋势：越来越多的乡村重视乡村产业的培育，发展富民兴村产业，将资源变产品、产品变商品。以广东省为例，2019年至2022年为期三年的"一村一品、一镇一业"建设累计带动农户72万多人，参与项目农民人均可支配收入平均比扶持前增加26%，真正做到兴了产业，旺了民生。

令人欣喜的同时，乡村产业培育中还是存在一些突出问题：

一是产业水平低且单一，同质化严重。

20年来，乡立方团队走访了全国各地几千个乡村。在这些乡村中，绝大多数乡村产业主要集中于种植业、养殖业和基于乡村的低端制造业，而这些产业往往集中成片，存在同质化严重的问题。

例如，在浙江建德的大同镇，一个以水稻作为主导产业的乡镇，拥有集中连片三万多亩的水稻种植。然而放眼全国，主打稻田农文旅主题的乡镇数不胜数，即使在浙江建德，市场竞争者也众多。差异化在哪里？未来发展方向是什么？要如何提升产业？这是摆在大同镇面前亟待解决的问题，同样也是成百上千个以农产业为主导的乡村要解决的问题。

二是产业集中在一产，溢价能力低。

乡村产业链条短也是当前乡村振兴普遍面临的一个问题。一产向后延伸不充分，多以供应原料为主，从产地到餐桌的链条不完善。二产连接两头不密切，农产品精深加工不够，副产物综合利用程度低。据统计，我国农产品加工转化率不到 70%，比发达国家低。三产发育不全，农村生产生活服务水平不强。产业融合层次低，乡村价值功能开发不充分。

在有着“广东大西关”之称的郁南，尽管各个乡镇都有自己的特色产业和产品——桂圩镇的肉桂、建城镇的黄皮、宝珠镇的黑皮荔枝、连滩镇的水稻、宋桂镇的蚕桑等。可是通过深入调研，乡立方发现这些乡村产业主要集中在一产上，而且整体发展相对粗放。如何提高产业价值？如何让老百姓的产品卖得更多、卖出好价钱？如何让传统农产品符合新消费时代的需求？

三是家庭作坊式生产，带动能力弱。

在诸多乡村中，大多数农特产品的生产加工以家庭式作坊为主，民居即厂房，加工非常粗放，生产依赖经验，缺乏产品标准和生产规范。在走访调研时，经常看到农特产杂乱地堆放在布满灰尘的地上，生产场地的卫生环境十分堪忧。在浙江省淳安县的威坪镇就有这样的情况。威坪酱是当地有名的农特产品，做酱的工艺在当地以口口相传的方式传承了几百年，家家户户都会做，但都是小打小闹的作坊式生产，并没有形成产品标准。

针对以上遇到的问题，在多年乡村实践中，乡立方总结出一套系统的“三三产业振兴”方法论，即为“三产融合、三场叠加、三化转型”。

首先是三产融合。

通过农村三产之间的优化重组、整合集成、交叉互渗，使产业链条不断延伸，产业范围不断拓展，产业功能不断增多，产业层次不断提升，从而实现发展方式的创新，不断生成新业态、新技术、新商业模式、新空间布局等。例如在浙江建德大同镇，乡立方立足大同镇水稻产业，以“农创”为顶层定位，串联起农创客、农创品、农创游，通过农业产业的文创化实现三产融合、农旅融合，为乡村带来更多流量。

其次是三场叠加。

“消费场 + 传播场 + 体验场”，立足乡村特色产业资源，将农特产品旅游商品化，构建消费场。通过文创化的视觉表现，让消费者自发形成传播，同时，做好产业体验。例如在广东郁南乡村振兴示范带项目上，乡立方立足郁南无核黄皮产业，打造品牌工厂模式，以“世界黄皮公园”为定位，进行亮点提升，在世界黄皮公园植入系列旅游周边业态，配套打造一系列氛围景观，助力黄皮产业提档升级，实现非果期引流，打造郁南无核黄皮的消费场、传播场、体验场，实现黄皮产业价值最大化。

最后是三化转型。

即实现产业向品牌化、标准化、科技化转型。如乡立方旗下的“威酱坊”，通过品牌化打造、标准化生产、科技化赋能，将千岛湖家家户户都能做的辣椒酱做了配方改良，同时进行了文化挖掘，在视觉上做了提升，重新构建产品体系和价值重塑，把一瓶普普通通的辣椒酱做成了爆款网红酱，如今，这一瓶酱已经拉动了四个村的老百姓脱贫致富。

作为全国共同富裕示范区、乡村振兴示范省，浙江省各地近几年一直在创建“未来乡村”。我们认为，未来乡村一定要有未来产业，唯有产业兴旺了，乡村发展才有保障。那么，乡村产业的“未来之路”要如何走？

第一，乡村产业需要有系统化、生态化、一体化的顶层设计。

对于那些“一村一品、一镇乡一业”有了较好基础的乡村，或者已经成为乡村特色产业强镇的，我们要扬长避短，让当地的产业更强、更优、更有名。而对于毫无特色的乡村而言，在短期内难以找到突破口的，需要从广义的层面去理解乡村产业，甚至“无中生有”，“创造”出新的产业来。例如浙江的黄岩西部山区，作为台州人民的饮用水源地，几十年来，在严苛的生态环保红线下，产业发展受到限制。乡立方把脉问诊后，以“生态共富”为切入点，“无中生有”打造中医芳疗康养产业——浙东芳养谷，为黄岩西部山区六乡两镇乡村产业发展找准方向。

第二，乡村产业需要科技赋能，全面提升产业竞争力和产品溢价能力。

在过去很长一段时间里，只要一提到乡村，往往联想到的关键词，就是“生态、原汁原味、乡土”，很少有人会从“科技感”和“技术含金量”等方面去思考。但其实一产中的种养业，其竞争力往往就来自科技的赋能。随着乡村振兴战略的深入实施，未来十年将是农特产品深加工崛起的黄金十年。乡立方主导发起“乡村产业燎原计划”，针对当下全国乡村产业受限、产品溢价空间低等问题，整合自身资源与经验，为乡村输送“创新产业”。“乡村产业燎原计划”首批成立的“酱立方”就是为中国乡村的酱菜、腌菜产品，通过科技赋能提供产品创新方向，让这些优质农产品与新消费时代同频。

第三，乡村产业需要主动对接都市人喜欢的消费业态与休闲场景。

发展乡村产业，一定不能忘记目标消费者是谁。为什么不能将咖啡店引到乡村的稻田公园去？为什么在乡村的老街里不能有都市的小酒馆？为什么不能在乡村民宿里享受一次高端的中医芳养服务？乡村问题不能就乡村谈乡村，乡村振兴要吸引人才、资本等要素回流，进而提升乡村的经济社会价值。乡村振兴不仅需要政府对乡村投入，还需要将城市的“动能”引入乡村，在城乡融合机制的推动下，通过在乡村发展城市消费者喜欢的新业态，让乡村将城市“动能”内化，从而真正赋能乡村。在建德稻香小镇，乡立方打破人们对乡村的固有思维，以时尚化、品牌化的理念打造，在稻田里植入小火车、骑行线、游乐园等，与自然教育、健身运动、亲子娱乐、休闲观光结合起来，形成新业态，在这里稻田是公园，是课堂，是运动场，是城里人周末休闲娱乐的目的地。

第四，乡村产业需要以“共同富裕”的机制统筹好各方利益主体才能可持续发展。

当下的乡村产业发展，简单地用传统招商引资的方式，已经走不通了。单纯以社会资本的投资收益来衡量成功失败，不符合乡村振兴、共同富裕的大趋势。乡村产业发展的第一受益人，应该是本地人与集体经济，而不是工商资本，但相关方需要做到“共富”。乡立方以这个思路，在广东南雄、江西景德镇、浙江临海与黄岩等地，都展开了相应的探索，帮助农民增收和集体经济壮大，同时让社会资本降低投资成本和风险，努力实现均衡、良性的可持续发展。

在本篇里，我们选取了几个产业型乡村打造的典型案例，有立足生态共富“无中生有”的“浙东芳养谷”、有乡村小工坊成就大产业的“威酱坊”、有树立浙江农创模式的“建德稻香小镇”、有以区域公用品牌统领乡村振兴的“靖州茯苓”、还有首创甜蜜产业“三位一体”品牌工厂模式的郁南“西关甜乡”。作为创新的模式和典型，它们都代表了一类乡村振兴路径，具有很强的对标和复制价值。

第6章

浙东芳养谷：黄岩“无中生有”的突围之路

浙东芳养谷·玫瑰梯田效果图

黄岩西部山区，一直是包括椒江、路桥以及黄岩在内的台州城区三百万人的饮用水源。几十年来，西部六乡两镇力保“大水缸”（境内的长潭水库），严格限制产业发展，创造了巨大的生态价值。但相对应地，西部十几万人口缺少“发展机会”，人口大量外流。但黄岩东部的永宁江沿岸，一直是浙东民营经济最活跃的区域之一，经济发展势头迅猛。这些年，东西部的发展差距逐年在拉大。进入共同富裕时代，黄岩东西部如何跨越发展的不平衡，已经成为当地甚至是台州市必须交好的政治答卷。

6.1 在严苛的生态环保红线下，西部山区如何发展突围

莫问剑接到时任黄岩区区长包顺富电话之时，正是浙江省在杭州“萧山未来大地”召开全省深化“千万工程”建设新时代美丽乡村现场会的当天。那日，全省将近 100 个县区的一二把手领导都聚集到了横一村，在时任省委书记袁家军的主持下，就实施乡村振兴战略和推进共同富裕这个议题，进行了集中、深入的讨论和交流。在这个现场会上，会议所在地，“萧山未来大地”也毫不意外地一炮而红，成了吸引各区县领导目光的焦点。而这个大家在会后都进行了参观考察的现场点，其总策划方恰巧就是乡立方。

乡立方首席战略官、联合创始人莫问剑就是台州黄岩人。当包区长一边对“萧山未来大地”的打造成果发出赞叹，一边为黄岩本地，尤其是西部山区的乡村振兴怎么做而焦虑时，一同与会的台州市路桥区区长牟傲野刚好向包区长提到了横一村的策划方。他说：“这个项目是老莫他们策划的，他就是黄岩人。”于是，就有了开篇的那通电话。

莫问剑生于黄岩、长于黄岩，大学本科求学于杭州，后又在北京攻读新闻，毕业后南下广东，成为一名新华社记者。之后下海，又从一名高薪的职业经理人转变为创业者，投过实业开过工厂，2013 年因机缘巧合，凭着一股对“三农”的情怀投身农村电商后，至今仍活跃在农业与农村领域。对于老家黄岩，莫问剑一直在默默关心着，对于黄岩的县情，他也是基本了解的。所以，当他听到包区长在电话里说：“黄岩要乡村振兴，很需要像你们这样的团队来参与，你

是黄岩的乡贤嘛，更应该多回家乡看看，来给我们黄岩区政府出出主意。”莫问剑马上就组织团队，着手安排黄岩行，不管从生意角度黄岩能否成就一个项目，单是作为黄岩人，出于情怀，他也一定得认真对待区长的这个邀约。

浙江素有“七山一水两分田”之称，但是这占了超过半壁江山的“七山”，却是浙江经济发展的短板。要高质量发展建设共同富裕示范区，聚焦解决地区、城乡、收入“三大差距”，率先突破发展不平衡不充分问题，对浙江而言，重点在26县，难点在26县，突破点也在26县。浙江省在2021年出台了《浙江省山区26县跨越式高质量发展实施方案（2021—2025年）》，明确提出了持续深化山海协作工程，要补齐共同富裕示范区的“短板”。黄岩并不在这26县名单之列，但黄岩的西部都是山区，同黄岩东部的发展也形成了非常大的落差，遭遇的境况跟这山区26县并无二致。因此，在浙江省人民政府的公报中，也经常出现浙江“26+3”一说，即26个加快发展县加上金华市婺城区和兰溪市、台州市黄岩区等地区。

说来凑巧，莫问剑第一次带队前往黄岩那天，正好是包区长履新区委书记的当天。上任第一天，包书记非常忙碌，但他还是抽出时间，陪同莫问剑团队进行了座谈，这座谈会一开就是三个小时，包书记亲自给团队做了关于黄岩社会经济发展情况的详细介绍。

黄岩区东西部的现状就如同我们国家的东西部关系一样，差距很大。黄岩东部地区这些年发展很快，尤其是农业、工业制造业都很发达，但西部地区的发展就很缓慢。而黄岩西部地区还面临着一个其他地方没有的尴尬局面，那就是黄岩西部有一个长潭水库，常年承担着为台州城区提供饮用水的重任，属于一级水源保护地。台州市人大为长潭水库制定了非常严苛的库区环境保护的标准。因此，旅游业不能发展，养鸡养鸭养猪之类的养殖业更不能进行，对农药化肥的使用标准，也是有着相当严格的限定。产业一受限，经济发展就慢，经济不行，土地价格也上不去，这就导致土地指标都置换到了价值更大的东部，西部六乡两镇这么多年发展缓慢。

黄岩长潭水库

包书记说："黄岩西部地区滞后发展的现状已经是一个事实。当前，全省都在推进共同富裕高质量发展，新一届区委区政府必须将西部地区的振兴责任扛起来，困难再大也必须克服，绝不能丢下西部的任何一个乡村。"莫问剑调侃道："您这名字取得好，包顺利、包富裕，这西部地区共同富裕大任，不落到您头上都不行了啊！"当然，这是玩笑话，但是，在乡村振兴共同富裕时代，如何解决黄岩西部地区的发展问题，确实成了新一届区委区政府面临的最为迫切的一项政治任务。

6.2 生态共富，为“两山”转化探索新路径

黄岩西部山区

“必须找到突破口！”第一次会晤结束，书记给了莫问剑这么一个任务。莫问剑和团队都觉得这是一个无比艰难的任务，既要符合库区作为一级水源保护地在生态环保上的要求，又必须寻找到一个根本的发展突破口，这几乎是一个死局。

带着这样一个难题，在主管副区长夏曦的陪同下，项目团队开始了对黄岩西部地区的首轮调研。调研第一站，是去看曾经赫赫有名的黄岩蜜桔产业。历史要是回到二十年前，黄岩蜜桔几乎就是蜜桔的代名词，是蜜桔IP的“天花板”。但如今，情况早已完全不同，虽然在黄岩依然保留着有一定规模的桔园，浙江省柑橘研究所也设在黄岩，但是桔园的主要价值已经沦为“仅供参观”了。黄岩的蜜桔种植面积已经从曾经的几十万亩缩减为五六万亩，而隔壁的临海，从几万亩扩大到了几十万亩。现在即便是黄岩出产的蜜桔，也要装入临海的“涌泉蜜桔”的外包装箱里售卖，实质已经沦为其贴牌生产地，真可谓时过境迁、此一时彼一时了。黄岩蜜桔，品牌已经没落，规模已经萎缩，昔日的辉煌已不复存在，这令调研团队也感触颇深。

其实说起来，黄岩蜜桔与莫问剑的团队还有些渊源。因为黄岩蜜桔的公用

品牌设计就是火石公司做的，并且还是火石开始从事农产品区域公用品牌策划与设计后接的第一个项目。这么多年过去了，黄岩蜜桔这块曾经的金字招牌再也没有得到复兴，多少也是个遗憾。这些年，全国各地都在打造农产品区域公用品牌，但其中沦为跟黄岩蜜桔一样境地的地方品牌数量并不少，这也是乡村振兴过程中需要思考的一个问题。“小而特”的优质农品未来发展该怎么走？这绝不是仅仅发布一个区域公用品牌、做一套品牌视觉设计就可以的。

带着对黄岩蜜桔的思考和感慨，团队依次走访了西部山区的屿头、上洋、宁溪、富山等乡镇。在同当地这些基层乡镇干部座谈交流的时候，他们发现，干部们普遍都想做事，但要做点事真的又很难。其中一个地方的镇长举了个例子，出于交通需要，他们当时想在库区修一条公路，但仅这条公路，从立项到最后修成，花了整整九年。受制于种种限制，没有土地开发指标，招商很困难；招商招不进来，建设用地就拿不到，所以西部山区的干部们一个个仿佛都憋着一股劲，却使不出来。

调研团队足足跑了三天。这三天，团队走访反馈回来的信息是令人沮丧的：首先是西部地区缺少土地指标，招商非常困难；库区 38 米红线限定了不能下湖下溪经营；大部分土地都成了“永农”，转变用地性质不现实；即便是一产，也缺少盈利能力强的主导方向；基层干部对“共同富裕”政策很期待，但都苦于缺少实际抓手。

调研团队基本上每一个晚上都在复盘，探讨创新的路径。大家有一个基本共识，那就是黄岩西部山区在发展上，受限于“库区”已经是个既成的事实，避不开也绕不开。多年来受困于此，若依然因为这个限制而跳不出来，那岂不就永远没有出路了？那么，究竟要为黄岩解决什么？大家七嘴八舌，没有头绪。大伟做了一个提议，如果要从黄岩的一个个点上去说，那都是“术”，解决不了西部的根本问题，还是要回到乡立方的方法论上来——如何为黄岩西部找魂、找钱、找人？

——黄岩西部六乡两镇的“魂”在哪里？没有“魂”，显然是无法将西部六乡两镇四百多平方千米的共同富裕工作统领起来。这个“魂”是古村落保护吗？是长潭水库吗？是乡村旅游吗？看起来都是，一深入分析，显然又都不是。如果不解决产业问题、业态问题，古村落保护不过是美化“空心村”，没有人来，古村落激活不了。长潭水库已经成为一级水源保护地，想突破红线不可能也不可以。至于乡村旅游，其实到西部旅游的人并不少，只是“留不住”，没有给游客一个留下来的充分理由。

——西部振兴的根本目标，是要让老百姓富起来，那就是要帮助西部找到赚钱的行业与门道。在严格的环保政策下，农民又能够参与什么样的产业与行业，成为利益主体？同时，这么大范围的振兴和共富，一定涉及投资，巨额投资资金又从何而来？

——事实上，黄岩西部的人口一直处于流出状态，“人来了才是最大的生意”，黄岩西部如何“聚人”？如何吸引更多游客来西部？如何吸引包括乡贤在内的年轻人返乡创业？

在讨论中，莫问剑突然有了灵感。他提出，黄岩西部的振兴，受制于现有的生态环保要求，诸多“不能做”，那么何不就在这生态环保上做足文章，顺势而为，把这多年来的阻力，化为发展的主线？首先确定，它一定得是生态产业，我们只需要思考，是什么样的生态产业，它既是一个朝阳的未来产业，又能在现有条件下实现三产融合，有足够的想象空间，能够让更多农民受益。另外，共富是我们想要的结果，所以我们需要考虑的是如何建立机制，如何保证地方政府、社会资本、集体资产与农民实现多方共赢。生态+共富的产业方向，就是我们下面要为黄岩去寻找的。

离开黄岩前，包书记再次与调研团队见面。当莫问剑把“生态共富产业”这个切入点汇报给包书记时，书记非常兴奋。他对生态共富这个概念表示高度认同，认为这个概念的提炼，精准地抓住了西部地区的“魂”。他还表态说：“你们尽快拿一个思路出来，拿到下个月的黄岩两会上进行广泛探讨。”

6.3 找到出路：中医芳疗康养产业

“生态共富”的基调是定了。可究竟什么才是适合黄岩西部山区的生态共富产业？关于这点，整个团队都很困惑。带着这个课题，项目团队回到了杭州。

为了找到答案，回到杭州后，团队做的第一件事情，就是对可能属于黄岩未来发展方向的生态产业进行充分调研。

得知浙江工业大学的王平教授对中草药种植和深加工颇有研究，尤其是藏红花种植与深加工领域，她是国内顶级的专家，更难得的是，她对黄岩的情况也比较熟悉，莫问剑第一时间就找到了她。在向王平教授咨询和讨教的过程中，莫问剑开始对中医芳疗康养行业有了初步的认识。王平教授在清楚了诉求后，又向莫问剑推荐了高老师，一位扎根在德清悉心研发手工皂的匠人。在与两位专家的交流中，莫问剑发现中医芳养产业其实市场很大。他又想起他在上海的一位企业家朋友王振，在短短三年间，在全国发展了上万家艾灸馆。莫问剑还曾经考察河南南阳,发现南阳 1900 多家或生产或经营与艾相关产品的企业,效益都不错。艾其实也可以归入中医芳养的产业范畴。近些年，中医药的很多产业与芳养都是相关联的。调查分析得越多，莫问剑越发现这个产业的空间很大。

随后，经朋友介绍，项目团队又在千岛湖调研了一家做超临界萃取植物精油的工坊。这家工坊虽然规模不大,但自主研发的机器,据说是国内非常先进的。工坊的负责人介绍说，订单接不过来，春节期间都没有停过工，连上海中医药大学的专家也有产品委托其生产。他还以玫瑰花为例给大家算了一笔账：由 3 千克鲜花可以得到 500 克干花，500 克干花可以提取 5 克玫瑰膏，1 克玫瑰膏最低能卖到 20 块钱,也就是 500 克干花最终能够提炼出价值 100 块钱的玫瑰膏,而玫瑰膏基本上是所有化妆品企业都要用到的原料。

这番交流给了团体更深层次的思考。如果让老百姓种玫瑰花，一亩的产量约 500 多千克，显然种植的价值就比现在种水稻要高。如果再让老百姓参与深加工，那深加工的价值会更高。黄岩西部地区的生态共富产业，首先要让西部地区的种植业价值得到提升，这是基础。在第一产业——种植业价值提升的前提下，再结合黄岩作为国内“精细化工王国”的强大的制造业配套能力，第二产业的空间就很大。依然以玫瑰花为例，假如说把玫瑰花拿来做深加工，做成玫瑰膏、玫瑰花饼、玫瑰花浴等，然后在第三产业上，结合研学、民宿、康养体验……毫无疑问，芳疗康养产业，具有无限的想象空间。

随着对这个产业调研的深入，项目团队还发现，在零售终端，比如在一二线城市的综合性商场里，芳养、芳香类的产品品牌店也在明显增多。为了进一步论证这个产业的可行性，项目团队又找了多位风投圈的朋友们座谈，征求从资本角度，他们对中医芳养这个产业的看法。其中一个投资人说，这个产业虽然还没有人从聚集区的角度去打造概念，但在国内其实已经成为风投的一个小窗口。他预测，未来五年，中医芳养会变成一个大的投资赛道，因为人们对大健康的需求、对生活品质的要求只增不减，这些都会刺激这个产业的发展。

一番调查，加上投资界的认同，让项目团队对这个产业有了更大的信心，第一产业的高价值种植，第二产业的全方位深加工，再加上第三产业的延伸芳养服务，围绕中医芳养，它就是一个生态共富产业。

确定了基本产业方向后，团队都很兴奋：如果黄岩项目做成，那就是在乡村振兴路径探索上的一个突破。过去，服务机构往往就是只策划一个品牌，或者帮乡村导入几种新业态，如果部分地参与其中，就算是深度的综合服务了。而这次，是真正为一个地方找到产业方向，为一个地区的产业兴旺找到一个突破口，是跟以往不同的真正意义上帮助农村。

有了基本的思路后，项目团队在全国范围内进行了更为扎实的调研。首先赴山东，了解平阴玫瑰的种植情况和发展现状，接着又赴云南，对云南花卉产业做调研。团队发现，这些花卉种植基地基本还是以第一产业为主，第二产业有一些，但是比例还很小，第三产业就更不足了。因此真正涉及第一、第二、第三产业融合的，其实并不多。当然这里面也有做得不错的，比如团队去考察的湖北大冶的一个玫瑰花基地，这些年发展良好，尤其是现场的体验做得很不错。另外还有海南的玫瑰谷，第三产业融合发展的势头正旺。这些率先实践成功的案例也给了团队信心。

通过与众多行业专家的交流，团队还了解到，中医芳养是国际主要芳养流派之一，欧美的芳养更注重香氛、气味方面的研究，而中医的芳养，更多是基于中医经络学理论，追求在医学治疗方面的价值和效果。这在中国，未来市场或许更大。

这些调研结果，让团队更坚定了信心。虽然，浙江恐怕很难成为一产的原料供应地这一困难依然存在，但是浙江一向都是一个资源小省，市场大省。浙江的消费水平高、有需求，从这个角度来讲，原料可以站在全国的角度去整合，立足黄岩、放眼浙江、辐射全国。最后，团队经过多次头脑风暴，确定要在黄岩西部打造一个中医芳养产业的聚集区。“浙东芳养谷”的名字也就最终确定了下来。

浙东芳养谷品牌形象

6.4 政企合力、各司其职：一切皆有可能

有了概念、思路和项目名称，有了扎实的调研结果的支撑，项目团队带着初步方案，向黄岩区委区政府做了一场正式的汇报。

在这场汇报会上，坐满了来自黄岩区政府各相关部门的领导，包括国土资源分局、生态环境分局、交通运输局、乡村振兴局，以及西部山区七八个乡镇的书记、镇长，聚集一堂，听取项目团队长达 500 页的 PPT 讲演。最后，莫问剑代表团队做了总结：我们要让这四百多平方千米的黄岩西部六乡两镇，今后每个乡镇都有自己的花海，都有自己的药田，都有自己独特的带有芳养功能性的民宿，都有个性化的药膳，真正实现中药芳养产业在黄岩西部的聚集，从而确定西部振兴和共同富裕的战略方向。

来自各部门的干部们，也积极踊跃地针对策划方案本身展开了热烈、坦诚而富有建设性的讨论。黄岩区委办主任李友斌认为，“浙东芳养谷”方案很有创新性，将生态、宋韵、产业融合在一起，符合黄岩西部实际。建议将整个区域像国家5A级旅游景区一样整体规划，在实现西部六乡两镇大循环的同时，可以完善每一个乡镇内部的小循环。既然是养生，可以适当增加一些运动类项目。

芳养露营基地

黄岩区委副书记王勇军指出，策划方案有深度思考与系统谋划，但这么大的一个题材，需要在三个方面做更深层次的设计：一是土地的开发，要先盘活原有的，再流转新增的；二是建筑风格要最大限度地对接原有村庄与环境，不能为国际化而国际化；三是要打破原有的行政区域，从空间、产业与时间上进行统一规划。

黄岩区人大常委会主任张建新则表示，这个策划方案的系统性、兼容性和启发性都很强，体现了团队对题材的深度思考和充分挖掘，以及对乡村的深厚情怀。

第一次思路汇报非常成功。“生态共富产业”这个突破口，让多年来对于西部山区的发展有力无处使的干部们看到了希望。而接下去黄岩区政府的一系列快速反应，也让项目团队看到了黄岩区政府的效率和行动力。

首先，快速确立战略方向。在黄岩区的两会上，“实施生态共富西部振兴战略，探索绿色发展新模式”被列为今后五年黄岩发展的“六大战略”之一，要全面建设共同富裕区域标杆。

其次，快速启动调研。次月，黄岩区相关领导克服疫情防控带来的困难，先后赶赴大冶、千岛湖、杭州、上海等地专程做专题调研，从政府决策层面调研这一行业的前景。

再次，试验区先行动。在调研的同时，黄岩区政府指定的负责项目落地的平台公司黄岩交旅率先在屿头乡种下一百多亩玫瑰，作为项目的一期先行试验区。

最后，政治站位推动。黄岩区委区政府举行隆重的仪式，聘请乡立方为乡村振兴生态共富顾问团队，莫问剑个人则被聘为项目的首席顾问。区委书记包顺富、区长徐礼辉、区人大常委会主任张建新、区委副书记王勇军、区委办主任李友斌、副区长夏曦以及西部六乡两镇领导出席并见证了这一仪式。

项目就这样确立了。乡立方内部也正式组织团队，开始了对黄岩西部山区的深度调研，通过调研，确定了屿头、上洋、宁溪等几个一期要重点打造的选点。

虽然政企双方在大方向上达成了共识，但是在实际操作中，还是会有预想不到的矛盾暴露出来。比如，耕地问题，土地指标问题。此外，政府的部门与部门之间，出于考虑角度不同，也会有矛盾，比如生态环境部门与农业、林业部门之间，农业部门说行，生态环境部门说不行，等等。但这些矛盾出现的时候，书记亲自抓，这对于关系的协调、决策效率的提升，都起到了关键的作用。

在推进的过程中，黄岩交旅也在紧锣密鼓地为中医芳养这个产业做各种储备工作，同时他们也对这个产业方向进行了广泛而充分的调研。调研的结果令他们很兴奋。其中一个意外收获是，他们发现在宁溪竟然已经建有一个药用植物园，占地几百亩，搞得有声有色，且同时也生产了一部分深加工产品，而这个植物园的老板也是个相当有情怀的当地人，这些年很大一部分中草药材，都是他亲自去黄岩山区里挖来的一些原始品种。另一个收获是，当黄岩中医芳养、生态共富产业项目发布后，就有本地的企业主动提出要与黄岩交旅合作种植玫瑰花。

项目团队在深度调研结束后，继续对方案做进一步的细化。细化的重点，是要围绕着芳养，把整个产业链建立起来，而不仅仅是停留在第一产业。于是，项目团队在宁溪策划了一条“大宋闲街”,把宁溪这个千年古镇通过宋文化再现，来进行复兴。通过这一系列的策划，中医芳养与本地的农副产品、特色工坊就做到了充分的融合，业态也更为丰满。与此同时，项目团队还同步对接开元酒店集团芳草地品牌等能与中医芳养产业相关联的一些较大的机构。这些工作也都得到了交旅公司的大力支持和配合。

6.5 浙东芳养谷，黄岩凭什么“无中生有”

乡村振兴不是靠简单的单一业态就能实现的，它还需要跨行业、跨产业来实现发展。浙东芳养谷项目涉及黄岩西部山区六乡两镇，覆盖四百多平方千米，它要解决的不是一个短期目标，而是一个地区的持续发展的问题。而从本质上讲，浙东芳养谷，的确就是源于一个大胆的“无中生有”的想法，那黄岩凭什么敢做、能做？

浙东芳养谷 · 共富梦工坊

6.5.1 时代背景下的顺势而为

黄岩西部的发展问题持续十多年来，一直是黄岩历任领导的“痛”。生态红线越不得，但也不能牺牲西部人民的“发展权”“富裕权”。但在东西部巨大的土地差价与截然不同的产业政策面前，总觉得这就是一个“死结”，难以找到化解之道。

但当进入乡村振兴和共同富裕已是国家大计的时代，任何困难都不再是困难。引用包书记的话:“这一届区委区政府把西部发展列为重中之重和优先选项，必须做好共同富裕答卷的必答题。西部六乡两镇一盘棋,要统筹考虑、协力推进，绝不能各自为战，浪费资源。要培育内生动力，而不是光靠输血，既然生态是生命线，那就发展生态共富产业。”

顺时代之势而为，黄岩有了前所未有的动力、决心和魄力。

6.5.2 有调研数据支撑的未来产业

最终选择的中医芳养产业方向，对于黄岩当下而言虽然是“无”，但产业本身是立足未来，经得起市场的考验的。

第一是经得起团队内部的反复拷问和论证。在项目团队内部的研讨会上，主创人员为这一未来产业做了如下“画像”：要有经济性、示范性、落地性与带动性。这必须是一二三产业融合的产业。其中一产要让农民有钱赚、有积极性，同时一产能够与零污染的二产配套，并由二产继续反哺一产。三产既要吸引当地人就业，还能成为引流的重要卖点。这一产业要契合省委省政府高质量发展的要求，面向未来，具有创新性。

第二是要建立在广泛而深入的调研基础上，才能得出结论。从向高校和科研机构的专家讨教，到与台州籍的企业家座谈征求意见，再在全国范围内，赴浙江、广东、湖南等各地参观考察，最后再寻求投资界专业人士的论证，这一切，都证明了产业方向的可行性。

将黄岩西部地区打造成国内第一个“中医芳疗康养产业集聚区”，这是一个顺应了天时、地利与人和的战略方向。从国家层面来看，这几年正在大力推动大健康战略与中医药复兴战略的全面实施；对于台州来说，医药化工行业本身正是区域布局的重点产业方向，黄岩本身也有着化工制造与医药行业的发展基础，市区都配套出台了相应的扶持政策；从黄岩西部来说，这几年已经种植了八千多亩的各类中草药，已经涌现了三十多位种植面积在五十亩以上的大户。

虽然最初是源于一个“凭空而来”的想法，但到最终的思路落地，背后有着大量扎实可靠的调研和数据的支撑。

6.5.3 值得信任与托付的服务机构

全国乡村振兴学浙江。浙江能够走在全国前列，靠的是先行先试、敢想敢为，积累了丰富的经验与很多可复制、可对标的样板，这也决定了浙江乡村振兴的顶层设计能力。这几年，全国各地到浙江研学、参观、考察的党政团队络绎不绝，有省一级组织部门统一推进的，也有县域根据自身需要主动前来的。这股突如其来的“热”，直接推动了浙江乡村振兴领域咨询产业的兴旺，一大批原先从事农村电商、乡村旅游、继续教育、职业培训以及广告品牌的机构，纷纷转型投身于乡村振兴咨询服务领域。但是，乡村振兴作为国家战略的提出，至今也不过短短几年，乡村振兴究竟该怎么做，依然需要一个探路的过程，这对县域决策者选择战略服务商提出了更高要求。如何在鱼龙混杂的服务机构里甄别出真正深耕此领域的“李逵”和妄图“坑蒙拐骗”赚快钱的“李鬼”，需要决策者对机构提前进行摸底，看看这家机构实际做过什么，项目现状是什么样的，委托方又有什么样的客观评价。

黄岩区这次将浙东芳养谷的顶层设计郑重地交给了乡立方团队，是经过了深思熟虑和多方考证的。

首先，这是一家立足于浙江的服务机构，从其前身火石品牌策划算起，至今这个团队已经在农业农村领域深耕二十年。在这二十年里，成就了不少成功案例，从单一品牌策划，到业态设计，再到落地运营提供综合服务，一直在探索乡村振兴方法论上不断进行自我迭代，始终走在行业前沿。

其次，莫问剑是台州人，而且还是从西部库区走出来的“山里娃”，虽然他常年旅居于沪杭，但一直在默默地关注着家乡黄岩的变迁，对于黄岩的情况相当了解。因此黄岩项目对于项目团队而言，不只是一笔生意，更是一次源于“乡愁”的全新探索。正如包顺富书记最初找到莫问剑时候说的：“你是黄岩的乡贤，要关心家乡的发展。”基于此，对于黄岩来说，项目团队就不再纯粹是一伙短期利益驱使的“空降兵”，某种意义上而言，他们也是由长期情感驱动的“子弟兵”。这样的团队更值得信赖与托付。

6.5.4 一把手抓振兴确保了统一思想、步调一致、落地有序

五级书记抓乡村振兴，浙东芳养谷项目，从立项之初到开始着手落地，包顺富书记一直都亲自主抓，这大大提高了决策效率，并形成了强大的工作合力。

比如，在第一次方案报告会上，来自区委、区政府、发改委、财政局、农业农村局、自然资源与规划分局、生态环境分局、水利局、交通运输局、住建局，以及西部六乡两镇的干部们，就在书记的牵头下，全体出席，并针对策划方案本身展开了热烈、坦诚而富有建设性的讨论。这样的方式，就最大限度地缩短了服务机构日后开展工作与各部门的沟通和磨合时间。包书记还为项目召集了多次现场会，协调工作中不可避免会出现的一些矛盾，并给予决策上的指导。像这些，若是没有一把手书记亲躬力行，项目的推进难度一定会加大不少。项目的专班负责人由人大常委会主任张建新兼任，按包书记的说法：“人大督办，还有什么不放心？”

针对“浙东芳养谷”的下一步落地，包顺富还做了三个部署，确保落地有序。

一是要“高举高打”。

黄岩要抢占国内中医芳疗康养产业的发展高地，需要统一品牌（浙东芳养谷），西部六乡两镇要整体开发、一体联动，可以有先后，但没有主次，每一个乡镇都要在统一规划的基础上，做出自己的特色来。

二是坚持生态共富。

这里既然是一级水源保护地，那一切都得服从生态导向，要坚持“生态就是未来”的原则。共富是最后的落脚点，要帮助农民成为利益的市场主体。

三是要强化专班实干。

这个项目涉及区域面积大、业态丰富，要拿出项目清单，出台专门的招商政策，要有考核指标和实施时间表。要最快速度推动项目“在全国有影响、在全省有地位”。

时代的需要、良好的产业前景、匹配的服务机构、政府自上而下的一致行动力，黄岩“无中生有”的背后，是一系列“有”给予的底气。正如莫问剑说的：“的确有人说，浙东芳养谷是无中生有。但这个‘无’，是无价之宝（题材），是无奇不有（产品），是无与伦比（三产融合），是无出其右（共富机制），是无可比拟（政企合作），是无往不胜（结果），而这个‘有’，就是有的放矢、有声有色、有利可图、有福共享、有条不紊、有口皆碑。”

也像包顺富书记在项目方案汇报会上总结的：“过去几十年，黄岩人敢立潮头，克服困难，为荣誉而战，一直是有情怀的。而当前黄岩共同富裕工作最大的软肋，就是西部的振兴，只有西部发展起来了，黄岩才能拥有这个时代的荣誉感，这也是全体黄岩人最大的情怀。”

黄岩凭什么？凭的就是这些。让我们一起期待浙东芳养谷开创出黄岩西部生态共富的新进程。

扫码观看本案例
深度解读视频

第7章

威酱坊：乡村小工坊成就大产业

威酱坊全景

在千岛湖生活了大半辈子的老一辈威坪人怎么也没想到，自己从小吃到大的威坪酱，如今摇身一变成了远近闻名的“网红酱”。一句“威酱，千岛湖人的待客之道”，让这款地道的地方特产成了千岛湖 IP 的象征之一，成了威坪人如今津津乐道的“千岛湖礼”。

短短几年时间，威酱从一个小工坊开始，成长为威坪镇联农带农富农的标志性产业。通过“工坊 + 集体 + 农户”的共富合作机制，四五个“威酱村”已经在威坪成型。在这几个村里，一大批农户因这个工坊增收受益，或参与辣椒、黄豆、大蒜等原料产品的种植，或参与原酱的熬制，或参与威酱的多渠道营销。村集体每年因威酱增收在五十万元以上，威酱坊每年向村民定向收购的原材料价值已经超过了五百多万元。

一瓶小小的威酱，何以发挥出这般“威力”？

7.1 一次从美丽乡村到富丽乡村的认知跨越

乡立方与威坪镇的缘分可以追溯到 2015 年。

彼时，乡立方的前身——火石品牌策划（简称火石），在国内首次提出以“品牌思维”建设乡村，并以威坪镇茶合村为实践，打造出“青净茶合”乡村品牌。当时，浙江正在全面推进乡村环境整治，与很多地方大拆大建创新村不同，茶合村通过“品牌化、低成本、创意化”的打造思路，树立了“茶合模式”，一时成为当地浙江乡村改造学习的样板。之后，火石又帮助威坪镇创建了“孝廉江川”“都美威坪”等多个品牌，让威坪镇从千岛湖地区乡镇中脱颖而出，先后被评为浙江省小城镇综合整治省级样板、第四批浙江省旅游风情小镇培育单位、浙江省特色农业强镇。威坪镇还凭借“山、水、港、湾、湖、城”资源优势，成功入选首批浙江省 4A 级景区镇。

乡村变美之后，接下去的路该怎么走呢？时任威坪镇党委书记徐明主和镇长徐建强带着困惑和疑问，再次找到乡立方。双方团队经过多次交流，达成一个共识：乡村建设得再美丽，如果不解决老百姓如何富裕的问题，美丽乡村本身也不可持续。而要让老百姓找到致富的新途径，必须聚焦于乡村产业的培育。但是，什么才是适合威坪的产业呢？

淳安县威坪镇

显然，在整个千岛湖地区，威坪并非旅游景点的核心区，要抢到旅游产业的直接大红利，不是件容易的事。威坪的产业还是要向“内”看：老百姓在这片土地上面到底该种什么、卖什么？什么产品能带动当地老百姓增收？什么是当地最有特色的，是水果、地瓜干、山核桃还是其他农副产品？如何打造适合自身、有显著特色、有高附加值并且被市场认可的乡村产业？这些是威坪镇亟待解决的问题。

带着这些命题，受当地政府的委托，项目团队对威坪镇展开了深入而系统的调研。

威坪虽然是个镇级编制的小地方，但在千岛湖地区有其独特的地位。当地的说法是，“威坪是一个历史悠久但又非常年轻的新镇”。这里地处千岛湖畔，三面环水一面靠山，它始建于东汉，是淳安建制 1800 余年的起点。1959 年新安江水库建成蓄水，原威坪镇沦为水域。1982 年在原威坪镇东北方向虹桥头码头，劈山平坡，重建新城。在千年历史长河中，威坪既因其作为新安江流域文化的发源地而神清气秀，也因其底蕴深厚、名人辈出而享誉一方。

调研过程中，让人印象深刻的莫过于威坪镇的餐饮文化。对于美食，威坪人会吃也善做。当地有一道特色美食“九大碗”，俗称“吃九碗”，也叫“吃九归”，因为大碗吃肉、大碗吃面，一桌菜共有九碗，所以叫“九大碗”。“九大碗”全部取材于当地土特产，是名副其实的山珍，它统括了威坪大部分农副产品，是威坪一带十分流行的“家宴”。

除了餐饮美食，威坪镇引以为傲的还有“七彩农业”——“红、橙、黄、绿、青、蓝、紫”七大特色产业。“红色”农业是以无核柿为代表的鲜柿及其深加工产业，还有红辣椒、红薯等；“橙色”农业以蜀阜村的脐橙和柑橘为代表；“黄色”农业以合富的高山贡菊、岭脚的桑黄基地、虫草基地为代表；“绿色”农业涵盖了茶叶、蚕桑、蔬菜等农产品；“青色”农业则是指中药材铁皮石斛，以及以威坪特色景点为基础的踏青游；“蓝色”农业主打水果蓝莓、葡萄等；“紫色”农业指遍布威坪的山核桃和油茶。

对于这些，威坪人津津乐道、引以为豪。但项目团队却对调研结果犯了愁：新安江水库蓄水后，当地的历史文化“沉浸”在库底，再怎么挖掘，也很难打造出一张独特的名片。当地农副产品看起来都不错，品质也很好，但是茶叶、蚕桑、地瓜、辣椒等，千岛湖各个镇也都有，难言特色，而且威坪镇的产品更是小而散，很难做大做强。而所谓的“九大碗”，充其量只是一个地方特色餐饮，其实深挖下去，每个地方都可以培育出自己的“八大碗”“九大碗”。

显然，威坪要培育的产业方向，除了要有一定基础外，还要有自身特色、市场需求，更重要的是，要具有做大做强的潜力。最终，项目团队将目光聚焦到“威坪酱”上。

7.2 聚焦威坪酱，其实就是找到了威坪的“魂”

威坪镇农副产品那么多，为什么选择威坪酱？

在调研中，大家发现在威坪镇30多个行政村中，几乎家家户户都种植红辣椒，都做辣椒酱。如果说肥美的胖头鱼是大自然对千岛湖的馈赠，那么香辣的酱就是时间留给威坪的财富。历经1800余年的沉淀，威坪酝酿了独特的历史风味。其中，辣椒酱以其热情火辣、醇厚鲜香的禀赋，历经时间的演化，已成为威坪人的味觉底色。一瓶酱虽小，却承载着许多情感，有外出游子对家乡的眷恋，有父母对孩子的关爱，更有老一辈人对过往的怀念。

非常凑巧的是，项目团队中就有多位设计师来自千岛湖地区。听到团队在要用品牌化思维打造威坪酱，都主动找主创人员交流看法。其中一位小伙子饱含深情地说，在杭州求学的那些年，每次从千岛湖回学校，爷爷奶奶总要给他塞上两瓶酱。无论是吃面还是拌饭，威坪酱陪伴着他度过无数个饥肠辘辘的夜晚。在他的记忆中，威坪酱就是家乡的味道。

这么好的味道，一定要让更多的人尝到。

如果把威坪酱的产业做大做强，除了家家户户能卖酱，还可以带动老百姓种黄豆、种辣椒、种大蒜，产业带动性强，十分值得做。在听取了项目团队的提案后，威坪镇的干部们眼睛一亮，纷纷表示赞同。一直以来，正是因为家家户户做，男女老少都吃，反而没有注意到这瓶酱的潜力。没有想到，当地有历史文化、有乡愁、有群众基础的正是威坪酱。酱产品在威坪有很广的消费市场。威坪镇全镇八万多人，有四万多人在外地发展。这群人仍然保持着对酱的喜爱，经常从家乡购买威坪酱。即使放眼整个淳安县，几十万当地百姓，也有吃酱的习惯。不管在家吃饭，还是在饭店就餐，抑或是款待朋友，最后都会来一碗当地的酱。对于千岛湖人而言，酱，不仅是餐桌上的必需品，更是一种待客之道。

选择辣椒酱赛道作为威坪镇乡村产业共富的抓手，除了以上提到的有本地特色、能带动老百姓以外，作为一家专业机构，项目团队在提出建议前还是先做了大量的市场调研，调研结果显示："吃辣"正在成为全国范围的高频消费的大产业。所谓"湖南人不怕辣，四川人辣不怕，贵州人怕不辣"，这只是一个口味习惯的表达，事实上嗜辣版图这些年已经从云贵川扩张到全国。辣椒种植在全国分布广泛，与之并存的是几乎每个地方都有自己独特的辣椒酱。湖南的剁椒酱、贵州的麻椒酱、四川的藤椒酱、北京的花生辣酱和芝麻辣酱、天津的蒜蓉辣酱、河南的香菇辣酱、海南的灯笼辣酱、江西的田螺辣酱、山东的虾干辣酱等，都已经攻占消费者的餐桌。据统计，我国辣椒酱市场已达到400亿元规模，年增速在7%以上，近10年辣椒酱企业数量增长了近10倍，实现了爆炸式增长。中国辣椒消费人群超过6亿人，可以说，嗜辣，已经成为年轻人的一种时髦的生活态度，在消费升级的大趋势下，年轻消费者在酱料选择上同样呈现出需求多样化、场景多元化的特征。

但是，辣椒酱行业产销两端稳定增长的同时，问题也不少：

——辣椒酱行业供大于求、产能过剩的现象十分明显。这直接导致市场辣椒酱价格走势低迷，甚至引发“价格战”，“酱贱伤农”时有发生。

——绝大多数辣椒产品加工技术含量不高、门槛低，容易被模仿，低水平同质化严重。

——产业集中化程度低，有品类而无品牌。据统计，目前国内14亿人中的6.5亿人可以吃辣或者喜欢吃辣，但其中45.1%的食辣人认为目前的辣椒酱产品还没有最好的品牌。

当前国内辣椒品牌格局特点集中表现为：知名品牌市场占比小、竞争力强，区域品牌占比大、竞争力弱。辣椒市场还没有真正的强势品牌，具备快速做大市场空间的机会。目前来看，真正想参与这个领域的大机构不多，真正的竞争还没有到来。

结论就是，选择以市场化思维改造威坪酱，存在非常大的市场机遇。

7.3 市场化思维改造，让传统威坪酱脱胎换骨

思路有了，谁来操盘？威坪镇领导高度认同项目团队关于威坪酱产业的打造思路，但他们同时提出，项目团队提供策略方向后，能否后续接着运营？理由很简单，如果这事儿大家能干，镇村早就启动了，不会等到今天。镇里的行政干部不被允许也不可能抽身出来，村里年轻人都进城务工了，没有合适的“能人”来挑头。

经不住镇干部三番五次的“游说”，项目团队被感动了，决定揽下这活。在这之前，除了投资民宿和农产品终端零售店外，项目团队并没有太多的运营经验。真要将一家酱坊从策划、建设再到后期运营管理都做起来，对当时的团队还是一个考验。多年之后，项目团队的一个主创人员回忆起当时的决策过程时

说：“接手威坪酱的运营时，主要有两个考虑：一是团队当时就预感到乡村运营必将会成为乡村发展的难点，需要积累经验，才能寻求更大的突破，二是因为我们当时手头还真有合适的人来做这件事。”

他所说的“合适的人”，指的就是宋素华。作为土生土长的威坪镇人，宋素华曾经辗转德国、中国香港地区等从事餐饮行业，厨艺精湛，是个远近闻名的大厨。有技术，又熟悉威坪本地情况，找他加入团队，专注酱产品研发再好不过了。这个人选提出后，团队成员一致赞同。

提起威坪酱，宋素华眼睛里都是光芒。威坪镇长大的他，从小就吃威坪酱，这是儿时的味道，也是故乡的味道，在他走出国门时，尤其显得浓烈。在交流中，宋素华还给大家讲了这么一个故事：“2007 年的年底，我去德国做餐饮。出国那天，我母亲特意为我熬了一坛酱，足足 5 斤重。当时上飞机行李很多，这坛酱就没有办理托运，我想自己带在身边。没想到，酱是半固体半液体状，过安检时被扣了下来。我无论如何也不舍得把它扔进垃圾桶。我把它拿出来送给了一个安检工作人员，反复嘱咐他说，这是一整只火腿熬的，我妈妈亲手做的，真材实料，扔掉太可惜了，送给你们吧，你们可千万不要浪费了。”

一坛没有带走的酱，成了宋素华很长一段时间的遗憾。虽然在德国的商店里，各种各样的酱也都有卖的，可就是调不出家乡的味道。实在想家了，宋素华就去超市买“老干妈”，回来自己熬，伴着饭吃。2011 年，由于父母年迈，宋素华回到家乡，开了家小餐馆，每张餐桌上都摆有自己做的酱，免费供食客品尝。

怀揣着对家乡酱的情怀，听了项目团队对威坪酱的改造计划，宋素华二话不说就答应了邀请。从一个知名厨师，到投身改造威坪酱，宋素华为这个新事业赋予了多层意义。

首先当然是情怀，这是他记忆中的味道，他从小就是吃辣椒酱长大的。其次，回国后发展的宋素华发现，村子里的年轻人越来越少。年轻人都外出打工，剩下老人和孩子。老人种的辣椒，仅够自己家做酱吃，酱也越来越少。“我怕这门制酱手艺埋没了”，这也是出于传承的考虑。最后，是他曾作为异乡人的感怀，他希望能在传统重口味的基础上，研发出更适合大众的新味道，把好的产品分享给外面的人，让更多人尝到威坪的味道。

但事实上，要对威坪酱产业进行品牌化提升和市场化运作，并没有想象中那么容易。这一点，宋素华早有心理准备。做酱工艺在威坪流传了几百年，今天仍然家家户户都会做，但是一直以口口相传的方式传承，并没有形成产品标准。对于传统威坪酱，宋素华做了大量的消费者调研，这些来自全国各地的“品鉴官”们，反应最多的有两大问题：

一是口味太咸。自古以来，盐是最好的防腐剂，几千年前老祖宗就学会用盐来保鲜，在那个物质贫乏的年代，这个办法可以让酱存放更久一些。威坪人在做酱时也会放入大量的盐作为配料。但在讲究饮食健康、物资又极其丰富的今天，显然这一点已经不符合消费者需求。二是卖相不好。经过传统工艺熬制出来的威坪酱，颜色偏深偏黑，不好看，尤其是在“颜值即正义”的网红经济下，这更不符合市场需求。

要想做大做强产业，就不得不做出改变。在项目团队的统筹下，宋素华组织人手，对传统的威坪酱进行了一系列的改良，以打造更符合这个时代大众消费者口味的酱产品。

首先考虑的是，在不添加防腐剂的情况下如何延长保质期。在包括浙江农林大学教授在内的专家支持下，宋素华经过上百次的试验，摸索出了一套全新的罐装技术，甚至还在研发过程中拿下了几项专利。

其次，不同于市面上动辄半年至一年保质期的辣椒酱，威坪酱坚持不添加任何防腐剂，保质期为三个月。宋素华说，美味是有期限的，在食物味道最完美的时候品尝它，才是对食物最大的敬畏。

最后，为了让口感更地道，还原小时候的味道，宋素华选择的制酱原材料都来自威坪镇。威坪的六月豆，经过筛选、蒸煮、发酵、晾晒，变成酱豆；长在海拔700米高度上的高山辣椒，“皮薄肉质厚，多汁鲜美”，与酱豆一起酿制、发酵。“高山辣椒要与酱豆充分发酵，用辣椒的汁水发酵，产生浓厚的酱香味”。等六个月再开坛，成为鲜香的原料酱。

历时大半年，宋素华经过反复研发和调试，降低了威坪酱的盐度，做到不咸微辣，同时大大提高了火腿、牛肉、鱼干等辅料的比例，原料酱与千岛湖食材按照 3 ： 7 的比例熬制，形成了“大块食材，低盐发酵”的产品形态定位，让这款传统的酱适合这个时代消费者的口味。

威酱坊产品“大粒牛肉酱”

产品有了，这款酱还需要有一个响亮的名字。这个名字既要体现威坪镇特色，又要体现产品特性，还要通俗易懂好传播。在威坪镇调研时，项目团队经常听到当地老百姓说的一个词“好威”。在威坪当地，夸人过得舒服，吃得好，玩得“嗨”，一般会说“你好威！”。一个“威”字，不仅代表威风，更代表着生活美好。撇开威坪镇地域性来说，“威”这个字在网络时代的出镜率也极高，“威武、威风……”，有着广泛的认知基础，并且很容易在互联网平台传播。因此，项目团队将这款酱的品牌命名为“威酱坊”。

在传统观念中，酱往往作为佐餐配料，吃饭时用勺子稍微舀一点，一瓶酱吃个十天半月甚至更久都很正常，产品的消耗量也很低。而经过改良的威酱，不咸微辣，食材块大，很多人买回去一家人一餐吃一瓶还嫌不够，说它是一道好菜都不为过。所以，项目团队喊出了“每瓶威酱，都是一道好菜”的独特消费理由。这瓶酱不再仅仅是佐餐小料，也是餐桌上的一道菜。

从市场反馈来看，消费者对于威坪酱的创新改良也十分认可。威酱的上市价39元，这比市面上一般的辣椒酱要高得多。一瓶200克的酱，价格要卖到39元，看起来并不是一个会被市场喜爱的实惠选择，但自威酱坊正式营业以来，威酱却顶着这样的价格销售势头良好。被问及价格不算便宜的“威酱”仍叫好叫座的原因，宋素华笑言：“每瓶威酱都是一道菜，里面百分之六七十都是真材实料的肉，你把它用菜的而不是辣椒酱的标准去衡量，那39元就不算贵了。”

在威坪镇乡村旅游节上，作为威坪镇的特色产业，威酱坊火辣亮相，展位前驻足的游客络绎不绝，有游客第一次尝到威酱坊的大粒牛肉酱，惊叹“这哪是牛肉酱，分明是酱牛肉！一勺下去，全是牛肉。吃过威酱，冰箱里的其他辣椒酱都要下岗了。”

作为国家5A级旅游景区，千岛湖风景区游客每年约有1800万人次，具有地方特色的农特产品伴手礼需求旺盛。威酱诞生之初，项目团队就考虑到今后要作为千岛湖的旅游伴手礼产品。“除了给消费者一个选购的理由外，威酱还需要一个针对旅游市场的营销口号。”经过反复创意，项目团队提出“千岛湖人的待客之道”作为威酱面向旅游市场的营销口号，威酱成了千岛湖的“手信”。

7.4 “前店后坊”模式打造威酱坊“道场”

基于“三场叠加”的方法论，在接手威酱运营之后，项目团队就和威坪镇党委和政府提出，希望能为威酱打造一个体验场、消费场和传播场“功能叠加”的空间，做成威酱的“道场”。在这里，游客来了能参与威酱的制作，品尝威酱以及威坪的其他美食，了解威坪酱的传统制酱过程，还能购买产品带走。

威坪镇很支持项目团队的想法。几经选址，项目团队最终将威坪镇政府的一栋闲置二层小楼改造为威酱坊的大本营，以品牌思维对场景进行创意改造，打造成为一个创新型的观光工坊。整个创意酱坊采用“前店后坊”的形式，后面的作坊用于生产，前面的大厅用于产品销售、顾客体验、文化展示等，让威酱坊能生产、能卖货、能体验。威酱坊开业之后，成为威坪镇的旅游观光点之一，前来参观、购买、体验的顾客络绎不绝。前店后坊的模式让消费者不仅可以看到酱坊真材实料的熬制过程，还能参观和了解酱坊的工艺与文化，同时促成现场消费。

改造前的二层闲置小楼

改造后的威酱坊夜景

对威酱坊的定位，项目团队不单单将其作为展示和体验的空间。近几年随着短视频直播平台的火爆，直播行业也吸引了众多年轻人才，网红直播成为一种带货有力的营销方式。企业也不再局限于传统营销方式，纷纷加入网络直播的热潮中。威酱坊也瞄准了这一时代潮流，同时将宋素华打造成“酱小哥”，树立个人 IP，通过直播带货的形式销售产品。在威酱坊二楼，设立了乡村网红培训基地和直播平台，经过专业培训，威酱坊的员工人人会直播，个个会卖货。周围几个乡村也有不少村民主动跑来开直播，一起售卖威酱。

如今的威酱坊，已经成了千岛湖地区的一个特色打卡点。有些旅行社将这里作为千岛湖旅游购买地方特产和手信的推荐地，主动拉游客来这里参观、体验、购物。曾经有一位导游这么说：“游客到千岛湖能带走什么？千岛湖鱼头可以就地品尝，但真正可带走的地方特产并不多，大多数缺品牌、缺标准，不敢推荐游客买。威酱让我们很放心，一句‘千岛湖人的待客之道’，直接，够劲，令人印象深刻。关键是，游客来这里，有趣，好玩，这同千岛湖其他以风光为主的景点不同。所以，即便没有分成，我们也乐意介绍游客来，让他们带走真正的千岛湖特产。”

7.5 从“威酱坊”到“威酱村”

威酱坊一炮而红后，小产业带动共富的“威酱”模式受到广泛关注，新华社、《人民日报》、CCTV、浙江卫视、《浙江日报》等官方媒体，还有今日头条、新浪、网易等网络媒体相继来到这个千岛湖小镇采访报道。

作为威酱坊创始人之一，宋素华接受记者采访时说道：“做威酱的初心，是为威坪镇破解乡镇产业规模小而散、发展缺特色、创新无思路等发展难题，我们选择当地最有历史文化、最有群众基础的威坪酱，进行品牌化打造。看着威酱从无到有，我们对威酱也有了很深的感情，希望它能长远走下去。”

威酱坊也为威坪镇各乡村的辣椒酱、黄豆、大蒜等农产品解决了销量难题。谈及做威酱以来，最有成就感的事情是什么，宋素华说：“我们去向老百姓收购高山辣椒等原材料，看到他们拿到威酱的原料款时脸上露出的笑容，那个时刻最让我感动。”威酱坊这个平台能带动一方百姓增收，推动当地辣椒酱产业发展，这就是威酱模式的基础价值所在。

除了对散户自主、小规模的辣椒或辣椒原酱进行收购外，威坪镇不少村集体都在与威酱坊进行合作。威酱坊一直采用“村集体＋公司”的合作模式，与各行政村签订辣椒种植收购保底协议。村集体或农户种植的辣椒成熟后，由村集体负责集中收购，按照市场价和保底价出售给威酱坊。在此期间，威酱坊提供全方位的种植技术，确保辣椒种植质量和产量。另外，镇政府配套辣椒种植补助政策，按照 0.3 元每斤的补助奖励兑现给村集体，大力支持、推广辣椒种植。

比如洞源村就是其中一个合作重点村。2021 年，洞源村流转了近百亩闲置土地，专门建立了一个辣椒种植园，为威酱坊长期、稳定地提供新鲜辣椒或辣椒原酱，这也成了村集体重要的收入来源。年底，村里还可以拿到威酱坊的股份分红。宋素华说：去年光从村民手中采购的原酱就价值 90 多万元，加上其他产品，共有100多万元。今年改成采购原材料，光辣椒就采购了20多万斤，最多的一户人家有4000多斤辣椒，每斤保底价4元，就是16 000多元。为了让农民放心种植，我们还预先支付定金，给他们吃一颗定心丸。

在威酱坊一炮而红，取得耀眼成绩之后，项目团队开始思考威酱坊的迭代升级。如何进一步壮大产业？如何带动更多老百姓致富？

一是适度扩大规模。让更多的村集体和村民能够参与威酱坊的产业链，让他们或供货赚钱，或务工拿工资。威酱坊先后与威坪镇30多个行政村中的23个村签订了采购协议，大量采购高山辣椒、大蒜、生姜、黄豆等制酱原料。每年的9月下旬，进入辣椒成熟季节。红一批、摘一批、做一批，一直做到10月中旬。每天从山上运下来几千斤辣椒，威酱坊请来了二十多个临时工帮忙摘、洗、制酱。

二是打造威酱产业特色村。项目团队以威坪镇银山村为样板，围绕“吃、学、游、购、娱”，从熬酱到酱产业链，从品酱到酱的深度体验，将银山村打造成酱的“体验场＋消费场＋传播场”。如今，这样的威酱村已经有了四五个，这成了千岛湖地区产业振兴的一个样板。

三是更紧密建立威酱坊与村集体、村民的“共富机制”。威酱坊将生产与销售与当地居民的收入紧密联系在一起。威酱销路好，收购的制酱原料就多，农户的辣椒等原材料也就有了销路。同时，除了房屋空间的保底收益外，每瓶酱的销售所得，威酱坊都按一定比例支付给村集体。

7.6 思考：“威酱模式”为乡村传统小工坊探新路

“威酱模式”的成功，如果用一句话来概括，那就是“政府有为，市场有效”。

威坪镇提出了“1+1+1+X”的威酱产业发展思路。第一个“1”即由政府牵头，联合第二个“1”行政村、第三个“1”企业威酱坊，共同推进村企合作，成立相关公司（主体）。政府出政策和基础设施，企业出标准、工艺和市场渠道，行政村组织“X”，即土地、农民，参与辣椒种植、原酱制作。显然，每一个地方政府在这方面都是可以大有作为的。问题是，这个“有作为”本身要遵循“市场有效”的原则，也就是打造出的产品、品质、品牌都要最大限度地迎合消费者的需求，而不是作为“政绩盆景”摆摆样子、做做秀。

威酱坊创立了全新的共赢合作机制，将村集体、老百姓、威酱坊运营企业三者紧密捆绑在一起。每一方的收益都与产品的销售挂钩，打破了传统的村集体只收取房租、老百姓只出售原材料的模式。村集体帮助威酱坊组织老百姓按照产品标准化要求生产原料酱，威酱坊向老百姓收购原料酱的价格比原来的收购价翻一番，实实在在地增加了百姓的收入，而卖出去的每一瓶酱，村集体都能从中获得约定的差价收入。这样的合作机制，让老百姓生产有动力，村集体干部工作有积极性，每个人都是威酱的代言人，为实现可持续的共创共富奠定了良好基础。

在乡村振兴、产业兴旺的大趋势下，政府如何搭台、找到一条适合乡村实际的产业发展之路？品牌引领下的“威酱模式”，将乡镇酱产业品牌、酱观光工坊、新媒体网红直播相融合，迅速打响酱产业品牌，带动全民参与，带动产业发展，带动百姓致富，成为乡镇产业创新发展的重要示范，是一次创新性探索和实践。

这一实践，也提醒了我们重新审视乡村小工坊的价值。在当前的经济形势下，对于乡村来说，大上项目、上大项目，不是一件易事。但振兴乡村的工作不能停滞不前，更需要我们眼光向内，重视一些乡村小工坊、小手艺、小美食的业态，通过品牌化打造、科技化提升、标准化建设、市场化运作，它们一样能有做大做强的潜力。威酱坊从一个小工坊发展到多个威酱村，就是一个说服力极强的证明。

威酱坊的创新模式吸引了来自全国各地的政府考察团。据统计，仅 2022 年上半年，威酱坊就先后接待了 40 多批次的全国考察学习团。威酱模式极具可复制性，适用场景广泛，全国各地都不缺小而散的农产品，大部分乡镇都面临理念差、产品弱、缺人才的困境。目前，威酱模式已辐射全国，除了威酱坊以外，宁夏大武口武酱坊、福建宁化福酱坊、江西流芳豆酱坊、广东南雄雄酱坊、景德镇幸福酱坊等也已经相继落地。

第8章

建德稻香小镇：凭啥成为全国农创客标杆地

建德稻香小镇·农创服务中心

乡村振兴的“关键密码”是人才。浙江各地的政府更是深谙此道，率先在全国提出“农创客”概念并开始培育。短短数年间，农创客在浙江如雨后春笋般涌现，乡村正在成为浙江青年创业热土。建德大同镇就是其中的杰出代表，2022年6月，在第三届长三角大学生“农创日”上，“全国农创客标杆地”正式在稻香小镇揭牌，成为当地一张闪亮的名片。

就在前不久，有一部热播剧《我们这十年》在浙江卫视、江苏卫视、东方卫视等电视台同时播出，其中《心之所向》单元讲述了一群年轻人返乡创业的故事，剧本就是取材于建德几位农创客的现实故事，几个主要角色的真实原型就来自大同镇。

从一个平淡无奇的“稻香小镇”，短短几年时间，蜕变为乡村创业热土，成为全国农创模式的样板地，甚至人物故事被搬上荧幕，建德稻香小镇是如何实现的？

8.1 大同镇的困境：如何做出不一样的“稻香小镇”

建德大同镇坐落于浙江省西部，是建德辖区内的省级中心镇之一。这里三面环山、地势平坦、气候温润，良好的自然条件孕育了当地的水稻产业。当地的水稻种植历史，最早可追溯到新石器时代晚期，足足有着4000多年的历史积淀。

大同镇一度被视为建德区域经济发展中的“短板”。从交通上看，这里处于建德西部，相对偏远，尤其是建德迈入高铁时代后，大同正在被“边缘化”。从产业上看，大同虽是农业大镇，但却不算是农业强镇，“三农”问题带有欠发达地区的共性三产融合缺失，二三产业反哺农业的能力不强。

2016年，国务院在《关于深入推进新型城镇化建设的若干意见》中明确提出“加快培育中小城市和特色小城镇”。自此，全国范围内掀起了特色小镇建设的浪潮。在这个政策背景下，建德市提出要打造四大特色小镇，即草莓小镇、橘子小镇、莲子小镇，以及大同的稻香小镇。于是，大同明确了发展方向——利用产业基础、土地空间、生态环境、人口聚集等相对优势，打造一个以“万亩有机粮种植基地”为核心目标的“稻香小镇”。借助稻香小镇的创建，实现三产融合的产业体系、三产融合的生态体系。“大同镇发展重点在三产融合，发展的主动力在工业，关键在农旅融合，平台在稻香小镇。”在谈到当初确定稻香小镇的发展方向时，大同镇负责人这么说。

经过三年时间，大同镇通过对土地集中流转、建立高标准示范田，逐渐形成了“中间连片万亩稻田，四周青山环抱，周边村落群聚”的发展态势，水稻种植面积达 3 万亩，成功创建省级农作物品种展示中心和国家万亩粮食高产示范基地，连续 9 年获得杭州市粮食单产状元镇的称号，成为杭州的大粮仓。同时，通过每年举办“开镰节”，发展乡村旅游，“稻香小镇”在杭州已小有名气，慕名而至的游客逐年增多。

但是，困扰也随之而来。虽然喊出了“稻香小镇”，但大同的农产品并非只有水稻，还有出口美国、德国、日本等二十多个国家的山茶油、获评农产品气候品质类国家气候标志的建德苞茶、一年卖出 72 万个的郎家馒头等。也就是说，“稻香小镇”不只有稻香，还有油香、茶香、馒头香……如何将更多的优质农产品推出去？单产业导向的“稻香小镇”显然已经无法兼容这些优质农产品。

于是，建德市和大同镇的领导四处寻访，希望为大同的发展找到一个全新的突破口。一开始，从政府决策者的角度考虑，他们想为大同打造一个全产业的农产品区域公用品牌，来突破大同“稻香小镇”的单产业局限。在一次座谈会上，来自乡立方的一位资深策划帅提出，大同镇当前面临的问题，不是仅仅打造一个全产业区域公用品牌就能解决的。大同以水稻为根本，但放眼全国，主打稻田农文旅主题的乡镇数不胜数，即使在建德市，竞争者也众多。大同首先需要思考的，是自身的特色在哪里，未来的发展方向是什么，要如何提升产业价值。所以，大同需要找准自身的“魂”，需要用一个抓手串联起现有的丰富资源，找准未来的发展方向。

“做出一个不一样的稻香小镇来”——这个策划师的观点，迅速获得了大同政府决策者的认同，也打开了大家为大同“找路”的思维。就这样，如何为大同找魂，成为首要任务。

8.2 把脉：以“农创”为抓手为大同重新定位

必须为大同的发展战略重新做定位。为了更系统地推进把脉工作，一个政企协作团队很快完成了组建，来对大同的资源进行全面梳理。

底子一摸，大同“稻香小镇”的定位确实有些尴尬：论稻田面积，三万亩并没有多少优势，比如在号称“浙北粮仓”的嘉兴，无论水稻种植规模，还是产量，都有很多乡镇超过大同；论大米品质，无法同东北大米相比较；论品牌，压根还没有像样的企业品牌能获得消费者的认知。在某种程度上看，“稻香小镇”更像是大同农旅产业的一块招牌。

放眼整个江浙沪，以水稻作为“核心”，似乎很难成为兴旺的方向。这让项目团队陷入了困惑之中：“稻香小镇”毕竟已经喊了出去，不可能弃之不用。但如果只打这个品牌，特色本身不浓，品牌带动效果肯定有限。大同镇接下来要如何定位？在调研中，项目组成员发现了一个兴奋点：大同这么一个小乡镇，竟然聚集了很多农创客，这里每一个优质农产品背后，几乎都有一个让人感动的回乡创业故事——

笑称被父亲“逼”回来的“85 后”农创客饶成芳，随着父亲的年纪变大，不忍心看到他在田间地头来回奔波，从父亲手中接过种田重担，承包了 1500 多亩土地，运用科技的力量提质增效，多款自家研发种植的稻米产品荣获省市级品鉴比赛金奖，饶成芳也从当初的农业小白摇身一变成为种粮专家。

“90 后”创客饶日辉，和另外两名合伙人创办电商公司，通过电商销售大同农产品。他坦言自己不是“农二代”，刚回来什么资源都没有，只能挨家挨户去收货，深入一线去调研大同镇的农特产。功夫不负有心人，短短几年就实现公司年销售额破千万元，纯利润达百万元。

作为大同镇最早返乡创业的农创客之一叶元挺，他回乡做的第一件“稀奇事”就是“桑叶能卖大价钱”。叶元挺向村民收购桑叶，从半个巴掌大的小嫩叶到成叶都收，收购来的桑叶卖给城市里养蚕的学生，价格能翻好几番。他同时还开发了蚕宝宝活体套装，带动传统种植业走进互联网。

“投身农业虽辛苦，却大有可为。”“90 后”农创客叶佳雯，在大同镇经营着茶园，并参与接待中小学生研学课程与采茶休闲游，茶园生意红火，人气十足。

“脑子灵光”，调研过程中，这是项目团队听到大同镇村民对回乡农创客最多的评价。同样的农产品，在这些新农人的手中，变成了不一样的东西。在谈到这些农创客给大同镇带来的新变化时，大同镇负责人也很感慨，这些有思路的农创客，都是善用新技术、敢于尝试新手段的“田秀才”，他们让老一代“面朝黄土背朝天”的传统农耕方式发生了根本性变化。

听到这么多农创客故事，项目团队成员们都深受触动。一个小乡镇能够聚集这么多的农创客，在建德市其他乡镇都不曾见到。经过多次讨论，项目团队最终将大同镇的“魂”定位为“农创”，以农创为中心串联起农创客、农创品、农创游。“‘农创’是大同镇的核心。一群人，在这里创业；一批农产品，在这里创新；未来还将会有更多的资源在这里创享。”在向大同镇汇报方案时，项目负责人这样阐述大同镇的品牌定位和未来发展方向。产品要农创，产业要农创，体验要农创，旅游要农创，招商要农创，活动要农创，所有的动作都围绕农创展开。通过农业产业的文创化实现三产融合、农旅结合，为乡村带来更多的游客，也将乡村的农产品卖得更远更贵。这也是大同镇未来的发展方向。

就这样，“农创”作为大同乡村的“魂”被确定了下来。

这些发生在大同镇的农创客故事，也是浙江农创浪潮的缩影。2015 年，浙江省在全国率先提出“农创客”概念，将农业领域创新创业人才明确定义为“农创客”。2017 年，“农创客”被正式写入浙江省政府工作报告。2018 年，浙江省对“农创客”概念添加了年龄、学历、经营主体等衡量指标。2019 年，浙江省实施“两进两回”，积极推进科技、资金进乡村，青年、乡贤做农创。2021 年，浙江省在全国率先启动实施十万农创客培育工程，辐射带动 100 万名农民增收致富。截至 2022 年，浙江省累计培育农创客 3 万名。短短数年间，农创客在浙江如雨后春笋般涌现，成为带动乡村振兴的“生力军”，挑起让乡村焕然一新的大梁。他们将新思路、新技术、新业态带入乡村，让古老乡村成为有奔头的地方，让农业成为有奔头的产业，让山间田野成为共同富裕的希望之地。

建德稻香小镇 · 农创故事馆

8.3 蜕变：“农创梦工场”的诞生

找魂只是第一步。紧接着的几年里，大同镇展开了一系列“塑魂”行动，概括起来，就是“六个一”：一牌——特色小镇总品牌；一品——农产品区域品牌；一馆——农创文化展示馆；一线——核心稻田骑行线；一厂——米主题观光工厂；一课——稻田主题研学课。

当然，这些事情不是一蹴而就的，而是分阶段、分步骤实施的。首先，确定了“农创”的品牌定位，为大同镇策划设计新的传播口号和品牌形象；其次，统一品牌和产品包装，推动大同镇优质农特产品从单打独斗到抱团出海；再次，建设一个展示窗口展示农创成果，在稻田里打造游步道，发展乡村体育；同时，将传统的加工生产线改造成可参观的观光工厂，开展青少年乡村研学活动；最后，先富带动后富，从稻田核心体验区延伸带动周边乡村，还要形成一条游线……

如此多业态的组合与叠加，将大同从“稻香小镇”改造成为“农创梦工场”！

8.3.1 从“大同稻香小镇”到“建德稻香小镇”

大同稻香小镇在发展过程中对外传播口径不一，有“稻香小镇，多彩大同”，也有“大同，大而不同。”项目团队认为，品牌价值必须聚焦，混乱的传播口径会混淆消费者对品牌的认知。

问题随之而来，品牌名称是延续“稻香小镇”的概念，还是创造新的概念？一开始在讨论时，团队内部也产生了很大分歧。一方认为，经过这几年的打造，“稻香小镇”的市场认知度已经有了，再换名称需要更高的消费者沟通成本，让消费者认知混乱。另一方觉得，“稻香小镇”聚焦于水稻，兼容不了大同镇其他优质农产品，而且叫“稻香小镇”的地方到处都是，没有差异性。

经过多次研讨，最终团队内部达成一致，“稻香小镇”要保留，但还要有高度、有差异。

原先的品牌名称“大同稻香小镇”，是站在镇域层面来发声。在和大同镇领导班子沟通时，项目团队得知当时建德正要打造四大特色产业小镇，其中就有“稻香小镇”。在政策有支持、自身有基础的情况下，项目负责人提出，“大同稻香小镇要站在建德市的高度抢占品牌认知。”站在建德市的高度，聚焦稻香特色，最终确定了“建德稻香小镇”的品牌名称。

事实证明，这个具有前瞻性的策略是非常正确的，现如今稻香小镇已经成为建德一张闪亮的名片。建德稻香小镇初次亮相时，杭州市的领导到访大同镇，看到大同镇的变化，欣喜地提出“建德稻香小镇要打造成全国乃至世界的稻香小镇！”

有了全新的品牌名称后，还需要给这里一个精准的口号，让创客来这里实现创业梦，让游客来这里游玩体验，让各地政府来这里考察学习模式。“农创梦工场”！当稻香小镇的“农创”发展方向确立后，在项目创意会上，项目团队成员不约而同地对这个提案投了赞成票。

全新升级的“建德稻香小镇·农创梦工场”，是大同镇特色小镇品牌，同时也是大同镇农产品区域公用品牌，还是大同镇农创客的创新创业平台。在这个品牌构想下，大同镇米、油、茶叶、酒等优质农产品会统一使用“建德稻香小镇·农创梦工场”品牌，统一形象和包装；大同镇农业服务中心也更名为“建德稻香小镇·农创梦工场”，农创客在这里入驻办公，实现资源共享，享受专业培训和政策扶持。

8.3.2 会讲故事的农产品

建德稻香小镇整体品牌定位是“农创”，产品当然也要农创化。要让大同镇的优质农产品自己会讲故事，这是在项目之初就达成的共识。

在调研过程中，项目团队发现大同镇每个优质农产品背后都有着一种独特的价值，比如用深山饮用水灌溉的大米、出口美德日等二十多个国家的山茶油、坚持用传统古法工艺酿造的酒，等等。项目团队认为，故事天然具备极强的“传播基因”，要想在激烈的市场竞争中杀出重围，品牌必须要学会“讲故事”，要让用户感受到品牌的温度和态度。

建德稻香小镇·农产品文创馆

在农业领域将这一理念付诸实践，并取得巨大成功的，有一个经典案例就是台湾的“掌生谷粒”。它没有一味地强调农产品的质量有多好，而是在农产品包装上突出创意，实现了文化再生，给消费者留下独有的品牌印迹，农产品不只是饱足口腹的粮食，而是人与天地感情交流的产物。基于同样的理念，项目团队结合大同镇农产品特性，为它们创造了全新的产品概念。如使用深山饮用水灌溉的大米，被命名为“喝山泉的大米”；出口美德日等二十多个国家的山茶油，被命名为“环游世界的山茶油”；采用传统古法酿造的酒，被命名为“不说假话的酒”；获评国家气候标志的建德苞茶，被命名为“隐居山林的建德苞茶”；一年卖出72万个，大同人每天排队买的馒头，被命名为“排队买的郎家馒头”……

除了单品，配合乡村旅游和乡村婚庆市场，项目团队还为建德稻香小镇设计了两款礼盒：一款叫“U and ME：幸福生活油和米”，专门针对婚庆回礼需求；还有一款叫“幸福一箩筐”，专门针对日渐增长的乡村土货需求。礼盒里包含的东西都是当地特产，独具匠心。除此之外，为每一个土产赋予美好的寓意，如步步登高的千层糕、甜甜蜜蜜的冻米糖等。

值得一提的是，在第四届建德稻香小镇开镰节时，著名演员何晟铭带着团队来到建德稻香小镇考察，深入了解建德稻香小镇特色的“农创品”后，开启了“公益助农”之旅，“喝山泉的大米”被选品团队选中，走进何晟铭的直播间，受到热情推介。

8.3.3 看见小镇的现在与未来

考虑到建德稻香小镇在未来很可能形成示范区，党政干部研学队伍将是不可忽视的一大群体，还需要有一个能讲故事、能展示文化的空间。

很快，游客接待中心旁的一处闲置空间被改建成一个展馆。这里是进入建德稻香小镇的第一站，具有很好的引流优势。在建德稻香小镇文化展示上，项目团队主抓两大板块“党政考察＋旅游市场”。不仅满足政府考察参观和工作成果展示需求，还能满足消费者游玩和购物需求，二者兼顾。不同于传统的纯观光性的文化展馆，这个展馆在设计上融入了不少文创元素，也运用了声光电技术。场馆的入口有一个巨大的屏幕，这其实是一个骑行互动装置，踩动自行车，眼前屏幕上的稻田景象会随之变动。就算不是水稻的生长季，来到这里也能看到稻浪随风翻滚的景象。还设置了农创客互动问答，人们可以点击互动屏参与答题，测一测自己是哪一种农创客，还会生成自己的农创客照片。这种形式给参观的人增加了不少新鲜感和趣味性。展馆同时也是大同农特产品的展销点，玩完逛完最后还能购物，实现了“人进来，货出去”。

8.3.4 以线串点，打造一条共同富裕路

一花独放不是春，百花齐放春满园。2019 年，为响应建德市提出的“大党委”融合发展方向，大同镇提出“十村联盟”的发展新思路，并邀请项目团队继续以品牌化方式进行打造。

项目团队提出，如果资金不充足，10 个村同时展开建设，结果很可能是一个都没做到位，搞不好还会“烂尾”，不如找到这些村属于自己的独特价值，抓住重点，“以线串点”，集中打造一条建德稻香小镇环线。在获得政府决策者同意后，项目团队为大同做了一个整体规划——“一个核心，三条环线”。所谓“一个核心”，即以农创中心为核心；“三条环线”是分阶段扩大规模，第一环串联大同镇 10 个村，第二环带动大同镇 24 个村，第三环辐射周边三个乡镇。首先打造第一环，以一条贯穿核心稻田区的 36 里环线串联 10 个村，同时以“线路品牌化”的高度来打造。

在户外游和自驾游市场上，有许多知名线路，如美国的“加州 1 号公路”、澳大利亚的“大洋路”，冰岛的“1 号环岛公路”，国内也有“此生必驾”的 318 国道、独库公路等，这些以品牌命名的线路，在旅游市场中形成了很好的认知度和传播力。大同的第一环 18 千米（即 36 里，刚好相当于 6×6），而“666”在年轻人群体里又是一个传播很广的互联网新词，表示很“顺溜”、很“牛”，于是，项目团队将这条环线命名为好记又有意义的“66 稻路”。

在环线道路的选择上，方案避开大交通的主干道，选择了穿过连片稻田的河道沿线小路。这些路的两边风光优美，还能途经有文化底蕴的古村，为骑行、徒步、观光车游览创造了基础条件，也为今后的持续投入做好了大布局。在资金的投入上，以“景观围绕业态转，业态围绕市场转”为原则，将沿途 10 个村的特色业态及景观进行了打造。为了让游客“骑得 6、玩得 6、住得 6、吃得 6、学得 6”，方案在整条“66 稻路”的地面上，都绘以极其醒目的彩色线条，方便游客辨认。只要跟着“66 稻路”走，游客体验到的就是稻香小镇最佳游玩路线。同时，“66 稻路”上还创造了“66 个网红打卡点”，创造了“66 种体验方式”。

沿途各村庄的打造，则按照“一村一主题，一村一品，一村多趣”的方法，集中投入，突出亮点，从而达到“以线串点，以点带线，以线带面”的效果。以溪口村为例，村里有一个古老的万福寺，虽然在外名气不大，但在当地享有盛名，因为历史悠久，本地还流传着“先有万福寺，再有玉泉寺，后有灵隐寺”的说法。基于此，项目团队将溪口村定位为“福”主题，采用“万福坝”的创意，对沿途河流堰坝进行设计修复，并结合祈福戏水体验，以网红亮点带动这个片区的流量和关注度。

体验型的业态是“66稻路”途经区域的打造重点。比如，可探秘的樟树屋、666稻田穿行小火车、稻梦星空泡泡屋、飞跃稻田、稻田泥潭运动场、66网红坡等，都是秉承了花小钱但出效果的原则，带动了整个片区的特色展示和知名度。这一系列的沿线业态给稻香小镇带来了良好的运营效果。据统计，仅仅“大同号”稻田观光小火车，每年的国庆期间的日均收入就高达三万元。

建德稻香小镇·“66稻路”骑行线起点

8.3.5 从大米工厂到文创工坊

结合当地农业企业、农业工厂、手艺作坊数量多的特点，项目团队还打造了“农创观光工厂”和“文创作坊”，作为对大同农创游的支撑。

大同现有的“育秧中心”是一个大米加工工厂，能满足周边多个乡镇的农机需求，集水稻育秧、水稻种植、水稻收割、大米烘干、大米加工、农机培训于一体。根据项目团队的规划，它不仅是一个加工工厂，还在现有工厂的基础上，打造一个集生产、农业技术展示、农耕文化体验、农耕特色研学于一体的创新融合型工厂。

为此，“米芽梦工厂”的概念提出来了。工厂外部环境改造，以金色梦想为创意点，做出一个可识别度高、可记忆性强、吸引眼球的“稻米房子”。工厂内部则讲述野生稻如何被人类驯化、发展成世界重要口粮的“逐梦旅程”，和农耕器具如何从远古时期发展到古代、再到科技时代的趣味过程。在这一个小小的工厂里，体现了人类智慧在历史长河里发光和生长的过程。

8.3.6 小手拉大手：研学成了引流利器

从确定“农创”的定位，到小镇总体品牌、农产品包装设计，再到“66 稻路”串联周边 10 个村，建德稻香小镇历经几年的打造，终于步入乡村振兴的正轨。但与市场上成熟的文旅项目比较，这里的基础配套还很薄弱，餐饮、住宿、旅游体验还存在诸多不足，运营体系还不够成熟，客流量也不稳定。如何形成持久稳定的客源，从而通过人气带动名气？如何带动更多社会资本投入其中？如何吸引更多本地人和返乡人共同参与？

在乡村的发展过程中，运营一直是最考验地方政府的事情之一。通过招商？先不论是否能招到“商”，就算招商没困难，招来的“商”往往是“只顾自己”，很难对本地百姓有所带动。更别提很多“商”招来以后只是占资源，并没有大动作。出资托管？托管方心态往往只是完成“基本任务”，拿到钱就好，很少去思考当地的长期发展问题。

经过多次市场调研和座谈，项目团队建议将首期主力客群聚焦在“研学群体”上。经过考察，一家来自杭州的研学团队好奇笔记，与大同镇展开了合作。

好奇笔记依托于农业和乡村的本土文化和资源，研发符合国际研学趋势、符合学校教育需求的特色研学课程。通过“一手抓课程开发，一手抓校地对接”的工作方法，好奇笔记为多地政府提供研学课程开发的服务，也与多个学校形成研学内容定制输出的长线合作。

放眼全国，也很少有地方能像大同镇这样，拥有从新石器时代到未来农业的发展历程的展现。好奇笔记围绕“8000年稻作文化研学”的方向，为大同镇打造了一套从“新石器时代”到“未来农业”的研学课堂体系，它一共分为四个阶段，刚好对应大同镇的四个场地——未来农业：创造未来农创客中心；现代农业：科技示范基地米芽梦工厂；传统农业：富塘耕读传家稻作体验区；新石器时代：久山湖原始农耕遗址。

大米加工厂升级改造为米芽梦工厂研学基地

在好奇笔记的努力下，杭州、上海等地多个学校先后与大同镇展开合作，建德稻香小镇逐步成为研学热土。加上配套研学的资源和建设，也十分迎合亲子游的需求，达到一举多得的效果。在研学课程运营上，好奇笔记邀请了大同本地非遗文化传承人、老手艺人、退休教师参与部分课程的开发。同时，好奇笔记还将部分研学收入，比如餐饮、住宿和场地等收入返还村集体，带动本地村民共同参与、共同增收。

8.4 样板：树立浙江农创模式新样板

2019 年 9 月，长三角首届美丽乡村 · 稻香生活节暨建德稻香小镇第三届开镰节在大同镇开幕，这是建德稻香小镇品牌升级后的首次亮相。通过这场活动，大同镇向长三角地区全面展示了建德稻香小镇阶段性的建设成果，同时宣告了一个美丽乡村典型，一个新型乡村生态旅游样板的诞生。

短短一年多的时间，建德稻香小镇就初见成效，全年接待游客数从之前的 10 万余人次上涨到近 40 万人次，实现旅游收入 370 多万元。在活动开幕式现场，建德市委常委、宣传部部长朱春根说，要将建德稻香小镇打造成为现代农业的先行区、示范区、引领区。

2019 年 10 月，浙江省农业农村厅、文化和旅游厅评选出浙江省 100 个“最美田园”，建德稻香小镇成功入选。

2020 年“中国农民丰收节”浙江庆丰收活动主会场选址花落建德稻香小镇。从“卖产品”到“卖风景”，传统农业与全域旅游结合，农副产品与文创产业相融合，这场“浙里稻香，圆梦小康”的活动，成功地将建德稻香小镇从浙江推向了全国。

2020 年 9 月，杭州首家“双千”直播空间落地于建德稻香小镇，为入驻的农创客搭建直播带货平台。大同镇委书记方华说：“我们不仅要将青年人才引进来，更重要的是采取新模式，积极拓展线上销售渠道，帮助青年人才留下来。”为了让青年人才留下来，大同镇直面农创客需求，破解物流成本高、融资难度大、成长体系不健全等问题，围绕农业产业发展、闲置资源开发、土地合理利用等方面进行帮扶，出台了《农创客创业创新扶持政策 21 条》。

2021 年，建德市提出要全力打造“全国农创客标杆地”。实践证明，项目团队为大同镇提出的“农创”新定位，是贴合实际、符合趋势的正确选择，以建德稻香小镇为代表的农创客基地，已经成为建德的一张创新名片。

建德稻香小镇开镰节

8.5 思考：方向对了，更需要久久为功、持续发力

回忆建德稻香小镇这些年的打造，项目团队有这么一个经验：乡村振兴工作不能一口吃成胖子。首先要找“魂”，确保方向正确。在此基础上，需要“抓顶层，抓重点，抓亮点，抓落地”，将力气和资金花在刀刃上，每年持续投入，一年接着一年干，找准一个方向，每一步都是积累，通过更多创新和探索，带动当地持续发展。

建德稻香小镇 · 农创梦工场的大同模式，围绕着“农创”的全新定位，激活和放大了当地的农文旅产业。显然，如果继续“稻香”的主题，这里就不可能在全国范围内树立标杆。所有的业态，都围绕“农创”而展开，为大同建立了丰富而独特的乡村生态链。更难得的是，当地围绕“农创”，克服乡镇资金、资源不足的困难，连续不断投入，以“一张蓝图绘到底”的方式成就了这个模式，也值得全国各地借鉴。

扫码观看本案例
深度解读视频

第
9
章

靖州茯苓：用区域公用品牌统领产业与乡村发展

靖州茯苓

飞山谷入口效果图

近十年，农产品区域公用品牌进入了高速发展阶段。“靖州茯苓”2022 年才启动品牌打造，在县域地理标志农产品中都算是“落伍”了。根据农业农村部发布的数据，截至 2021 年 12 月，全国地理标志农产品总量为 3454 个。同时，在一系列的国家政策与地方政策的大力推动下，全国各地“一品一牌”“多品一牌”的区域品牌发展战略遍地开花，但是，“只开花，不结果”的品牌也不在少数。

出现这种现象，从本质上讲，是对这类品牌的认知不足。农产品区域公用品牌和一般的市场品牌性质不同，品牌的主体不同，发挥的功能不同，管理的模式更不同。但很多区域品牌就当普通品牌做了，简单做一下视觉识别设计，再搞一场发布会，就算完成任务了，这似乎已经成为这个行业的“套路”。

近几年，我们一直在思考与探索，农产品区域公用品牌还能有什么突破？在乡村振兴战略背景下，未来农产品区域公用品牌该怎么做？

这次提出“靖州茯苓”区域公用品牌算是一次创新实践。我们以 300 多个农产品区域品牌打造经验为基础，基于原有的成熟区域公用品牌体系，结合创新乡村产业融合模式，形成以茯苓产业为核心，区域公用品牌为统领，乡村康养产业为主题的一二三产业融合示范，为湖南农业树立新时代下农业产业创新融合发展的“靖州样板”。虽然目前这个项目还在落地过程中，但这个用区域公用品牌统领产业与乡村发展的做法却是极具引领意义的。

9.1 战略选择：选对了产业就成功了一半

2021 年 12 月，接到靖州苗族侗族自治县领导的邀请，徐大伟带领乡立方团队第一次来到靖州调研。当时没有明确具体要做些什么事情，当地政府只是希望乡立方团队来为乡村振兴工作“把把脉”。靖州隶属于湖南省怀化市，位于湖南省西南部，湘、黔、桂交界地区，是苗族侗族自治县，民族文化氛围浓厚，具有典型的湘西山区特征，下辖 5 个乡、6 个镇、1 个国有林场。县里精心安排了满满当当的三天行程，带着团队将靖州能拿得出手的农业农村方面的资源看了个遍，调研了两大特色农业产业，靖州杨梅产业和茯苓产业，同时实地走访了甘棠镇大桥村、坳上镇木洞村、太阳坪乡贯堡渡村、渠阳镇金鑫村、寨牙乡岩脚村等五个村。

靖州项目地

靖州中国杨梅生态博物馆

不看不知道，一看吓一跳！调研团队用几个“没想到”来总结对当地的“初印象”：没想到这个湘西山区藏着一个年产值30多亿元的茯苓产业，但一个主题融合的乡村都没有；没想到这个山区县这么“有钱”，好几个示范乡村都有几千万元的投入，但大多数效果都不理想；没想到特色资源这么丰富，文化、产业、生态、建筑等，都是非常好的题材，但大多数都成了闲置资源。

通过调研，项目团队总结了几个共性问题：

一是找“魂”不足，塑“魂”缺失。

从本次调研来看，各示范点都有着独一无二的资源，如：坳上镇“杨梅之乡”木洞村，是名副其实的杨梅村，全县有16万亩杨梅，这个村是发源地，是核心区中的核心。政府这些年为了杨梅产业的提质增效，也没少花钱，在这个村域打造了一个“杨梅小镇”，投资了大概5000多万元。调研团队认为，这个项目谈不上成功，顶多就是一个公园。以一产为主，由于杨梅产业的季节性很短，常年体验到的都是“杨梅树”村，除了看树，什么都没有。像“杨梅村”是属于找到了“魂”，但没有塑好“魂”的，还有很多是连“魂”都没有找到，同质化很严重，只是传统意义上的美丽乡村建设。

二是业态不足，特色缺失。

以侗寨岩脚村为代表，其经过多年大规模的资金投入，基础设施已经较为完善，且有了多家民宿业态，但是业态形式不丰富，游客可体验、可消费的业态打造不足。造成一个新的困局：既无法满足游客的旅游体验，也难以实现村民与村集体的经济收入。

三是运营不足，传播缺失。

目前各村镇均有部分正在运营的业态，但由于运营主体市场经验不足，当下大多数所谓的运营其实是物业管理，并没有营销，实质上都处于等客上门的状态。乡村品牌及业态没有持续性的营销活动可供推广发声，围绕乡村美食、美景、文化、人物、业态等的营销推广少之又少，导致投入打造的大部分产业无法实现盈利，更无法用来赋能村镇的乡村振兴战略。

这几个问题，对应的也就是乡立方经常强调的几个核心思想：找魂，找钱，找人。成功不成功，好不好，一看就明白。基于实地走访，项目团队对靖州的优势资源，特别是当地农业与乡村的现状问题算是有了初步了解。那么，接下来靖州乡村振兴应该以什么为抓手？做什么？怎么做？

最早项目团队选定的突围方向并不是茯苓产业，而是靖州杨梅产业。出于几点原因：一是靖州杨梅的产业基础不错，历史久远，种植规模大，品牌在湖南省也有一定的知名度；二是乡村产业的结合度高，对老百姓的带动性强，坳上镇全镇种植杨梅近 4 万亩，几乎村村都种杨梅，二产三产方面的缺失，在我们来看，在一些产业结构上做一些升级并不难；三是恰逢其时，距离来年 6 月的杨梅季还有半年时间，半年出成效应该没有问题，县农业农村局也在筹备杨梅季的很多相关工作，需求很急迫；四是乡立方对杨梅产业有成熟的经验，几年前打造过浙江的慈溪杨梅品牌，从市场研究与系统打造方法上，也算是“轻车熟路”。从以上几个方面来看，杨梅产业就是最佳选择。

就在大家都这么认为的时候，有一个不同声音，给了团队全新的思考。回到杭州不久，靖州县主要领导给调研团队打来电话，说：“产业选择方面，我建议选茯苓产业，出于几点考虑：第一，茯苓是真正可以强县富民的产业，目前产业总产值已经到了30亿元，我们计划要将茯苓产业打造成百亿元产业；第二，怀化市着力打造全国中药材‘百草园’，其中，茯苓产业已经被列为怀化市中药材产业重点发展的产业之一；第三，茯苓产业发展的空间很大，现在每年靖州集散茯苓8万吨，占全国茯苓交易量的70%，也有以补天为代表的一大批茯苓加工贸易企业，加工产品已有数百种。即便如此，还是不够好，品牌缺失，行业从业人员都知道靖州茯苓好，但消费者对此没有认知，靖州茯苓没有很好地实现品牌溢价。产品开发不够新颖，需要以市场思维开发一批好产品，让人看了就想买，看了就懂得怎么吃、怎么用。”

这几点一讲，彻底打开了调研团队的思路。站在县域“主官”的视角思考，看的是产业的未来，看的是全省乃至全国示范，看的更是对地方经济的支撑，这几个方面杨梅产业确实不可比拟。

9.2 系统调研：为茯苓产业找准“病因”

2022年6月，调研团队再次来到靖州，正式开展针对茯苓产业的专项调研工作。从一产示范区，到二产加工园区，再到三产交易市场与乡村，在大开眼界的同时，确实如之前县领导所说的，发展空间很大，但存在很大不足。

9.2.1 市场体量大，产品溢价低

靖州分布在全国各地的茯苓种植技术人员有上千名，分别在贵州、云南等10余个省建立了150多个茯苓种植基地，带动3万余名农户种植茯苓，并把生产的茯苓运回靖州交易加工，年产值30多亿元。有茯苓菌种生产企业400多家（其中县内100余家），年生产菌种2300万袋，年销售达6000万元。有加工营销专业户近千户，相关从业人员超过5万人，每年茯苓交易量近8万吨，占全国茯苓菌种市场交易量的70%。

相对于行业领先的规模体量，靖州茯苓与竞品比却无明显优势。从市场统计数据来看，云南、安徽、湖北等地的茯苓，产地价格维持在37元/斤左右，靖州茯苓的产地价格与其他产地的竞品相近，没有溢价优势。

有一句话很形象地描述了靖州茯苓的现状：行业里名声在外，市场中默默无闻。从主流搜索引擎数据来看，茯苓作为传统中药材之一，其市场知名度与认知度均低于同类中草药，同为传统中药材，"中宁枸杞"词条数量大大多于"靖州茯苓"。与竞品相比，"靖州茯苓"的词条搜索量相较于"岳西茯苓"等也无明显优势。

9.2.2 产品类型多，销售渠道单一

靖州县茯苓产业基础设施建设不断完善，建立了全国第一个茯苓 GAP 种植基地，引进补天药业茯苓 GMP 万吨中药饮片厂、智美健康科技有限责任公司、康源苓业股份有限公司等 21 家精深加工企业和现代化加工企业，开发了 200 多种茯苓药品以及一系列茯苓加工产品，包括口服液、饮料、饼干、挂面、胶囊、洁面乳、面膜、保湿水等，具备了完整的产业链。

茯苓产品虽然多，但很多产品其实并未真正量产，量产的产品大多数也以线下传统销售渠道为主。因为茯苓产品的传播认知半径没有拓宽，以至于茯苓衍生产品的销售半径也很难打开，所以很多产品消费者根本买不到，好产品走不出去，无法获得较高的产业价值。在主流电商平台上很多中草药衍生产品销量都很高，而茯苓衍生产品销量惨淡。想必大家会问，每年市场交易量 70% 的份额是怎么来的？起初我们也很好奇，这主要是因为，靖州茯苓更多以原料和初级产品的集散贸易为主，而像补天药业的茯苓多糖口服液之类的产品，以医院和药店渠道为主。品牌茯苓食品的销售市场还是一片空白。

9.2.3 消费市场乱，缺少认知

为了更精准地掌握消费市场的情况，我们选择了 100 位调研对象。为了调研客观真实有效，他们各年龄层的都有，东南西北各地区的都有。调研结果令我们大吃一惊，我们针对目前茯苓衍生产品消费端的现状，总结了一个"三不"现象：一是不了解，其中有 76% 的人表示不了解茯苓是什么、长什么样、功效如何，这证明大多数人对茯苓都是不了解的。二是不会吃，50% 的人表示不知道怎么吃茯苓，或者未曾主动考虑购买茯苓产品。我们自身也面临同样的问题，团队一行调研结束后带了一些产品回来，有茯苓片、茯苓粒和茯苓面条，

虽说茯苓是药食同源产品，但大家都不敢吃，如茯苓片，产品标签上并未标注具体吃法和一次的食用量，用茯苓片煮茶，到底用多少水，放多少片，煮多久？大家都一无所知，在这方面确实需要提升。三是不会辨别，这一点更是夸张，100% 的人表示无法辨别茯苓的真假。目前市场上存在大量假冒伪劣茯苓产品。有“网红大 V”就做过一个测试，在主流的电商平台买了 6 种不同价位和档次的茯苓粒产品，采用碘伏辨别法（碘伏遇到淀粉会变色，因为茯苓是真菌，本身不含有淀粉，而大多数假冒茯苓则用价格更低的木薯代替），结果令人咋舌，竟然没有一种是真茯苓。这些无良商家正是抓住消费者没有辨别能力的特点，严重扰乱了真茯苓市场。

9.2.4 有生产标准，缺少品牌标准

靖州科技人员选育的茯苓菌种，于 1974 年经中国科学院微生物研究所鉴定定名为“5.78”菌种，并在茯苓产区推广。靖州开创了菌种培植茯苓的先河，是现代茯苓种植技术的发源地。目前有《靖州茯苓菌种》《靖州茯苓栽培技术规程》《靖州鲜茯苓》《靖州干茯苓》等四个湖南省地方标准。2014 年湖南补天药业的标准化示范基地通过了国家中医药管理局的 GAP 认证。

由于缺少市场准入门槛和缺乏品牌价值塑造，“靖州茯苓”存在产品被贴牌、有假冒产品、产品包装水平参差不齐甚至无包装等现象，一些不具备生产资质的茯苓菌种生产单位，在商业利益的驱动下，无证开展菌种培育，出现菌种同物异名、同名异物现象，且菌种质量良莠不齐，对茯苓种植造成了一定负面影响，而茯苓加工以手工为主，产品等级难以划分。

9.3 品牌统领：为靖州茯苓产业“塑魂”

9.3.1 一句话喊出了行业地位

靖州茯苓的核心价值是什么？核心价值是每个成功品牌都不可或缺的，乡立方对于核心价值的理解有两句话，“给消费者的消费找理由，给产品的溢价做支撑”。通俗一点讲，就是要解决靖州茯苓到底好在哪里，和其他产区的茯苓有什么不同的问题。

从靖州茯苓的调研结果来看，一开始感觉要找出它的核心价值应该不会很难，因为靖州茯苓产业优点太多，但也正因为优点太多，反倒犯了难，因为什么都好，好中选优不容易，消费者记不住那么多优点，品牌的传播关键在于聚焦，聚焦则是放大，少即是多，有取有舍，接下去的事情就是坚持，重复，重复，再重复。

经过了几次头脑风暴会，项目团队定了几个主题方向，如历史方向、菌种方向、功效方向、产业方向，一个一个论证，一个一个排除。

历史方向，湖南靖州在明朝早期就发现了茯苓，称茯苓为茯神、小神仙。20 世纪 60 年代中期，靖州就有人人工栽培松茯苓，至今已持续发展 50 多年。但全国同样具有历史的产区不止一个，同时，目前靖州茯苓的核心优势也不在于种植。

菌种方向，靖州有专利菌种“湘靖 28”，这确实是独一无二的优势，它是当前行业的主流菌种，好菌种产好茯苓。但也有问题，对于市场消费者来讲，菌种概念太过专业。

功效方向，这是当下市场中很多药食同源产品惯用的方向，但对于茯苓产业来讲问题也很明显。一是因为相关法律的限制，在广告中不能直接宣传功效。二是靖州茯苓产业市场分为食品和药品两大块，食品主要是茯苓初级加工产品，主要功效是去内湿，药品主要是茯苓深加工提取的茯苓多糖，主要功效是增强免疫力，做抗癌药物。产品在不同阶段的功效是不同的，无法统一，但作为靖州茯苓区域公用品牌，在价值口号的输出方面必须做到统一。

直到产业方向，我们终于找到这个价值之魂。茯苓药用价值高，行业有人称“十方九苓”，也就是“十个药方，九个中有茯苓”，表示其应用面广。同时，靖州茯苓相较于竞品，其最大价值优势是来自占全国 70% 销量的产区，从消费营销学的角度来看，靖州茯苓具备消费者社会认同效应，让人产生行业销量第一的品牌即行业头部品牌的消费心理，形成对产品的较高认可度和信任度。

综上所述，我们最终找出靖州茯苓的价值之魂，提炼出了“十方九苓，七出靖州”的价值口号。这句话一出，得到各级领导的一致好评，喊出了差异，喊出了地位，喊出了自信。一方面突出靖州的产区价值，另一方面也抓住了“从众消费”的市场效应。借助“十方九苓”的行业认知，强化“70% 出自靖州”的销量，以凸显行业龙头品牌形象，在市场上强化“靖州茯苓就是好茯苓”的心智认知，快速提升靖州茯苓的认知度。

9.3.2 民族的也是国际的

农产品最常被诟病的就是形象“土”。好产品卖不上好价格，其中一个核心原因就是形象问题，“看上去就不值钱”，所以形象的升级也是品牌的核心战略之一。对于农产品区域公用品牌来讲，形象还有一大功能，就是背书与管理。哪种茯苓是正宗的靖州茯苓，要有形象背书。一个企业能不能使用靖州茯苓形象，要设立管理标准与门槛。以形象来推广产业，以形象来识别品牌，以形象来为产业背书，以形象来管理产业。

靖州茯苓超级符号创意，以茯苓原材料外观形象为主要元素，选取靖州的“靖”字，将其与古印章相融合，展现产地特征，凸显其“中国茯苓之乡”的行业地位。“靖州茯苓”的字体均经过专项设计，旨在为此品牌打造独特的专属字体，字体的元素取自靖州少数民族特色建筑的构筑形式，展现其民族属性。同时也为靖州茯苓设计了品牌图形，其在苗侗民族服饰颜色的基础上衍生而来，结合靖州文化、产业、地标等元素，独具民族特色，也能凸显茯苓主题，将用于未来的品牌传播、视觉设计。

靖州茯苓的 IP 创意，采用长寿老者背着满箩筐茯苓的形象，以其白胡子、老当益壮的形象，凸显茯苓养生长寿的疗养效果。靖州有苗侗汉等二三十个民族，其中苗侗人口占大多数，1987 年 2 月经国务院批准，设立全国唯一的苗族侗族自治县，因此 IP 形象的服饰主要采用苗侗民族服饰的主要花纹、色彩、形状等，展现地域民族属性。围绕品牌的 IP 形象，分别设计了趣味化、文创化的景观小品和独特的产地认证标识，为将来的场景营造、产品开发认证提供了基础。

产品体系的建立也是重中之重。用乡立方的话说，靖州茯苓需要打造“三高”产品，高颜值、高科技、高频次。目前“靖州茯苓”显然是与此不匹配的，其主要产品线包括茯苓原料、初加工产品、精加工产品、文创衍生品等，整体来说比较乱，形象颜值不够高。大多数中小企业与合作社都是初级产品，缺少科技的加持，产品线很短，而又各自为战。市场化程度不够，缺乏以市场为导向的茯苓快消产品，没有围绕多元消费场景的深度开发，所以我们这次就有针对性地提出，靖州茯苓“爆款产品做销量，常规产品做利润，高端礼品做形象，文创产品做体验”的四大产品体系。

9.3.3 区域公用品牌是管出来的

首先，管牌。

建立统一的品牌管理制度。为此，我们正在协助靖州茯苓产业协会起草《靖州茯苓品牌管理制度》。核心就是为了更好地管理品牌，主要解决几个管理上的问题：第一，谁能用？虽说是公用品牌，但这个“公用”表达的关键是这个品牌“姓公”，而非谁都能用，是有准入条件的，是有门槛的，条件的设置可以根据地方实际情况而定。第二，为什么用？很多人会说，你打你的品牌，我做的企业，我不用还不成吗？可以，当然可以，区域公用品牌不强制使用，我们经常说，政府管理农产品区域公用品牌就是“一手拿着面包，一手拿着棒子”，在一系列相关扶持政策的加持下，区域公用品牌很难不成为诱人的面包，但相应地也有一系列管理制度，需要严格遵守。第三，怎么用？品牌管理的核心也在于此，通常我们会实行“四统一”标准，名称统一、形象统一、包装统一、价值传播统一，真正实现政府搭台，企业唱戏的母子品牌协调模式。

其次，管人。

为规范茯苓产业高质量、高标准发展，围绕茯苓的品质要求，制定“六不准”原则，对各环节相关人员做出统一规定。不准使用不符合标准的茯苓肥料，不准对外出售营养含量不达标的茯苓，不准不遵守产品的分级标准乱筛选，不准出售畸形、破损等有缺陷的茯苓，不准私自使用不符合规范的产品包装，不准私自降价扰乱茯苓市场价格空间。

最后，管地。

大力推动靖州茯苓品牌示范基地的打造，根据种植规模、种植环境、种植品种、种植方式等，打造高标准的靖州茯苓种植园区，靖州茯苓种植技术的更新、品种的培育等都可以在示范基地展示，探索一批可复制、可推广的经验。构建从一产基地到二产加工，再到三产贸易的全链条溯源体系，为靖州茯苓品牌保驾护航。

9.4 模式创新：靖州茯苓为乡村产业发展找路

如何以农产品区域公用品牌为统领，打造乡村产业融合的乡村振兴典范？这次在打造区域公用品牌之初，项目团队就向当地政府提出，不能为品牌而品牌，要同步打造“产村融合”的样板。

经过调研，政企达成共识，一致选择了当地的三和村。

为什么选中这个村呢？基于这么几点考虑：第一，区位优势，该村距离靖州县城仅 3 千米，连接着靖州县最大的一个国家 4A 级旅游景区——飞山景区。飞山更是《易经》的发源地之一，也是享誉西南诸省乃至东南亚的文化圣山。第二，产业优势，村内拥有 3000 亩规模省级中草药基地，正在着力打造以茯苓为核心的万亩药材园。第三，生态优势，三和村的核心区有靖州最大的水资源，飞山湖山水资源丰富，虽然当前还没有开发，但也有不少乡村旅游的自然流量。

9.4.1 为三和村“盘家底”

三和村的飞山文化主题鲜明，苗侗民族特色文化突出，以茯苓为核心的中草药种植产业基础好，有 3000 亩规模省级中草药基地，还有 1 家 300 亩规模的茶厂、2 处 2000 亩规模杨梅基地，以及 6 家渔场等大大小小的农业特色经营业态，具备一定的产业基础。基于这么好的产业资源，过去的三和村对自身的发展有较多美好的期许，如一产打造药材、杨梅、金秋梨、茶叶、枇杷、玫瑰、禽类、龙虾等养殖业，二产以米粉生产、粮油加工、农产品仓储等加工和物流业为辅助，三产则侧重于发展研学、亲子游，但是乡村的发展不能广撒胡椒面、面面俱到，需要有统一的抓手。

9.4.2 为三和村发展“定方向”

一是结合三和村的产业优势，我们提出三和村应该聚焦于以茯苓为核心的中医药产业，把靖州茯苓的产业优势转化为乡村振兴的发展优势，打造中医药产业的三产融合乡村体验地。

二是结合三和村的资源优势，飞山是知名宗教名山、游览胜地，每年农历六月十八的飞山庙会引来万人朝圣，有知名度与游客量，未来三和村的发展需借助“飞山”的 IP 优势。村内核心区域还有一处上百万平方米,名为“飞山湖”的水域资源，三和村的地形狭长，村域均被四周的高山所包围，有着谷地的地形特征，因此将其命名为“飞山谷”。

三是考虑到市场的发展趋势与需求，对年轻一族来说，旅游不仅是一种出游方式，更是一种生活方式，他们习惯从短暂的驾车出游中寻找自由，乐得享受得来不易的空闲周末，因此飞山谷的宣传口号，要体现一种新的养生方式。这不仅是一种养生，更是一种生活态度，一种追求生活品质，追求自由感的状态——放飞状态，所以我们喊出“放飞身心的地方”这一价值口号。

9.4.3 为三和村发展“找方法”

围绕“飞山谷”顶层乡村品牌，形成“一心，一环，五区”的空间格局：即以一个飞山湖景观中心为核心、以一条飞山谷生态交通环线为脉络，串联共同富裕示范区、研学拓展区、中药材康养区、民俗度假区，此外还有生态涵养区。基于此发展定位,深度策划“飞山”系列产品体系。如飞山寻梦是以“梦回飞山”为主题的科技水幕，复现杨再思的一生，展现苗侗文化风情；飞山宿集围绕苗侗习俗、文化、风情，打造“飞山八奇寨”“十二星宿”等多处不同类型的住宿空间；飞山味道则是围绕产业特色与苗侗风情开发两套特色食谱、多个主题院子和共富产业工坊，有效实现联农带农富农，此外还有飞山神农、飞山本草、飞山问学、飞山韵动等产业内容，真正让茯苓产业与飞山文化可观赏、可品尝、可体验、可消费、可传播，形成以茯苓为核心，以康养为主题的体验场、消费场、传播场。

飞山谷民宿效果图

通过策划主题游线，串点成线，打造一条环谷生态骑行线，将沿途业态有序串联，增设骑行驿站，布置不同类型的景观互动小品，包括养生谚语、中药材功效、人体各部位养生知识等，使游客游览更有主次感。这是一条讲透飞山与中医药产业的故事主线，是传奇飞山文化线，是游客游玩体验线，是乡村振兴示范线，更是产业融合发展线。

同时，提升三和村主题环境品牌性。通过打造三和村入口标志性形象景观地标、通村主干道主题风貌提升、沿线民居外立面统一设计，形成一套道路风貌标准、庭院改造标准、围栏风貌标准、导视系统标准、景观小品标准，在提升环境美观度的同时，加快实现村庄靓化、庭院美化、道路绿化、景观创意化，切实改善乡村主题环境。

9.5 思考：农产品区域公用品牌3.0

农产品区域公用品牌经过这么多年的发展，从第一个阶段的美化，到第二个阶段的价值化，再到现在第三个阶段的融合化。每个阶段都在探索，但没有对错，因为时代背景不同，需求不同。在乡村振兴战略背景下，农产品区域公用品牌需要发挥更大的作用，以区域公用品牌为统领的产业与乡村发展模式，将会成为农业与乡村共同发展的新选择。

无数的实践已经证明，三产融合是乡村产业兴旺的有效途径，而区域公用品牌的打造恰恰是走向融合的催化剂。靖州茯苓的创新实践，不只推进了三产融合,还以“产村融合”的方式,实现了体验场、消费场与传播场的“三场叠加”，从而为当地乡村走向全面振兴打下了坚实的基础。

扫码观看本案例
深度解读视频

第
10
章

西关甜乡：产业型乡村振兴示范带的突围之路

在广东省云浮市的“十四五”规划中，市委赋予郁南县打造粤北生态发展新高地的目标，郁南县推动乡村振兴要走在全省前列。

作为“广东的大西关”，郁南县在区位基础、经济基础等方面都不占据优势，如何基于人、财、物实际情况，闯出一条欠发达县域乡村振兴的新路？围绕共同的目标，郁南县委县政府与乡立方携手，一起为当地乡村振兴找魂、找路。

10.1 省市重视，探索郁南县乡村振兴突围之路

2022 年初，在广东省第十三届人民代表大会第五次会议上，省领导做广东省政府工作报告时指出，要全面推进乡村振兴，深入实施“三农”领域突出短板“九大攻坚”行动，加快农业农村现代化。

云浮市高度贯彻省委省政府指示，以“打造粤北生态发展新高地，建设高质量发展的美丽云浮”为目标，全面推动“美丽圩镇”创建的产业美、人文美、生活美、环境美、治理美“五个美”与乡村“五大振兴”相衔接，同时加快发展特色产业，坚持规划先行，建强“一村一品”。

回归到郁南县实际，郁南县地处粤桂边界，辖区面积 1966.2 平方千米，下辖 15 个乡镇，2021 年全县地区生产总值 138.2 亿元，是典型的“生态大县，经济小县”。郁南县委县政府在抓乡村振兴工作时，也面临着“要做什么？先做什么？先做哪里？由谁来做？”等一系列难题。

早在 2021 年 8 月，乡立方合伙人陈才与郁南县乡贤、广州市郁南商会的蔡钢安一起，组成一个项目团队，对郁南县的乡村振兴做过一次初步调研。调研过程中，项目团队发现，郁南县山多地少，森林覆盖率超过 70%，除了无核黄皮产业具有一定规模优势外，其他农业产业都小而散。西江和南江两条交汇的大江，是郁南县水系的主脉络，孕育了底蕴深厚的南江文化。一条南江，是海陆丝绸之路的重要对接通道，是广府文化与八桂文化的交接地带。南江流域的磨刀山古人类遗址，早在 60 万—80 万年前就有古人类活动的踪迹，因此郁南又被誉为“岭南祖地”。面对多类型的文化、片状化的产业，到底如何落子、如何串联？

调研结束后，项目团队为郁南县政府出具了调研报告，建议郁南县根据资源和文化的同类属性，“组团式”推进乡村振兴工作。一期，重点做好南部区域的南江文化组团和北部山区的特色水果产业组团，在组团中，又以乡村振兴示范带为主轴，串点成线扩面，精准有效落地。组团与示范带联动的推进思路，既符合郁南县的人、财、物实际，不撒胡椒面、不摊大饼，又能够避免基础配套设施的重复性投入。这一调研思路得到相关领导的高度认可。

其实，项目团队提出的“乡村振兴示范带”推进理念，和广东省乡村振兴局部署的“三村三带”建设不谋而合。2022 年，广东省乡村振兴局正式下发乡村振兴示范带创建指导文件。郁南县的乡村振兴示范带创建工作也正式提上日程。郁南县再次向项目团队发出邀请，希望项目团队能为郁南的乡村振兴示范带创建工作建言献策。

项目团队一到郁南，便启动了首次碰头会。郁南县农业农村局局长陆军泉、郁南县委农办专职副主任何洁莲，还有其他多个乡镇干部到场，就郁南乡村振兴示范带的建设，进行需求层面的集中反映，让调研工作能有更清晰的方向。始料未及的是，郁南各乡镇干部，对项目团队的到来表现得意外冷静。这多多少少让团队成员稍感意外，不过这个疑惑很快便在会上得到解答。

“这些年我们碰到过太多做规划的团队，但很多方案都无法落地，或者做了一半做不下去。”有乡镇干部十分坦诚地和团队交流过往的经历，他们前些年的热情被消磨了不少，留下的更多是走过弯路后的谨慎与小心。听过了太多汇报的他们，难免心里打鼓:眼前这个项目团队跟之前的规划单位又有何不同?甚至有帮扶干部说：“我们在当地最少都待几个月了，你们一周的调研怕是太赶了吧？”

疑虑、担忧与不理解，是很多项目在合作前期都会出现的正常现象。项目团队负责人陈才解释说：“我们是以运营为导向，以市场化思维打造乡村，所以可落地性是我们策划项目的首要前提，而对于调研工作，我们的看法是不在于时间长短,而在于对本地特色的精准把握。我们团队有近20年乡村服务经验，大量的案例支持我们做出科学的判断，也希望这一次能把我们的经验，与郁南本地的乡村振兴工作结合，所以在这点上，非常需要大家的支持与帮助。”

郁南县农业农村局局长陆军泉说：“我相信这个团队的专业性，这一次调研请各乡镇干部做好配合，一起扎扎实实为乡村做点事情。”

10.2 郁南有什么，郁南又缺什么

第一步工作围绕郁南县北部山区这条示范带展开。拟打造的北部山区示范带从郁南桂圩镇开始，到建城镇建城街道、建城镇便民村、宝珠镇庞寨村、建城镇地心村等，全长32千米。

桂圩镇有着种植肉桂的悠久历史，所产肉桂以其皮厚、油丰、质优、量大而驰名岭南，久而久之这里形成了两广地区最大的肉桂交易集市，故名“桂圩”，镇内目前已有肉桂产业粗加工工厂。同时，凭借着与广西梧州市交界的优势，这里也是著名的郁南“四·一八”起义策源地，是革命老区之一。近年来，桂圩镇依托桂圩村革命老区红色资源优势，打造红色文化传承基地。深挖红色资源，把传承革命精神融入乡村旅游，打造美丽古村落。桂圩镇驻地干部说：“现在桂圩镇最迫切需要解决的，就是肉桂产业的出路问题，目前我们已经有跟科

技公司合作，但特别缺品牌，怎样提高产品价值，希望策划团队能提供解决方法。还有像我们的红色文旅线路开发，目前就一小时体验，要做精做专，要能留住人，带动更多游客。”

建城镇作为“中国无核黄皮之乡”，是广东乃至全国最大的无核黄皮种植、销售、加工基地。无核黄皮也是广东郁南特有的岭南珍稀水果，被誉为“水果珍品，黄皮之王”。每年一次的无核黄皮文化节吸引众多游客前来，名声在外。除黄皮外，建城镇还有天马山酸梅、桑蚕、肉桂、鹰嘴桃、竹笋、沉香、罗旁蜜枣、车滘板栗、东二村无渣粉葛等小产业。镇内乡村旅游也具有一定基础，天马山赏梅、地心村西江河畔风景带、世界黄皮公园等每年都吸引着数以万计的游客前来。

宝珠镇的主要农产品有水稻、荔枝、柑桔、竹笋、肉桂、茶叶、巴戟等，由庞寨、宝珠、大林、大用四村形成一条 12 千米的荔枝走廊，有“荔乡”之称，荔枝种植面积 3 万多亩，丰产年产量 2500 吨以上，是宝珠镇人民收入的重要支柱。其中，名优特产庞寨黑叶荔枝的原产地就在宝珠镇的庞寨村，庞寨荔枝的果肉雪白如玉，结实如凝膏，果汁丰润而不渗，因清甜无渣、核小肉厚的独特风味而驰名海外。除鲜食外，荔枝还可加工成干果和药材，据历史记载，庞寨荔枝现已有 300 多年的种植历史。20 世纪 50 年代，庞寨黑叶荔枝只有 200 亩，1981 年发展到 1038 亩，1996 年发展到 3.3 万亩，至 2009 年发展到近 4 万亩，2014 年全镇荔枝总产量达 2500 吨。

从产业上看，郁南北部山区示范带拥有无核黄皮、沙糖橘、蚕桑、优质稻、庞寨荔枝、肉桂等产业基础。从文化上看，“四 · 一八”起义策源地的红色历史文化有着深远的意义，西江文化则见证了岭南民族文化的大融合过程，形成了多元的文化特色。

但是目前郁南北部山区示范带的乡村在建设过程中出现了诸多问题，例如许多村庄有新房无新村，有新村无新貌，土地浪费严重，资源利用效果差，基础设施落后，产业发展环境差，村庄自身特色缺失等。大部分产业发展仅停留在一产，未能给村民以及村集体带来增收；部分节点有一定的打造基础，但是缺少系列的配套设施以及趣味体验，投入与产出不成正比；历史文化挖掘也仅仅停留在表面，未能释放文化带来的巨大价值。

几天的调研行程，在各镇基层干部的配合下顺利完成，由于节点紧，任务急，整个项目团队一直处在边调研边思考的状态，等不及回杭州总部再展开探讨。考察结束的当晚，项目团队便在酒店展开盘点，重点剖析了郁南北部山区示范带存在的三个主要问题。

——有闲置资源缺盘活。桂圩镇有大量闲置房屋及部分村集体闲置农田，但村内无民宿、餐厅等乡村旅游配套设施。在大力发展乡村旅游的同时，并没有将周边资源合理整合利用。建城镇的黄皮街有部分房屋闲置，但都没有在黄皮相关产业链打造中利用起来。如何激活乡村“沉睡”资源，获得更多财产性收入？闲置空房子及空地是打造的重点，也是未来空间发展的重点，将闲置资源唤醒，在乡村建设中发挥最大价值，让人进来，让货出去。

——有产业基础缺品牌。郁南县农业产业正在高质量发展，目前有桂圩镇有肉桂产业，建城镇有黄皮、酸梅、竹笋、沉香茶、罗旁蜜枣、车滘板栗、无渣粉葛等，宝珠镇有庞寨黑叶荔枝等，但都没有经过品牌化打造。还有些产业目前有相关品牌，但品牌意识不强，有品牌不会用，导致好的产业依旧无法发挥最大价值，农民赚辛苦钱，村集体无处下手。这些产业在发展的过程中面临着从优质名品到市场名牌的升级，从规模制胜向价值制胜转变，需要塑造强力品牌，完善供应链体系，打通产业链条，让市场记住郁南。

——有美丽基础缺示范。桂圩镇龙岗村、建城镇地心村都已达到美丽乡村发展目标，正在大力发展农文旅结合的乡村旅游产业。全域很美丽，但缺标杆和示范。需要以乡村旅游为抓手，树立新模式，探寻新道路，发出新强音。

10.3 研讨碰撞：立足本地，突出示范性与带动性

项目负责人陈才认为，这么大体量的项目，效率也是决定成败的关键因素，因此团队必须要与时间赛跑。他甚至直言：“这个项目是打仗。”在初步调研结束发现主要问题后，团队便马不停蹄讨论思路对策，形成初步的考察报告，这是在以往服务项目中少见的推进节奏。于是在调研结束后的第二天，项目团队

便向云浮市、郁南县相关领导就郁南县北部乡村振兴示范带的调研工作，在建城镇进行了初步小结汇报。

云浮市政协副主席伍永胜，云浮市农业农村局副局长曾庆固，市委农办、市扶贫办专职副主任梁胜华，郁南县副县长刘炳荣，郁南县政协副主席朱永通等领导，以及建城镇、桂圩镇、宝珠镇等乡镇的干部出席。陈才代表团队，就各个乡镇打造的初步思考，做了分享交流：

桂圩镇桂圩村有红色文化，缺特色业态；有打造基础，缺升级体验；有红色定位，缺未来发展的差异化挖掘。所以要挖掘红色文化，打造红色教育实训基地，并且结合郁南县创建国家森林城市目标，实现以红带绿、融合发展的新态势。

建城镇建城街道依托“中国无核黄皮之母”种植地这一价值，应当抓住“西宁古镇，黄皮之乡”的定位，对黄皮街进行微改造精提升，在西宁文化原有基础上，推进西宁古镇民俗非遗文化活态化传承体验。在黄皮街现有旅游基础上升级提档，植入系列网红业态，例如西宁百匠坊、黄皮产业共富工坊等，升级改造现有业态，带动周边百姓参与。

建城镇地心村要围绕生态振兴和产业振兴，以“西江农文旅体验中心”为定位，充分发挥水生态优势。在加强生态保护的基础上，以环北部湾广东水资源配置工程及广东万里碧道建设为契机，以西江水为媒，统筹产业融合、要素融合、资源融合，打好农文旅融合发展“组合拳”，构建“农业＋文创＋旅游”的发展模式。

宝珠镇庞寨村的黑叶荔枝，品质好但仅在周边出名，且以一产种植为主，所以应当围绕产业振兴，进行黑叶荔枝品牌升级打造，例如打造荔枝区域公用品牌——“庞寨黑叶荔枝”，打响黑叶荔枝名气，提升溢价空间，坚持把发展壮大特色农产品经济，作为把握镇域经济发展的关键重点。

听完介绍后，云浮市政协副主席伍永胜说道：“整个示范带的特色还需要增加，要结合郁南实际，按照乡村振兴五大要求，每年规划重点可以突出，但产业要扣紧镇域经济，和省级要求、云浮市委要求契合，紧扣周边城市乡村振兴政策，助力粤北生态发展高地、西江画廊、西江经济带，通过市场化运营，实现农民增收，最终达到要村美、水清、路俏、业兴的振兴蓝图。”

市委农办、市扶贫办专职副主任梁胜华说：“我们要把握郁南当前三农发展阶段，摸清它的现状基础，一定先找到一个确切的突破点，明确乡村示范带的示范性在哪里，带动性在哪里，在郁南经济里起到什么作用，这是在下一步方案中要深化的。”

陈才认同与会领导的观点，其实这正与乡立方的找魂方法论不谋而合。他说：“传统乡村的打造都是先“筑巢”再“引凤”，但我们品牌乡村的思路，是要让这个乡村先找到自己的“魂”，明确了乡村核心灵魂是什么，再围绕这个“魂”进行打造，这样乡村才能有精准的打造方向。我们郁南北部乡村振兴示范带的魂究竟是什么？这是我们下一步工作首要回答的问题。”

面对今天层出不穷的美丽乡村建设，乡立方坚持认为，只有品牌思维才是解决乡村同质化的最佳手段，而品牌乡村最重要的就是找到它的魂。找魂，是项目成功与否的关键，也是乡立方品牌乡村建设的第一步。

10.4 为郁南找魂，以“甜蜜”定义未来产业

在结束先期调研沟通会后，项目团队带着清晰的任务目标，返回杭州总部。整理全部素材后，公司智囊团与项目团队一起，就郁南北部示范带的乡魂进行内部商讨。

陈才边说边写：“示范性在哪里？带动性在哪里？如何交出郁南特色答卷？这是项目找魂的重要立足点。”乡立方创始人宋小春首先建议：“要在产业上做文章。当地有哪些有发展基础、有文化底蕴、有广泛带动性的产业？”他这一说，项目团队列举出了一大堆：红色文化、肉桂、黄皮、荔枝……这些产业与资源有何共通之处？郁南示范带又应该向外界推广怎样一种产业类型呢？肉桂产业太单一，文旅产业没区隔，“红绿”产业难认知……一堆人七嘴八舌，一时间会议陷入僵局。

沉寂了许久之后，有策划师提出：“既然我们以市场运营为导向进行策划，那对于当前社会群体的心理洞察，是否有足够的了解？”一个问题激起了所有人的深思，当前高节奏、高强度的社会环境，也影响着市场的消费趋势，人们开始向往舒缓、轻松的生活节奏，幸福、甜蜜的生活蓝图，也比以往更具现实意义。市场需要一种更积极、乐观的消费情绪。

当时，蔡钢安远在广州，以在线方式参加了讨论。听了大家的发言后，他提出了一个观点：“郁南的产业是甜的。”接着，他列举了“郁南的九个甜”：无核黄皮是酸甜的、肉桂是辣甜的、黑叶荔枝是清甜的、无核沙糖橘是鲜甜的、蜂蜜是香甜的、白枣是脆甜的、蜜枣是甘甜的、芒果是肥甜的、竹笋是嫩甜的。

一个“甜”字，让所有人眼前一亮。除此之外，“甜”字更是延展出了极为丰富的社会内涵。蔡钢安补充道：“不仅产业的味道是甜的，共富的味道也应该是甜的。产业带动农民增收共富，提低扩中减少差距共富，建立机制集体经济共富，物质生活有了保障，生活的体验就应该是甜的。从精神层面来看，我们建设社会主义的事业是甜的、投身乡村振兴的事业也是甜的，这也是我们开发郁南乡村振兴示范带的初衷和愿景，也是希望把这种示范性、带动性，从郁南带到云浮，再带到整个广东，星星之火，可以燎原，把我们郁南乡村振兴模式的影响力传播出去。”

对于蔡钢安提出的“甜”，团队又进行了更为发散的论证。最后，陈才做了精准的总结：“围绕这一个‘甜’，我们可以将示范带的品牌命名为‘西关甜乡’，示范带上的主要产业，可以都往‘甜’字上面去靠，因此，我们的产业可以统称为‘甜蜜产业’。这样，以产业为核心的一个‘魂’就找到了。”西关甜乡，甜蜜产业。简短的八个字，便把整个示范带的精髓确立了下来，从千丝万缕的头绪中，抓住了这个最具价值的锚。

陈才补充道：“我们要把郁南特色甜蜜产业带，这张县域新名片打好，用产业带动百姓致富，以共创共富抱团发展，最终绘就西关甜乡甜蜜生活蓝图。”乡魂找到了，整个策规方案就有了抓手，经过夜以继日地工作，整个西关甜乡甜蜜产业示范带的方案逐渐成形。

10.5 运营前置，布局“市场有效”的新业态

全长 32 千米的郁南北部示范带，串联起了桂圩镇桂圩村、建城镇建城街道、建城镇便民村、宝珠镇庞寨村、建城镇地心村三镇五村，规划了一带五区示范产业，即“红色文旅区、无核黄皮文化区、黄皮农文旅体验区、黑叶荔枝种植区、西江画廊文旅区”。乡立方一向坚持“景观围绕业态转，业态围绕市场转，市场围绕共富转”的观点，所以在业态谋划上，也从以往的美丽乡村思维，转变为以运营为导向，提出了 21 项具有市场营收能力的创新业态。

桂圩镇的桂圩村，以“红色文旅，桂美桂圩”为主题定位，围绕文化振兴和产业振兴，挖掘红色文化，打造党员红色文化学习朝圣地，通过红绿融合带动乡村旅游产业链发展，调动农户以农文旅为依托盘活绿色产业，助力村集体经济发展，让老百姓有参与感。同时，以桂圩为辐射点，进行肉桂产业提档升级，积极延伸肉桂产业链，发展南药中医芳疗康养产业，例如打造中医芳疗产业体验地，配套以系列芳疗体验，以及芳疗体验馆、芳疗民宿、芳香书屋、芳香餐厅、芳香茶书馆等，带动周边南药康养及农产品产业链发展，发挥独特优势，提升镇域经济发展支撑力，充分发挥资源优势。

建城镇建城街道，以“西宁古镇，黄皮之乡”为主题定位，整体就以黄皮街为主，沿途有西宁文化展馆、黄皮文化展馆、“中国无核黄皮之母”及人才驿站，每年还举办黄皮文化节，具备一定的农文旅基础。所以项目团队提出，打造郁南无核黄皮区域公用品牌，将黄皮产业的规模优势，转化为乡村农文旅融合的有力抓手，提升郁南无核黄皮影响力，以市场化、品牌化的理念壮大黄皮产业链，带动农民增收。另外，打造黄皮品牌工厂，升级现有黄皮产业园，基于黄皮产业优质农产品，将品牌打造 + 精深加工 + 数字营销这条路走通，并针对办公室群体，突破黄皮产品瓶颈，打造黄皮糖、黄皮轻养系列冲饮等黄皮爆款产品，让市场重新认识郁南无核黄皮。像人才驿站等配套要着重使用，引进无核黄皮等周边农业相关的科技研发人员，发挥协同力与当地百姓协调互动，带动当地村民积极参与，以人才振兴助力产业振兴。

西宁古镇 黄皮之乡效果图

建城镇的便民村打造，与建城街道思路一脉相承，以“世界黄皮公园”为定位，进行亮点提升，在世界黄皮公园植入系列旅游周边业态，配套打造一系列氛围景观，助力黄皮产业提档升级，实现非果期引流，打造郁南无核黄皮等的体验场、消费场、传播场，实现黄皮产业价值最大化。同时，将建城镇打造成重点培育发展的龙头产业，以农民专业合作社等新型农业经营主体，推动传统农业向规模化、集约化、标准化升级发展，带动村集体经济增收。

至于建城镇的地心村，定位为“西江农文旅体验中心”，深入挖掘“水”文化和渔耕文化内涵，打造成可持续发展的体验地。例如打造西江湿地公园“西江国家文化公园”，集旅游度假、户外休闲、运动健身等功能于一体；打造西江百里画廊，配套以健康休闲步道及休闲设施；打造甜蜜共富工坊，以蜜枣、蜂蜜、糖果等甜蜜产业为主，推出爆款网红款糖果等产品，带动周边村民增收；打造西江江景民宿“西江月宿集”，依托西江水韵，在西江沿岸带动民宿经济崛起等；打造绿色生态发展“地心样板”，把“绿水青山”转化为帮助镇域经济发展的“金山银山”。

黄皮主题民宿效果图

黄皮公园星空会客厅效果图

在宝珠镇庞寨村的打造上，鉴于目前荔枝主题公园有简单的休闲设施，但未突出荔枝主题，所以接下来要对主题进一步深化，打造“荔枝林下”主题公园，包括一系列健康步道、骑行道、荔枝主题无动力娱乐设施，提升荔枝主题氛围。为了带动周边百姓增收，团队规划“可观光、可体验、可消费”的荔枝工坊，做到从规模制胜向价值制胜转变，在不断壮大黑叶荔枝产业规模的同时，着重提升产业的综合价值，让农民充分享受产业增值带来的收益。同时，做到从优质名品到市场名牌的升级，充分挖掘郁南县优质农产品的品牌价值，借助农业品牌的打造和传播，让市场重新“认识”黑叶荔枝，做到黑叶荔枝从优质名品到市场名牌的转型升级。

10.6 “三位一体”品牌工厂，创新郁南共富机制

完成整个项目的策划方案后，项目团队第一时间飞赴广东郁南，先后跟郁南县四套班子做了进一步沟通。在顶层设计上，项目团队强调以运营为导向，要站在未来谋现在。对于郁南示范带的示范性在哪儿，项目团队总结了六个重要维度：未来品牌要有示范性、未来产业要有示范性、未来场景要有示范性、未来生活要有示范性、共富机制要有示范性、传播造血要有示范性。郁南项目的目标要以“乡村未来产业”为依托，探索乡村振兴的郁南路径，实现郁南乡村振兴换道超车。

这个立意得到了郁南县领导的认可，品牌、产业、场景、生活、传播以及共富机制，都是郁南北部乡镇示范带需要发挥的价值，它必将在多个维度，为云浮市乃至广东省提供建设样板。一个可复制、可落地的新模式，正在这个广东大西关逐渐成形。尤其是“西关甜乡”这个品牌名的确立，更是得到了郁南县委书记梁世军肯定：“这个提法好，很有创新性，把握准了郁南本土物产的特色。”

梁书记的充分信任，让项目团队很多前瞻性的策划理念得以推进。比如，团队创新性提出“三位一体”的品牌工厂模式，即一个区域品牌、一个品牌工厂工坊、一个体验园区，就是最新实践总结的经验成果。项目负责人陈才分析道：“经过我们多次调研，郁南黄皮产业的现状是：一产特，二产大，三产缺，有区域名气，缺辐射影响；有产业链条，缺高频爆品。所以出于这样的现实情况，我们建议在示范带上，建设三位一体的品牌工厂，提升郁南无核黄皮区域公用品牌，用爆品开发升级现有黄皮产业园，再提升世界黄皮公园。”在黄皮产业

的深度开发上，项目团队提出“八个一”：一个黄皮区域公用品牌、一批黄皮品牌工厂、一个黄皮水上乐园、一个世界黄皮公园、一系列共富工坊、一个黄皮体验工坊店、一个黄皮辣椒酱观光工坊、一个乡村振兴学院。

除此之外，在县领导关心的共富机制打造上，项目团队提出打造“四大机制”，让各方共享乡村振兴的收益——

一是建立小产业共富机制。通过“金融机制 +”“乡村振兴合伙人 +”“村集体经济 +”“联农带农富农”等方式，打造一批特色工坊产业，村集体提供基础设施建设，乡村振兴合伙人负责设备技术、品牌提升、市场运营，带动村民收入和村集体分成。

二是建立扶持带动人机制。例如黄皮产业品牌工厂设立项目配套资金来扶持龙头企业，龙头企业升级发展后给村集体创造保底收益和分红。

三是建立共创共享机制。村集体提供现有资源来扶持乡村运营官，乡村运营官转型升级后给村集体创造保底收益和对赌分红。

四是建立一个乡村运营联盟。由第三方公司牵头，联合村集体、乡村创客、本地村民以及乡村振兴合伙人等共同成立“郁南共富联盟”,对内进行管理运营，对外进行精准招商，实现乡村振兴抱团发展。

在未来蓝图的构想中，郁南北部示范带将实现 N 个点抱团发展，并形成南北双示范带协同发展格局，最终形成郁南四大模式典型：区域产业“三位一体”品牌工厂模式，传统文化“三场融合”活化造血模式、金融创新“三方共赢”产业共富模式、“两山”理念价值创新转化的绿色崛起模式。

梁书记对此给予了高度评价：“我对方案有信心，你们尽管放手往下干。”同时，书记也对接下去的工作进行指导，他提出示范带要突出产业“壮骨”，要打造品牌引领与产业升级，将业态价值链条延展，实现联村带农、富民富村的目标。在县委的大力支持下，示范带深化方案逐步落实，目前郁南北部乡村振兴示范带已陆续施工，一切对于未来的美好构想，都逐渐从图纸走向现实。

回顾这一年多的服务，项目策划师祝希晨曾做过小结。仅仅她们策划人员，前期调研、策划过程中收集的各种资料、文档，便已超过8600份，可见整个郁南示范带工程之巨，但也正因如此，才让我们看到这个项目的示范价值与深远意义。

10.7 思考：广东乡村振兴的产业发展新模式

郁南北部“西关甜乡”乡村振兴示范带，紧扣省委赋予云浮的“打造粤北生态发展新高地，推动乡村振兴走在全省前列”的新目标，以红色旅游、甜蜜产业升级为抓手，以产业共创共富为发展定位，以产业品牌为引领，建设生态价值高水平转化的郁南样板，推动产镇融合、产村融合、产园融合，升级无核黄皮、肉桂、黑叶荔枝等特色产业，把镇域经济与乡村振兴、基层党建、民生保障等重点工作统筹起来一体推进。尤其是在山区产业的谋划上，主抓“甜蜜产业”，依托品牌打造、科技研发、场景融合等手段，率先探索出山区产业“三位一体”品牌工厂模式，极大地延长了山区农业的产业链，实现了产业富民兴村的愿景。“郁南模式”的实践，对广东省欠发达山区乡村振兴提供了一条新路径，也为全国偏远山区实施乡村振兴提供了一个具有广泛复制借鉴意义的生动案例。

下篇

导读

文化乡村：为新业态新产业植入原动力

全国都在搞乡村振兴，都在美化乡村，一个乡村凭什么才能建设发展得与众不同？凭什么才能让人印象深刻？乡村最宝贵的东西是什么？深层次挖掘发现，其实离不开乡村文化！每个乡村最独特的人文地理、乡俗风物、乡土故事，是乡村深入骨髓的DNA。景观和风貌可以“照搬照抄”，唯有乡村的文化是很难复制的。乡村文化价值若能发挥得当，则可以成为当地发展的原动力。

在各地项目调研中，每每走到祠堂、祖宅、塔寺、古树、古溪、遗址这些地方，带我们调研的本地人总是一脸骄傲和虔诚。或许很多基层干部对如何实现“乡村文化振兴”还并不清晰，但对“本土化，在地化，要有乡愁味道”的认知却是高度一致的。

在文化振兴的实践中，当前存在很多不合实际的做法。有的红色文化村，所谓抓住“红色文化”核心，却只是花大代价做红色文化展馆，或者打造系列“说教式”党建小品，但党培团队过来研学，半小时逛完展馆，离开后什么也没记住；有的乡村，知道自己最独特的文化是农垦精神，村里村外都是一些标语和大型雕塑、大面积墙绘、长长的木栈道，花了很多钱，却没有任何消费体验，游客同样记不住村里的核心内容；还有的乡村，对文化的理解，就是建设乡村书屋、村民议事长廊、成立村文化小组，但是这些都吸引不了客户；有的古村落，能抓住“古”字，但一直“靠古”“吃古”，风俗、美食、服饰等都只在博物馆里、在古书县志里……这些现象说明，我们对乡村文化的挖掘还只是表面的，还远远没有转化成社会经济发展的原动力。

文化振兴的任务就是要唤醒乡村沉睡的文化。我们在长期的乡村打造实践中，有挖掘乡村神话故事，围绕神话故事打造出的“神话西岭”；有围绕于谦这个人物，深挖明朝文化打造的普宁村，让人们来了就能体验一天明朝的生活；也有围绕新四军红色文化打造的云会村，一条路线讲述余杭历史上新四军的故事……我们在这些生动实践的案例基础上，逐步总结出乡村文化“活化”的方法论。

第一，让文化成为一种生产力。

即使有文化底蕴的乡村，也不能一直靠一个“古”字或一个“红”字，建筑、故事、民俗是特色，是基础，是底蕴，但它们更需要“借力”和“传承”，更需要培育出文化旅游之外的产业。每一个村，都需要有基于自身文化形成的核心产业，而不能停留在乡村文化旅游的层面上。除了常规的可以感受的建筑、展馆、故事馆等，我们还需要更多的业态，让人喜欢来，来了留得住。比如夜经济怎么做，有没有城市人也喜欢的乡村酒吧、咖啡书屋等？是否有基于乡村文化的研学好题材？

浙江衢州的清漾村，是一个拥有1600年历史的江南古村，也是江南毛氏发祥地，当地最大的文化特色是毛氏文化。村里有毛氏祖祠、毛氏文化林、清漾毛氏名人馆、毛泽东陈列馆等文化景点。但村镇领导也十分清楚村里面临的问题，发展要突破，还需要更多可体验、可消费的产业，需要唤醒清漾毛氏子孙的文化自觉、主体意识，找到清漾村的新起点。在这个新的命题下，项目组深入清漾村挖掘毛氏文化，祖祠、建筑、地理、民俗、美食……越深入越发现毛氏文化源远流长，生命力繁盛。

如何做到“古村新意”，做好创新传承，把毛氏文化保护好、开发好、利用好？项目组找到了新的做法：古今结合，把毛氏文化和乡村产业创新性结合。比如清漾村自古耕读传家，历史上名人辈出，人文荟萃，这得益于当年的清漾书院。把村里闲置的老房子改造为新“清漾书院”，里面主要是毛氏文化阅读空间，也有青少年研学体验空间；清漾酒文化源远流长，在清漾毛氏人的出生、读书、成人的多个阶段都必不可少，可打造为“清漾酒肆”，发展带动乡村酒产业；清漾毛氏家训深入人心，勤俭持家、和睦团结的家风影响至今，可打造“毛氏家宴”，同时为村里配备餐饮业态……当把这些文化活化为产业时，毛氏文化就变得可观、可看、可感、可食，能带动村里老百姓就业，增加了村集体收入，让整个村有了内生动力。

第二，让文化成为一种趣味体验。

在文旅市场上，很多人认为红色文化主要与党政相关，与普通百姓生活关系不大，内容也过于严肃，无法做到趣味化。但是你若去延安 1.5 千米长的红街上看看，就会改变这一刻板的印象。整条街围绕“长征”打造，包括主题街区、红色讲堂、射击乐园、长征步道、窑洞酒店、红色培训研学课程等，开街时人流量 6 天超过 36 万人次。红色文化同样可以受市场欢迎。

同样，历史文化也可以活化，故宫 IP 的火爆就是最好的实践。故宫在人们常规认知里，是中国封建皇权的最高象征、中国建筑文化的瑰宝，但自从 IP 化后，故宫“穿越”600 年成了超级“网红”，拥有众多“90 后”“00 后”粉丝。故宫缔造者明成祖朱棣可以戴上墨镜、唱 RAP；史书里严肃的雍正帝可以说“朕脚痒”这种有趣又接地气的话。

很多地方不缺文化，但需要深入挖掘自己的文化资源，把它和人们当下的生活对接，这样人们才会喜欢。就像岳池农家项目，只有将陆游文化和岳池文化结合，与当下人们的生活结合，才会有新的吸引力和生命力，才能将“岳池农家·陆游记”做出彩。项目团队将宋朝文化和景区的一些资源结合，创造了系列基于陆游 IP 的趣味体验。陆游喜欢“撸猫”，于是在本来“月色卡咖啡”的基础上创意升级为“撸猫咖啡馆”；陆游是“情圣”，于是就在原来婚俗博物馆的基础上加入一个体验消费式的婚恋大闯关游戏；陆游是大诗人，一生博学，于是把原来的乡村书吧升级为“陆游书屋”，创意式呈现陆游诗词中的经典场景。体验趣味化从文化角度切入，就深入挖掘了《岳池农家》这首诗背后的文化价值。

第三，让文化成为一种力量。

在很多地方，因为土地性质、过往的政治高度、本地人才等一系列难以避免的实际情况，在发展上多少会有一些限制。但是，文化却可以成为一种新力量。类似建德千鹤村，作为“妇女能顶半边天”精神的发源地，通过聚焦“她文化”，赋予了时代的新精神，从而培育出全新的发展驱动力。

千鹤因“她”而改变。深入挖掘乡村发展的“她力量”，以品牌化思路打造“她文化”，围绕“她”，做足“她”文化，拉动“她”经济，发展“她”模式，带动“她”产业。在此基础上，形成“千鹤一面”“千鹤一醉”“千鹤一味”“千鹤土油”“千鹤玉米”等系列农创产品。充分利用闲置空房，改造原村粮食加工厂厂房为“千鹤一碗”怀旧食堂，形成新的网红打卡效应。以全国党建培训和妇联活动成员为目标人群，作为浙江乡村振兴学习样板，学“她”打造品牌乡村，学“她”故事文化精神，学“她”乡村治理方法，学“她”乡村振兴思路。旅游接待量实现几何级数增长，据统计，2021 年千鹤村累计接待参观人员 3000 余批，共计 40 余万人次。千鹤村的实践，正是把文化变成乡村发展的动力。

第四，让文化成为一种市场记忆点。

这三年，很多依赖团体培训的地方俨然已成为市场被遗忘的地方，对很多培训机构而言，可谓是度日如年。但是据不完全统计，2020 年以来，径山书院筹办、承办的全国基层能力提升研修班等各类名目的培训不下百场，总时长高达 5000 多小时。为什么径山书院会逆市上扬？主要原因就是因为书院汇集了越来越多热爱乡村的“新农人”，他们正以“现代知青”的力量传承前辈的精神、延续先人的故事。用年轻人“火热的心”，为径山再造一个“火热的时代”。

用乡村文化孵化出最“潮”的引流业态，是乡村振兴的有效方法，也是乡村文化振兴的最好落地方式。本篇内容选取了径山书院、千鹤村、岳池农家、清漾村、翻山堰五个典型案例，深入剖析了乡村文化的各种“活化”方式，找到了让文化成为乡村发展原动力的方法。

第11章

径山书院："现代知青"创乡村融合之路

如今的径山书院

你很难用一句话去精准定义"径山书院"。作为一家土生土长的乡村书院，诞生于新农村建设成效显著的杭州郊区，径山书院在大多数人眼里无疑已经赢在了起跑线上。然而除去缺水断电、农民关系紧张、用地空间限制等普遍存在的乡创困难外，"书院不像书院""一点不接地气"的声音从未停止。面对质疑，书院创始团队始终是倔强且孤勇的："书院为什么不可以做团建？""书院为什么不能做农民培训？""书院为什么不可以召开品牌发布会？"抛弃传统的组织结构与运营模式，径山书院以"三农"为导向，以"融合"为路径，利用文化、农业、科技、体育、旅游的多维整合发展新产业、新产品和新模式，在共富时代，为经济较发达地区乡村发展美丽经济提供了径山样本。

11.1 顶层设计，废弃农场变身农文旅综合体

2017 年年初，当董国民起念创建径山书院时，他的内心可谓是五味杂陈。

生于 20 世纪 60 年代末的他，对家乡的平山农场拥有深厚的感情。在那个特殊的年代，充满生产热情的下乡知青，不仅是建设平山农场的主要力量，更是董国民幼年的良师挚友。知识青年用文化与知识创造的广阔世界，是他成年后走南闯北的精神原动力。

径山书院前身即始建于 1960 年的杭州市下城人民公社平山农场。全场土地面积 5631 亩，其中水田 3084 亩，旱地 75 亩，茶园 2002 亩，毛竹山 251 亩，其他农田 219 亩。东至潘板桥镇荷塘下自然村，西至临安横畈镇塘娄自然村，南至临安青山镇青山村，北至长乐镇斜坑行政村。四周与 18 个自然村的土地交错在一起。农场生产结构的组成，主要是农、牧、茶和场办工业。由于农场地处低山丘陵区，土壤酸性宜栽茶，从 1964 年开始发展茶业，经历了 20 世纪 70 年代的大发展，到 80 年代茶业已经成为农业生产结构中一支重要的产业，为径山茶的产业发展与品牌建设奠定了坚实基础。建场以来，杭州城区的知识青年源源不断地涌进这个平平无奇的穷苦乡村，极盛时期各行各业的支农人员多达 4500 人。他们成立党支部和共青团，组织党员、团员、青年开展适合青年特点和富有时代特征的活动，为农垦企业建设建功立业。董国民回忆说，那会儿除了开展"青年学雷锋"、"农业学大寨"、争做"新长征突击手"等活动外，农场各群众团体每年都要组织羽毛球、乒乓球、棋类、拔河、田径等比赛活动，并为村民和职工提供广播电影、读书看报的场地。

平山农场全景——改造前的“径山书院”

平山农场旧房子——改造前的“径山书院”

平山农场从创办之初就与文化教育息息相关。农场知青也成了这个时期传承径山书院文脉的有生力量，并以多种形态进行文化传承。随着平山农场转制，平山农场书院文脉传承大受影响，体系受损。改造前，农场只剩断壁残垣，杂草遍地，垃圾成山，全然不复当年辉煌。不忍于此，董国民、陈洁瑾、张星荣等有识之士，通过多方调研、挖掘保护，决定在原平山农场平山村基地的旧址上恢复文脉传承。经过精心筹划，重新设计，于 2018 年 3 月正式成立杭州径山书院有限公司。

"我没想过会是在这样的机缘巧合下回到家乡的。"董国民谈起，以"乡贤"身份回乡时，提出了因地制宜、因势利导，准确把握国家大政方针对明确乡创定位的重要性。

党的十九大报告提出乡村振兴战略以来，浙江省大力实施"两进两回"行动，通过人才招引政策和专项培养机制鼓励青年回乡村、乡贤回乡村，促进人才要素向乡村流动，推动创新要素在乡村汇集。尤其是余杭区出台的"富村惠农双十条"新政，给了董国民回乡再创业的初始动力。

平山村所在的径山镇是杭州北部自然、人文资源最丰富的区域。其距离杭州市中心 36 千米，距离未来科技城 25 千米，多条省道、国道穿境而过，高速公路发达，交通便捷，周边半小时交通圈内知名旅游品牌众多。和临安、德清、安吉一样，径山镇正在借助杭城后花园的区位优势及资源优势，打造集旅游观光、商务会展、休闲度假于一体的环杭城区际生态旅游功能带，逐渐形成杭州北部一体化的大景区格局。

未来科技城仍是采用集中布局的空间模式，与"硅谷"等科技城松散的布局相比仍有一定差距，而径山镇的资源优势使其有条件成为未来科技城的后花园。随着杭州旅游西进战略的推进，从西湖到西溪，未来作为"西"山的径山必将成为农文旅融合发展的创新区，杭州旅游的新名片。

凭借多年在城市"摸爬滚打"的创业经验与"狠辣"的眼光，董国民不仅了解城里人对乡村的需求，作为土生土长的本地人，他也更清楚农村的优劣势，如何能架起人才与资本在城乡间的桥梁，董国民与创始团队经过深思熟虑后决定，他们要打造径山最具活力的农文旅综合体。

前有乡村旅游，后有休闲农业，有两者结合之势的农文旅综合体并不是什么新奇概念。作为发展乡村产业的新经济增长点，自 2015 年以来，国家支持小农户与涉农经营主体利用农村自然资源、闲置农房、田园风光等发展观光旅游、农事体验、餐饮民宿、农村电商等项目，但是在实际的执行过程中依然存在很多限制与问题：如创建农文旅综合体过程中因为缺少建设用地指标，从而影响消费体验，导致市场萎缩的情况；又如个别下乡工商资本的投机行为所引起的社会秩序与生态环境的破坏；再如“文旅带农”项目所带来的非农收益被相关部门“一刀斩”而打击新型产业入驻乡村的情况等。

问题越多，决策越需谨慎。毫无头绪时，在径山书院团队中负责项目规划与功能布局的张星荣喜欢一头扎进古籍典志，去书里寻找答案，去看看先人是怎么做事的。

据康熙年间《余杭县志》记载，吴山在县北二十五里，上有吴山寺、王荆公读书堂。王荆公即王安石（1021—1086），北宋政治家、改革家、文学家。王安石大力兴学，从城邑到乡里到处兴办读书堂、书院。王安石被宋神宗封为“荆国公”，世人称“王荆公”。千年前的吴山有了王荆公读书堂，大径山乡村国家公园在开发建设中，吴山古迹重显，古码头、迎恩牌坊、迎恩廊、罗星观景台、登山石阶……辟成公园，登高远眺，视野开阔，西面山岭溪流尽入望中。径山正以其独特的文化内涵和秀丽的自然风光吸引着无数游客前来。

与文物古迹挖掘修复相匹配的是国学的复兴传承。中华国学传承至今已有几千年。据《周礼》记载：“保氏掌谏王恶，而养国子以道。乃教之六艺：一曰五礼，二曰六乐，三曰五射，四曰五驭，五曰六书，六曰九数。”西周官学分为国学和乡学。国学专为贵族子弟设立，内容是以礼、乐为中心，以射、御、书、数为辅的“六艺”教育。“六艺”教育的特点是文武并重，知能兼求。“六艺”中礼、乐、射、御，称为“大艺”，是贵族从政必具之术；书与数称为“小艺”，是民生日用之所需。

这片土地既承袭了唐丽正书院、宋王荆公读书堂讲学研习之风，又有平山农场农垦事业的悠久历史，何愁找不到农文旅融合发展的精神内核？

这便是径山书院创始团队从项目取名到顶层设计的心路历程。

如今，径山书院拥有多重身份，它是乡村民宿集聚区，是杭州图书馆径山分馆，是乡创孵化基地，是共享田间学校，更是一家集文化宣传、旅游服务、会务培训、文创设计、农产品深加工等为一体的新兴农业产业公司。在多个角色的转换之间，书院始终以"助力当地发展，促进村民增收"为第一目标，以"地产地消"为根本的发展策略，递进式优化乡村产业空间、打造并完善特色主题产业链，开创了多个富有书院特色的联农带农富农利益联结新模式。

径山书院一角

11.2 "现代知青"：自我赋能的新农人

时间回到2019年7月26日下午3点，距离断电断水已过去6小时。因为断电，井水抽水泵无法工作，彼时这个还没通自来水的村庄需要靠消防车紧急供水才能解燃眉之急。这个村是杭州径山镇平山村，是陈洁瑾和她的"现代知青"团队挥洒汗水、创造梦想的地方。

和别人极度渴望撕掉标签不同，陈洁瑾和书院年轻人一直有一个引以为傲的标签——“现代知青”。径山书院前身是下城区人民公社平山农场，是知青上山下乡的地方。如今，径山书院的宣传长廊上依旧挂着当年断壁残垣、宛若垃圾场的照片，就是为了不断提醒前赴后继的新农人：我们的使命与理想和当年的知青前辈是一脉相承的。

“现代知青”在他乡，再造故乡。

1500多个日夜，20个平均年龄在30岁以下的年轻人，在4500平方米的乡创空间里创造了无数个让人惊叹、令人感动的瞬间。可是一开始，这个径山书院“现代知青”团队里的任何一个人，都没想过能坚持那么久，更不明白放弃城市丰富多彩的生活，到乡村来就业到底是图什么。

作为径山书院联合创始人兼CEO，陈洁瑾在来到平山村之前已是两个孩子的妈妈。从杭州市中心到径山镇，距离50千米，车程1小时，遇到交通堵塞时往返通勤时长可达3小时。对她而言，这个通勤距离似乎过长，但对于径山镇，这显然是不可多得的区位优势。近年来，城乡融合不断加深，余杭区政府对农文旅产业愈加重视，相继出台了系列扶持政策。这些因素的叠加，无疑赋予了径山镇发展农文旅融合产业的“天时地利人和”。陈洁瑾认定，径山的文化IP必定能出“大文章”。

和董国民不同，毕业于浙江工业大学的陈洁瑾在浙江大学从事过校友工作，也下海创办过青年创业平台“乐创会”，是个名副其实的都市丽人。“或许会有人认为我不懂乡村，但我的优势就在于我是城里人，我知道城里人想要什么。”陈洁瑾说，“城里人都知道乡村有‘好看的皮囊’，但这还不够，乡村还需要有‘有趣的灵魂’，这个灵魂就是结合了当地人文的旅游产品，让城里人能够沉浸式体验乡村的环境美、文化美。”饶是拥有强大的市场资源和业务能力，陈洁瑾的乡村振兴之路依旧道阻且长，“这是个讲情怀的行业，没有人可以一夜暴富，投入很扎实，新农人们非常辛苦。”

从传统规划行业转到乡村综合体运营上来的金梦霏对新农人的“辛苦”有很切身的体会。作为书院秘书长兼党支部书记，除了政策申报、项目策划、市场推广等主要工作外，金梦霏还兼顾接待、讲解、党务及其他行政工作。忙的时候，她和陈洁瑾一样，是客户眼中呼之即来挥之即去的"小陈""小金"，大家一样搬桌子、端盘子、运布草、装喷绘布，帮客人订蛋糕、取快递……和金梦霏同期进入书院的浙大高才生蒋哥不出一个月已是炭火烧烤的一把好手，就连董国民的专职司机姚师傅也能将径山文化介绍得头头是道。

"书院是一个农文旅综合体，麻雀虽小五脏俱全。这里不存在一个萝卜一个坑的现实条件……"面对年轻人的抱怨和逆反情绪，总经理张星荣在每周例会上总会时不时强调一下"多面手"的必要性。这给金梦霏的招聘工作带来了难度。乡村振兴，人才振兴是关键，招来并留住年轻人光靠"画大饼"是没有用的。

随后，金梦霏了解到，为鼓励和支持大学生从事现代农业，余杭区分别开展了生活安家补贴和"三农"人才补贴两项人才招引优惠政策。为吸引全日制大学本科及以上的高学历人才在余杭就业，余杭区政府分别为应届生和往届生一次性发放生活补贴，其中应届博士生最高 8 万元，硕士生最高 6 万元，本科生最高 4 万元，往届生也有 5 万元、3 万元、1 万元的优厚补贴；另外，在余杭区农业生产领域就业的新引进人员和已就业创业人员还能额外再拿到最高 9 万元、最低 6 万元的人才补贴，同时对在径山、瓶窑、黄湖、百丈、鸬鸟这五个乡镇工作的人才再追加连续 3 年、每年 1 万元的交通补贴。丰厚的人才引进补贴成为书院吸纳人才的有效筹码，也让陈洁瑾更加坚信书院的未来一定会掌握在年轻人手中。

为了弥补乡村公共交通不便的劣势，径山书院为非本地职工免费提供食宿，并效仿平山农场，免费为村民与职工开放图书馆、阅览室、茶吧、K 歌房等文娱休闲空间，丰富大家的业余生活。"虽然很辛苦，但是很自由，朋友也很羡慕我，总觉得我生活在景区里，天天跟玩似的。"从事新媒体艺术设计的李丹开玩笑地说道。相对于以前天天加班还要被甲方折磨而言，书院的工作给予了李丹充分的创作自由。出于设计师的习惯，李丹私下里喜欢 DIY 甜品和厨艺，在跟着茶艺师学习了径山点茶之后，李丹又考了茶艺师和营养师证书，在陈洁瑾的授意下开起了"书院茶水铺子"，自制的抹茶拿铁、青柠美式、抹茶牛轧糖、抹茶雪媚娘、径山茶冻等甜品、饮品深受客户喜欢，一度成为网红单品，为书院贡献了优良的业绩和品牌曝光度。

“不会游戏策划的团建教练不是一个合格的业务经理。”团建策划部经理张禄用一句网络“黑话”介绍起自己的职务。民宿中可以做数字团建吗？果园里可以开赛车吗？乡村草坪上可以飞直升机吗？茶园中可以玩实景剧本杀吗？……一个个看似天马行空的想法，却都能在径山书院实现。而将这些新鲜玩意儿带到乡村的，就是如张禄一般敢想敢做的书院“90后”。

2019年，刚刚大学毕业的张禄被这个在废弃农场上翻建而成的书院吸引：“那是一场超级无厘头的‘头脑风暴’，一群年轻人围坐在会议室里，你一言我一语地甩出自己的点子。但让我没想到的是，就是这些看似不着边际的想法，最终却有模有样地落了地。那一瞬间，我觉得这就是我最向往的创业环境，我要留下来做点什么。”决定扎根乡村后的每一天，张禄都在思考，如何让乡村跟得上潮流，如何把这个时代最好的东西带到乡村来。

受新冠病毒感染疫情影响，2020年2月和3月，径山书院客流量和营业收入一度锐减。“只有新鲜的事物，才能换来持续的客流。”张禄思索着，能不能将团建活动像网游一样搬到手机上。数字团建的想法就这样“萌生”了。“通过游戏化场景式设计，打通线上游戏和线下活动的数据通道，线上通过互娱技术链接到线下，突破线上虚拟空间和线下实景空间的界限。”为了将这个“开创新纪元”的玩法落地，张禄和“现代知青”团队经历了无数次的“头脑风暴”。最终，在一次次地修正完善下，“数字团建”成型了——借助一部手机，结合线上沙盘和GPS定向，通过任务分工、策略设计、团队协调完成特定任务，让大家在奔跑中通过智力答题、细致观察、按规定拍照、视频摄制等，在指定范围内完成关卡挑战。至此，径山书院通过推出“径山版玩霸江湖”真人网游、数字团建等人气项目，开启了乡村旅游数字化新篇章。

来径山进行数字团建的团队数不胜数，书院高峰期一天访客量近千人，单日团队达10个，单次数字团建人数少则30人，多则200人，数字团建场景定制中出现的径山果园、农场、茶园、林场曾一度让水果、笋干、茶叶等农副产品脱销。不仅如此，通过前期线上策划，数字团建产品能够大大降低团建活动中后端的现场执行成本和后期维护成本，不仅不会给景区、村庄及其他公共场所带来破坏、留下垃圾，还能实现本土文化的零成本推广，真正实现了联农带农富农，合作共赢。

"这种梦想成真的感觉真的太棒了！"张禄和小伙伴们不断把体验型项目移植到乡村。结合数字团建，书院又创作了径山禅茶主题的剧本杀，通过茶叶、茶具、茶园等道具和场景线索，开发沉浸式剧本杀。张禄介绍到，"剧本杀的剧情涵盖了径山镇多个景点，游客在玩的同时，可以更深入地了解径山文化。"

如何发挥青年人才的真正价值、如何最大限度地提供成长空间是陈洁瑾作为管理者一直在思考的事情。从人才补贴到书院福利，再到潜力挖掘，陈洁瑾在与现代知青的磨合中意识到"自我赋能"的重要性。如今，书院汇集了越来越多热爱乡村的"新农人"，他们正以"现代知青"的力量传承前辈的精神、延续先人的故事，用年轻人"火热的心"，为径山再造一个"火热的时代"。

11.3 圈地自"盟"：乡创孵化助推要素融合

在书院筹建之初，曾委托专业的市场调查公司对径山镇地域内的农文旅相关产业经营者进行过问卷调查。整个问卷分为从业者基本生产情况、从业者对径山镇农文旅融合发展感知度和从业者对政府作用发挥的满意度三大部分，为书院正式运营时确立发展战略、市场定位和功能布局提供参考。

问卷调查结果反映出径山镇农文旅融合产业存在两极分化的倾向，这不仅体现在从业人员数量及年营收上，也体现在当地政府给予不同规模主体的政策扶持与补贴力度上。同时，从业者普遍认为径山镇农文旅融合的形式单一、农业资源整合度不高且农民的参与度低，急需合理的人才招引与培训机制。在对政府职能作用满意度的调查中，从业者对政策扶持、财政支持满意度普遍不高，并且仍有不少人不清楚本村镇干部及相关行业协会的工作内容，这不仅不利于政府工作人员及社会组织开展工作，也不利于社会多元主体的合作，长远下去将制约农文旅深度融合。

董国民意识到农文旅融合不仅是产业的融合，也是各利益主体之间的联结。鉴于此，创始团队在初期就有意将书院打造成为一个集学习、生活、创业与投资四位一体的乡村产业孵化平台。为了实现乡村闲置资源的充分利用，不断扩大乡村市场，书院不断引进农文旅融合项目，并通过项目合作吸纳人才。目前，书院已与近30家公司签订了合作、孵化协议，这些公司以文创设计、旅游策划、团建策划、网络科技、研学机构为主，辅以公益基金会、企业咨询公司、律师事务所、会计师事务所等服务企业。柔性引才50余名，其中本科及以上人才占比高达90%。

何为“柔性引才”？众所周知，农村基础设施建设与城市相比仍有差距，但新一代移动通信网、互联网等信息基础设施的快速发展却能弥补短板。书院通过覆盖基地宽带无线网络，成立产教融合基地和项目工作室，通过微信公众号和网络直播等手段，为驻地员工及非驻地人才提供无边界、更快速的信息互联保障，打破乡村创业的地域限制，实现从“空间集聚”向“网络集聚”的转变，以此来吸纳更多有创意无平台、有技能无资金的人才。

柔性人才关键在“柔”。与书院招聘的员工相比，通过这种方式引进、吸纳的人才不受场地、距离、工作时间的约束，他们能够为书院带来技术、项目与客源，也能在书院中挖掘市场，获得资源，并与书院共享利益。通过举办径山镇第四届人民运动会暨首届径山书院杯全国ATV邀请赛、“国风宋韵 · 径山遇茶”首届径山汉服迎春盛典暨首批文农旅机构入驻签约仪式、径山万步行·春季行暨团建项目春季招商大会、击剑项目新品发布会暨文农旅秋季招商大会、“共建共享话共富，飞阅径山庆华章”大径山飞行节等大型招商活动，从场地出租、原材料供应、合作研发产品到共同运营农文旅体验项目，书院多维度输出优势资源，实现书院与高校、书院与被孵化企业、多个被孵化企业之间优势资源的强强联合，规避人力成本、固定资产的长线损耗，实现轻资产运营。

径山书院 · 乡创基地展示墙

自2019年以来，书院先后被评为全国首批共享田间学校、国家高新技术企业、浙江省省级示范青创农场（涉农孵化器）、浙江省乡村振兴实训基地、杭州市中小学生研学旅行基地、余杭区社会科学普及基地、余杭区农文旅产业融合示范园等。从一开始的单纯提供培训场所和接待服务，到进行课程设计，再到自主招生，通过运营团队与培训师资库的搭建，书院已基本具备承接百人团队封闭、半封闭式培训、游学考察的能力。据不完全统计，新冠病毒感染疫情暴发以来，书院筹办、承办的全国基层农广校校长能力提升研修班、浙江省农二代创业创新研修班、浙江省蔬菜产业带头人培训班、浙江省农创客大培训班、余杭区农创客创业指导研修班、余杭区民宿高效经营管理培训班等各类名目的培训不下百场，总时长高达5000小时。

"和酒店单纯提供培训及食宿场所不同，书院的核心竞争力在于能够在满足培训期间学员的合理生活需求外，自主研发了多套可灵活组合的课程，并为学员提供这些课程背后所携带的资源。对于很多乡创人才来说，这才是参加培训的重头戏，像老酒一样，后劲十足，影响深远。”张星荣介绍到，这是书院乡创孵化平台为乡村及新农人提供智力支持的关键。

而以乡创需求为导向，以农创培训为中心的业务布局也在很大程度上化解了乡村服务业忙闲不均的难题，使书院各项主营业务能够均衡、持续地发展。

从书院的成长轨迹中可以发现，其正逐渐从经营型乡村众创空间向知识型众创空间转变，通过搭建城乡互动平台实现资源聚合、功能复合、产业融合、运营整合，以知识教育、技能培训、创业实践、人才孵化等造血功能反哺日常经营性活动，创造良性循环。

11.4 产业兴农，多元主体同建共富机制

书院自建立以来，针对平山村人少、地多、房空的矛盾，通过与当地种粮大户、农场、果园合作开展协作销售、定点配送、采摘活动、农事体验等内容，不断为农业经营主体创造良好效益，促进了农民增收致富，推动了径山镇农文旅融合发展。

11.4.1 “地产地消”的发展策略

径山书院所处的大径山乡村国家公园位于杭州市余杭区西北部，这里地广人稀，物产丰富，不仅出产中国文化名茶、浙江省十大名茶、浙江省十大地理标志区域品牌径山茶，更有丰富的动植物资源，因生态环境优越，这里的负氧离子能够达到每立方厘米 20 000 个，这些得天独厚的优势都是“地产地消”模式得以实行的主要原因。目前，书院主要以以下三种形态来促进农产品“地产地消”：一是利用农产品发展农副产品加工业，延伸产业链、创新供应链、提升价值链；二是依托书院营销平台，以文创设计、农创研发为核心，贯通农副产品上下游，开发自有农产品品牌；三是利用农业资源开发休闲旅游项目。如，书院提供的由径山茶、径山抹茶等原材料加工制作的“径山有礼 · 茶月”中秋月饼礼盒、抹茶冰淇淋、抹茶牛轧糖等农副产品，不仅得到了游客的追捧，更解决了不少茶农的农产品存量问题；通过书院营销平台与销售渠道帮助本地村

民销售时令蔬果、笋干、桂花酱、豆瓣酱等农副产品及土特产，解决存货积压问题，帮助农民增收；挖掘并梳理径山味增酱的历史起源与发展轨迹，与村委积极合作申报"味增"非遗项目，并将禅茶文化融入多项产品与服务中，先后开发了仿宋汉服点茶体验项目、抹茶年糕 DIY 体验项目。

径山书院农创产品：径山有礼·茶月

11.4.2 优化乡村产业空间

大量农村人口尤其是青壮年劳动力向大城市和城市圈快速转移已成定局，由此带来了乡村人口老龄化、乡村劳动力综合素质低下、"空心村"等一系列问题。书院破解优化产业发展空间有两种模式：

一是"1+N"众星拱月模式。以书院为中心，合理选择交通可达性高、活动延展性佳的多处农场、茶园、果园及小片山林，根据季节特性因地制宜开发旅游体验项目。如春季采茶、挖笋、制作清明果，夏季采摘杨梅、西瓜、蜜梨、黄桃等水果，秋季采集桂花制桂花酱，冬季则摘野生柚子九蒸九晒做佑子茶等，并引进网红文娱项目如 ATV、真人 CS、热气球、直升机等。同时，与当地农林渔业生产者开展协作销售、定点配送，共享有效的经营资源，开发新产品与新需求，提升农业资源的综合价值，既为农业经营主体创造了良好效益，又为书院获取了低成本的旅游资源和项目拓展场地，实现互利多赢。2019 年以来，书院累计销售茶叶、大米、水果及其他农副产品价值约 600 万元。

二是民宿合作模式。首先，书院租用当地农户的闲置民房，并聘用该户女主人为服务员，该户男主人为管家兼保安，解决了书院租房难、租房贵、投资多、见效慢、成本高等问题，同时也实现了农民在家门内就业。农户足不出户就能获取租金与工资，也可以在家售卖当地特色农产品增加收入，不仅大大提高了农户出租民房的积极性，每户农户的热情款待与个性化接待服务也为城市游客带来了别具一格的旅游体验。其次，为充分保护农户自由创业的积极性，书院采取有条件的包租模式，动员农民按书院标准设计、装修好民宿，由书院代运营的方式，提高农民收益，同时也提升了民宿集聚区的床位拓展速度。目前，书院自营民宿及合作民宿的床位已达 300 张，带动周边民宿"消化"非周末存量客房上千余间。民宿资源的高度整合，不仅有利于拓宽书院客源市场，丰富书院业务内容，为书院接待大型集团客户奠定了良好的基础，更直接带动了本村近 150 人就业。

11.4.3 打造特色文创融合项目

多数"1+2+3"型产业融合发展项目存在的普遍问题是农业与旅游互动紧密，但文化创新性欠佳，在地文化融合程度不太令人满意。作为体验经济在乡村的一次成功的下沉式尝试，书院的文创融合项目注重文化创意与消费场景的互动与融合，同时着力于非遗文化的活化，根据"礼乐射御书数"分别推出了仿宋汉服点茶体验（礼）、空谷清音民乐演奏体验（乐）、汉服射箭（射）、ATV 丛林穿越（御）、天下径山读书会（书）、智动体育培训及数字团建（数）等品牌项目，依托该类文创融合项目带动文创衍生品的消费。

径山书院·仿宋七汤点茶体验项目

通过静态的文化展示和动态的文化体验，径山书院用文化创新力为乡村资源赋能，让资源"活态化"，为文创产业灌输更长久的生命力。杭州图书馆径山分馆珍藏了镇馆之宝《径山藏》和珍贵的径山镇地方文献，不仅能够为广大市民游客提供借阅服务，还提供茶艺培训服务，并定期开展国际（中日）文化交流论坛、名人讲座、阅读沙龙、艺术展览等多项文化惠民服务。稻田音乐节、乡村冷烟花节、观星露营、纳斯卡巨画等则展示了新兴产业对促进乡村传统产业文创化的大力支持。

除体验项目外，径山书院设计制作的"禅茶一味"书院杯已申请专利，并成为水务集团等企事业单位指定的实验性城市礼品；以本地茶园兰花坪为原产地，开发了满足年轻人需求的径山特供小罐茶，并以"兰花坪上叶，陆羽杯中茶"为口号弘扬地方特色茶文化；与入驻企业茶筅之礼合作开发的多款抹茶食品，如抹茶巧克力、抹茶牛轧糖、抹茶冰淇淋等，受到了游客的一致好评，销量十分可观。

由径山书院策划、承办的大径山国际飞行节

书院通过文创融合项目的运营与推广，精准识别和定位目标客群，形成黏性强、复购率高、消费水平高的新消费群体，为径山文旅事业的发展提供新的增长点。以“让客人留下来，将产品带出去”为原则，书院的特色体验项目收入占年营收的 70% 以上。将径山禅茶文化与时代特色完美结合，打造与乡村产业深度融合的文创融合项目，是书院在农文旅融合发展中的制胜法宝。

2019 年以来，书院实现年均营收 3000 余万元，年均接待游客 15 万人次，其中核心业务——团建项目营收近 1000 万元 / 年，文创融合类团建项目占比高达 87%。书院通过线路网络推广、节庆赛事策划和文体活动运营，积极对外输出径山文化，被人民论坛、学习强国、《钱江晚报》、浙江卫视、西湖之声、动听 968、天天看余杭、《余杭晨报》、余杭文旅、余杭三农等官方媒体转发报道，另有中新社、中华网、新浪网等数十家媒体转发，还吸引了多位省市级干部，浙江大学、浙江财经大学等名校教授，以及日本动漫《铁臂阿童木》主创月冈贞夫、Hello Kitty 品牌总监关口贡等文化名人到访。

11.5 思考：同样是农文旅融合，径山书院为何如此"出圈"

农文旅融合发展是一个新兴却很系统化的课题，径山书院在短短的四年时间里从一家名不见经传的乡村民宿发展成拥有多项国家资质的农文旅综合体，虽有其不可复制的个体差异，但仍有许多值得借鉴的做法。

在乡村振兴的大背景下，径山书院拥有得天独厚的融合基础。一是具备产业层面的融合基础：经过多年的产业发展，借着余杭区数字经济的后起之势，径山镇的农业细分行业能够与多个产业实现业态融合，从而转变农业经济结构，拓宽农民收入渠道；二是具备政治层面的融合基础：除去产业扶持，余杭区各部门的联动出击，在管理与服务上形成了跨部门的协调机制，在政策上实现了超行政管辖的整合兼容，为政策的贯彻执行提供了极强的政治保障；三是社会层面的融合基础：农文旅融合势必对各参与主体的定位与职能形成新的解构与重塑，在党建引领的基础上，实现多元主体协同治理，充分发挥市场主体提供部分公共产品的优势，充分利用好行业协会等社会组织的功能，是助推农文旅融合发展的组织保障。

在此基础上，径山书院在农文旅融合发展中的生动实践便有了更具针对性、实操性和建设性的借鉴意义，主要体现在以下四方面：

一是农业经营主体多分布在偏远地区，对人才的吸引力不大，创始人应该拿出更多的激励政策及管理手段吸引人才、留住人才，吸引年轻人回乡村创业。

二是农业是重资产行业，不论是种植业还是养殖业，对资金、土地、人员的需求很大。故而企业与企业之间应该联合做好各自专业的事情，采取合作模式，不要用分利模式，降低投入，提升产出。

三是农业经营主体必须有品牌意识，只有在品牌的引导下讲好故事，提升文化含量，当成本上涨时才敢提价，而没有品牌的产品最后只能被成本拖累致死。

四是做好本地农民工的知识文化培训，让乡村环境美起来，让农民口袋鼓起来，让乡村百姓有文化起来，让乡村自然与人文环境共提升，才会大大有利于工商资本入驻乡村，真正让产业带旺乡村。

径山书院另辟蹊径，通过搭建核心平台 IP，整合乡村各类资源，引导各类人才回归，既实现了轻资产运营，又创新式发展了联农带农富农机制，实现了各方共赢，或许能为余杭乃至全省乡村产业发展模式创新提供有益借鉴。

扫码观看本案例
深度解读视频

第12章

千鹤村：从“她文化”到“她经济”

千鹤村入口

浙江是中国革命红船的起航地。自嘉兴南湖红船开启了中国共产党百年征程的第一步，红色文化自此在浙江大地上生根。官方统计的数字显示，浙江经认定的革命老区乡镇达 515 个，以红色文化为特色的乡村更是不可胜数。但是，大多红色村落都走上了“看展馆、搞文旅、靠参观”的同质化发展道路，投入了大量的人财物资源，却没有建立与之匹配的造血机制。就这类乡村而言，如何活用红色资源，为乡村振兴注入可造血、可持续的“红色动力”，成为必须突破的振兴难题。

浙江建德的千鹤村，六十年前曾因“妇女能顶半边天”被毛主席做出批示。六十年后，“她”力量再次崛起，成为浙江“文化赋能乡村振兴”的一块金字招牌。

12.1 选择千鹤村，要为建德树立全国样板

说起乡立方和浙江建德的故事，“镇头大队”绝对是一个绕不开的话题。

镇头村，原本是一个“无特色、无产业、无优势”的“三无”乡村，但在乡立方团队策划打造下，只用了一年多时间，就变成远近闻名的网红村——“镇头大队”。一年时间里，这个默默无闻的小山村，破天荒地迎来了全国 6 万多人次的参观考察。“镇头大队”这块招牌，迅速从浙江省万千乡村中脱颖而出，成为浙江乡村振兴示范村。

之后，项目团队先后在建德市又策划打造了新叶古村、九姓渔村、6006 航空小镇、草莓小镇等标杆性项目。为此，时任建德市委书记童定干专门表扬了项目团队：“镇头大队”的成功，为建德市的乡村找到了可参照的样板。在建德，比镇头大队文化资源丰富的村落还有很多，希望你们能够继续突破，选取一两个更有历史文化底蕴的村落，再创全省乃至全国的乡村振兴示范。

当时，童书记推荐了三个地方：邓家乡、长宁乡和城西村（千鹤村）。这三个地方有一个共同点：在新中国成立初期，三地都曾得到过毛主席的批示。

20 世纪 50 年代，为解决劳动力不足的问题，千鹤村妇女打破传统旧俗，走上田间地头，实行男女同工同酬，喊出“劈山拦河溪改田”的口号。毛主席

为此做出了“中国的妇女是一种伟大的人力资源，必须发掘这种资源，为了建设一个伟大的社会主义国家而奋斗”的重要批示。

经综合评判，同时与童书记多次沟通，项目团队最终选择千鹤村。一句“妇女能顶半边天”的口号，六十余年中响彻大江南北。选择千鹤村进行打造，示范意义更深远。最终，项目团队凭借出色的构思方案，顺利中标千鹤村的策划设计项目，为建德市打造了又一张乡村振兴新名片。

12.2 深度调研，为千鹤村精准“把脉”

千鹤村最大的优势是什么？要突出什么特色？确定往哪个方向走？带着童定干书记的嘱托，项目团队对千鹤村展开深入调研，寻找千鹤村的“差异化优势”。

首先让团队疑惑的就是村庄命名：曾经全国闻名的千鹤村，为何改名“城西村”？据村干部解释，“千鹤”名字是取千家、鹤皋两村的首字。早在新中国成立时，千鹤村包含千鹤自然村和黄栗坪自然村，属庵口乡管辖。1966 年，庵口人民公社正式更名为千鹤人民公社。1983 年撤公社改乡后，成立千鹤乡。1992 年，千鹤乡并入梅城镇。2007 年，千鹤村和黄栗坪重新合并，因地处梅城西大门，考虑诸多因素，故更名为城西村。

了解了千鹤村历史沿革之后，项目团队相继走访了千鹤现任妇女干部、历史上的“无名英雄”、妇女志愿者、女子基干民兵连代表等。在村委召开的座谈会上，千鹤村妇女代表生动讲述了那个年代发生的故事。1953 年，千鹤村作为建德县开展农村工作、发展粮食生产的重点单位，经常会有领导干部来蹲点。时任建德县妇联主任胡采薇，为解决农业生产劳动力不足的问题，鼓励千鹤妇女打破传统旧俗，走出家庭，走上田间地头。

在谈到当年妇女参加劳动面对的艰辛时，千鹤村老一辈妇女代表打开了话匣子。解放初期，当地农村普遍重男轻女，认为妇女只能生儿育女，洗衣做饭，田间劳作是男人的事。妇女出工劳作，在当时被视作“另类”。当地农村流传着“妇女下田，无米过年”的说法，甚至有“妇女踩过的田不长庄稼”的奇怪谈论。据千鹤老村民说，那个时候，为了增加粮食产量，妇女队长组织村里妇女参与妇女试验田耕种。全村妇女同甘共苦，一起奋斗。千鹤妇女们用手来松泥拔草，将草埋入泥土，做自然肥料，带头做出榜样，实现当时水稻亩产一千两百斤的高产量。

“以前，妇女劳动只能记 4 工分，最多记 6 工分，而且只记男人的名字。后来，千鹤村执行男女同工同酬，按件、按质合理记工分，而且记妇女自己的名字。”千鹤村干部介绍说。就这样，千鹤村成为全国率先采用男女同工同酬模式的地区之一。在党的号召和妇女劳动能手的带动下，千鹤妇女参加农业生产劳动的越来越多，劳动范围也越来越大，由季节性劳动到常年劳动，由简单劳动向较为复杂的技术农活发展，并成为农副业生产的生力军。1956 年，千鹤村办起了托儿所，这是全县第一家农村托儿所，有效解决了妇女劳动的后顾之忧，得以使他们安心参加生产。“除了有全县第一家农村托儿所，我们千鹤村还成立了全县唯一的女子民兵连。”座谈会上，千鹤女民兵代表马金花说起这段历史如数家珍。20 世纪 60 年代，千鹤妇女积极响应毛主席的号召，成立女子基干民兵连，这支娘子军多次获得省市民兵连先进集体的荣誉称号，成为当时杭州市一张响当当的名片。

回忆起那段激情燃烧的岁月，马金花心潮澎湃：“大家都认准了一个理，就是听党话、跟党走。”而那股凡事冲在前头的劲头，带给姐妹们的是实实在在的成就感、获得感。如今 77 岁的千鹤妇女老党员傅爱娥，当年曾受到毛主席、周总理接见，并在天安门城楼观看了阅兵式。说起自己的故事，她也是激动不已。3 岁时她因烧伤双手残疾，一度丧失了生活的勇气。“当时村里的王玉英书记不停地鼓励我、帮助我。后来，大家都知道千鹤有个双手残疾的妇女，却同正常人一样劳动，而且还会识字、写字。”

1955 年，毛主席为建德县委上报的《建德县千鹤农业生产合作社发动妇女投入生产，解决了劳动力不足的困难》一文做出了批示，不仅高度肯定了千鹤经验，要求在全国推广，更是明确提到“中国的妇女是一种伟大的人力资源。

必须发掘这种资源，为了建设一个伟大的社会主义国家而奋斗。”在毛主席批示的鼓舞下，千鹤妇女参加劳动生产的积极性空前高涨，涌现出诸多全国妇女典型。洪水花被重点培养，作为先进妇女代表参加全国妇女代表大会，傅爱娥被评为全国劳动积极分子，也进京参加了全国表彰大会，受到国家领导人的接见。

千鹤妇女走出的这一步，极大鼓舞了当时千千万万个中国女性走上自信自强的道路。千鹤村的“魂”在哪里？下一步要做什么？调研至此，项目团队基本上“心中有数”了！

12.3 聚焦“她”力量，千鹤村华丽转身

2021 年 11 月 9 日，时任浙江省妇联主席王文娟来到千鹤村调研。她说，每次来到千鹤村，都是一次精神洗礼，希望千鹤妇女精神教育基地继续紧跟时代步伐，不断完善提升，充分挖掘、传承和弘扬“妇女能顶半边天”的千鹤妇女精神，赋予千鹤妇女精神新的时代意义。

“从前，千鹤有高度；现在，千鹤有动作；未来，千鹤要如何亮相？”带着这样的思考和疑问，项目团队召开了激烈的创意头脑风暴会议。会上，项目组成员畅所欲言。

“既然要做乡村品牌，首先就要有一个响亮的品牌名字。”项目团队几乎一致认为，城西村首先要做的就是改回原来的名字——千鹤村。对于梅城镇来说，“千鹤”两个字就是一张金名片，振兴乡村首先要做的就是要将这个名片重新擦亮。后续在向建德市领导的汇报中，这一观点也获得大家的认可。很快，建德市政府就批复同意城西村正式更名为千鹤村。

品牌名确定后，紧接着要定方向。浙江到处都是红色文化，千鹤村红得有啥不一样？

项目团队认为，传承经典不是呆板的“拿来主义”，而是依托历史印记，植入符合时代的新精神，根据当前市场需求再造文化活力和创新业态。因此，要

将“妇女能顶半边天思想发源地”以品牌口号的形式喊出来，作为千鹤村的品牌定位。

项目团队还提出，做好红色文化，要满足三个点：独特性、当地性、唯一性。前些年，项目团队为下姜村做顶层设计，就依据下姜村独特的政治资源，将其定位为“梦开始的地方”，也是“中国梦”的一个缩影。因为独特性和唯一性，下姜村被誉为“中国乡村龙头品牌”。那么千鹤村又该如何推进？

从前，女子不能公平地参加田间劳动，从千鹤开始，男人能干的活女人也能干，靠自己参与生产；从前，女子劳动工分不计自己的名字，从千鹤开始，写自己名字记工分，男女同工同酬；从前，妇女只能在家带小孩，从千鹤开始，创建全县第一家农村托儿所，解决劳动顾虑；从前，女子不能参军，从千鹤开始，建立全省第一个女子民兵连，“备战备荒为人民”。

“千鹤的时代意义，是妇女真正可以靠自己的双手创造价值，靠自己的劳动取得独立。”在讨论会上，一位主创人员提出：“那个年代，千鹤妇女用行动和努力告诉了所有人‘女子也能’！千鹤的努力证明了她和他一样也顶半边天。”为千鹤村打造一个“她”的超级 IP。这个创意一提出，立即得到大家的一致认可。

有了方向，剩下的不会成为难题。项目团队很快完成了“她”的整体策划：“她”这个字浓缩了中国女性的成长史，也从侧面展现了党的奋斗史。在以前女性是没有独立代称的，《新青年》杂志社内部曾讨论英语中“she”的翻译问题，《新青年》编辑刘半农最早提议可以创造一个女字旁的“她”字来作为女性第三人称代词。周作人也提出用相对古雅且便于印刷的“伊”字作为中文里的女性第三人称代词。由于“她”字的女字旁更能体现其含义，且“伊”字的读音与大众口语中男女性第三人称皆读作 tā 的习惯相左，“她”字逐渐被更多人所接受。

鹤享客厅二楼妇女儿童驿站

千鹤因“她”而改变，时代因“她”更美好。千鹤要做的就是挖掘乡村发展的“她力量”，以品牌化思路打造“她”文化，围绕“她”，做足“她”文化，拉动“她”经济，发展“她”模式，带动“她”产业。千鹤村的流量定位，聚焦在政企团建和培训。来千鹤，重点是学“她”打造品牌乡村，学“她”的故事文化精神，学“她”的乡村治理方法，学“她”的乡村振兴思路。

而后，千鹤村组织项目评审会，邀请了浙江省妇联相关领导、建德市领导，以及专家学者参加。评审会上，省妇联相关领导提出：“她”符号是一个很大的概念，像千鹤村这样一个小村庄，使用“她”符号作为核心价值，恐怕难以支撑住，而且省妇联正在做一个以“她”为主题的组织活动。也就是说，“她”这个符号，当时浙江省妇联正准备在其他地方在使用，千鹤村如果此时用，会存在冲突。会上，项目团队据理力争，坚持“她”作为千鹤的超级符号是完全行得通的，“对于千鹤村而言，‘她’的价值感是非常强的，千鹤是‘妇女能顶半边天’的思想发源地，可以说一路见证着中国妇女解放。”

在双方的多次交流和论证中，最终决定首先要突出“妇女能顶半边天思想发源地”这一政治高度，但在业态设计和传播上，可多运用“她”这一品牌符号。比如在最重要的主入口，远远就能看到一面大大的“她”字旗帜。据千鹤村干部后续反馈，很多新闻媒体在报道千鹤村时，选择使用最多的照片中，还是入村口那张带有“她”字符号的场景，可见在传播中，“她”符号具备超强传播力。

12.4 精准策划，变“流量”为“留量”

乡村的整体打造，一定要坚持“品牌先行、运营前置、策规一体”。任何项目，如果没有结合当地的实际情况，没有找到精准定位，缺少足够创意，后面的规划、设计、投资、运营，都有可能是瞎折腾。这种吃透和消化当地情况的能力，还有项目定位和节奏拿捏的能力，以及市场差异化的创意能力，集中体现于乡村的顶层设计工作中。

于千鹤村而言，在确定“千鹤村——妇女能顶半边天思想发源地”这一顶层品牌后，后续的乡村整体基调、视觉体系、业态体系，都要在顶层设计的框架指引下延展。

当时参与千鹤村项目的除了乡立方以外，还有村庄的规划方，千鹤妇女纪念馆的设计方，以及各个项目的落地施工方。在乡立方的整体统筹下，各个子项目的合作方按照品牌基调进行规划设计和施工。比如千鹤妇女纪念馆，小到纪念馆的藏品内容展示，大到纪念馆的整体形象，都在千鹤村顶层品牌的指引下落地。

由于千鹤村背靠山，土地开发空间有限，村里也缺乏主导产业，再加上也没有独特的自然生态资源，项目团队从一开始就针对这些“局限”做了深度思考。既然这里没有办法做成一个旅游村或者产业特色村，那就主抓党建研学市场。事实证明，这是一个正确的选择。在浙江省妇联和建德市政府的助推下，千鹤村的名气越来越大，迎来了大批全国各地前来参观学习的党政干部。据统计，仅 2021 年，千鹤村接待参观人员 3000 余批，共计 40 余万人次。

经过两年多时间的打造，千鹤村在妇女精神挖掘和红色旅游上已经有所成就，千鹤妇女纪念馆也获“全国妇女爱国主义教育基地”的授牌，可以说在全国范围内树立了一定高度和影响力。但是，新问题也随之而来，由于缺乏特色业态体验和旅游配套，千鹤村的“流量”难以转换成“留量”。为破解品牌人气无法转变为经济效益的发展瓶颈，项目团队又接到新的任务：如何利用村内的闲置资源——一处农用地和一栋办公房，策划一些可盈利的体验业态？当地政府的预期目标，就是既盘活闲置资源，又丰富游客体验，还能增加集体收入。

“党建高度有了，千鹤还需要市场广度”，基于对千鹤的了解，项目团队很快提出了解决方案：千鹤村需要更加市场化，增加趣味性业态，让更多人参与乡村旅游。基于现有农耕土地资源，打造一个有主题、有业态、有特色、有亮点的农乐园。

这一方向在和千鹤村支书沟通后，也得到了认同。村里一块闲置土地成了“鹤彩乐园”，定位于“党建＋农事拓展＋特色迷宫”打造方向，做了沙滩卡丁车、趣味观光小火车、江畔露营、田园迷宫等特色业态布局，目标是打造“建德周末休闲胜地”、浙西最具吸引力的户外运动基地和华东地区最大的田园迷宫。2021 年 8 月，鹤彩乐园正式开园，吸引了建德市及周边地区上万名游客，目前已经成为当地最热门的亲子游打卡点。

为了让千鹤村实现“人进来，货出去，心留下”，项目团队还为千鹤村策划了“千鹤一面”“千鹤一醉”“千鹤一味”“千鹤土油”“千鹤玉米”等系列农创产品，打造农旅产业发展的“千鹤标识”。除了盘活“红色资源”，项目团队还助力千鹤村挖掘“存量资源”，充分利用闲置空房，改造原村粮食加工厂为“千鹤一碗”怀旧食堂，形成新的网红打卡效应。据统计，“千鹤一碗”开业短短三个月中，就接待了各类研学参观团队 100 余批次，为村集体增加经营性收入 10 余万元，受到各地妇女干部培训班的赞许。

鹤彩乐园|千鹤一碗

12.5 持续赋能，从千鹤村到千鹤传习所

在全国妇女爱国主义教育基地的荣誉加持下，来自全国各地的党政考察团源源不断来到千鹤村学习经验，促进了千鹤村一大批乡村产业的诞生。村民利用自己房屋小院开展民宿、娱乐、餐饮等项目，发展庭院经济，老百姓生活变得红红火火。在省妇联、省农业农村厅联合认定的 2022 年“浙江省美丽庭院特色村”名单上，千鹤村再次榜上有名。

千鹤村产业项目有了，基础设施建设加快推进，各类节庆活动也在吸引着人气。如何将千鹤的品牌效应再放大，帮助周边乡村也得到发展，同时培育更多乡村创客？

为此，梅城镇将位于梅城古镇中心的一条长约百米的小弄堂，打造成梅城镇乡土人才培育的“摇篮”——千鹤嫂创业街，并再次邀请项目团队参与谋划设计。据统计，千鹤嫂创业街共入驻文创、民宿、非遗、餐饮等女性主导的店铺 90 余间，引领了当地 110 余名女性创新创业，成为千鹤妇女精神活化展示区和浙江省创业女性产品展销、孵化成长和展示风采的重要窗口。

其中有一个突出亮点，便是项目团队全程参与策划设计的“千鹤传习所”。

改造前的千鹤传习所，原汪氏故居

千鹤传习所是由原来的古建筑汪氏故居改造而来的。这幢古建筑有一百多年历史，曾经面临倒塌的危险，经过了多次修缮。地方政府将损坏的墙面拆下来，收集旧砖，请当地工匠采用古法修补，恢复外墙原有的面貌，才有了如今的样子。

改造后的千鹤传习所

项目团队联合了包括浙江省妇联、浙江省巧手联盟协会等 9 个团队，从策划到项目落地，仅用了 28 天时间，就让这个有着百年历史的老房子，摇身一变成为集“展示、工坊、店铺、演绎、研学、培训、孵化”等功能于一体的文化综合体。千鹤传习所共设有鹤时代记忆馆、竹生活工坊等 13 个主题空间。在这里活化展现了布鞋、畲族彩带、虾灯等 100 余款本地非遗衍生品，以及全省 40 余家企业近百名女性手工艺人的作品。

从千鹤村到千鹤传习所的策划设计，项目团队陪伴了千鹤村三年的时光，一路见证了千鹤村的成长。

2021 年 10 月 23 日，千鹤这个小乡村，迎来了自己的高光时刻——第三届全球女性发展论坛来到建德，走进千鹤。来自联合国教科文组织、联合国妇女署，以及埃塞俄比亚、尼泊尔、巴基斯坦等国家的专家学者和全国各地的优秀女性代表，通过线上线下结合的方式，一起探索如何发挥以千鹤妇女精神为代表的妇女“半边天”作用的制度机制等重大理论和实践问题。这次论坛上，会议代表们还达成以“半边天”力量投身乡村振兴、助力共同富裕、彰显全球女性新作为的“千鹤共识”。

同样在 2021 年，千鹤妇女精神教育基地在成为“全国妇女爱国主义教育基地”之后，又拿下了浙江省爱国主义教育基地、浙江省党史教育基地、浙江省巾帼爱国主义教育基地等称号，并纳入杭州市首批共同富裕示范区“精神文化高地”试点。

从一个逐渐被历史遗忘的城西村，到如今华丽转身，成为全国有名的千鹤村，从历史舞台走向国际舞台，千鹤村的故事仍在继续。我们深信，广大女性将以“巾帼不让须眉”的豪情，为乡村振兴、共同富裕，为构建人类命运共同体发挥“半边天”作用。

12.6 思考：振兴乡村需要久久为功

任何乡村的打造都不是一蹴而就的，千鹤村的实践再一次证明了这一点。

从一开始的品牌乡村定位，到乡村业态策划与打造，再到营销与推广，以及乡村物理空间的功能布局与市场招商，千鹤村走了三年多，才有今天的效果与影响。这期间，地方市、镇、村的领导不断更迭，但政府对千鹤村的打造与同第三方团队的合作，一直没有中断过，这同样成了“一任接着一任干、一张蓝图绘到底”的样板。

难得的是，为千鹤提供持续服务的，是同一个团队。也正是因为彼此的熟悉与积累，千鹤打造过程中少走了很多弯路，也少交了很多学费，甚至也减少了“磨合”时间，大大提高了效率。

扫码观看本案例
深度解读视频

第13章

岳池农家：在“陆游的诗和远方”的背后

岳池农家·陆游记入口

受新冠病毒感染疫情的冲击，近几年出国游、跨境游、跨省游等传统旅游业“惨淡经营”。但在四川省岳池农家景区,却是另一番情境。每逢周末节假日，周边地区的游客纷至沓来，景区最高日接待量能达到近 5000 人。

也许有人会说，各地周边游、乡村游和短途游都是被疫情“刺激”起来的。但走访岳池农家后可以发现,其“火爆”现象的背后,还有股特殊的“文化力量”在推动，更多人是被“陆游的诗和远方”吸引而来的。

13.1 岳池农家：好看不火为哪般

四年前，岳池围绕“全域全程全力融入重庆都市圈，加快创建成渝地区双城经济圈建设示范县”发展目标，朝着“广安副中心”的目标进发。如何擦亮“千年银岳池”“中国曲艺之乡”等文化名片，成为摆在岳池县决策者面前的重大课题。为此，时任岳池县委县政府领导雄心勃勃，用了两年多时间，投入了很多钱，建成了一个岳池农家生态文化旅游区。这个旅游区以深度贫困村郑家村为核心，涉及该县九龙、白庙、北城等 3 个乡镇 29 个村，占地 52 平方千米。决策者的意图很清晰，就是要把它打造成岳池的闪亮地标，成为带动周边的一个龙头示范。历经两年多的打造，景区形成了很多市面上深受欢迎的业态，比如东邻婚俗园、蚕桑缫丝馆、稻田酒店、房车营地、星空帐篷酒店、桃花岛等。但让岳池县四套班子上下不解的是，这样的大投资、大规划，看起来什么都有的景区，“好看不火”，一直“旺”不起来，很多游客的评价竟然是“十分钟开车转一圈就走了，没有什么可玩的，没意思”。

人来了一次留不下来，也很难有二次消费，那如何能实现盈利，如何能带动周边老百姓，如何能实现乡村振兴呢？很多参与这个项目的人以及当地的老百姓信心大挫，久而久之，这个项目成了岳池县和园区领导的“心病”。

念念不忘，必有回响。有一次，岳池县的主管领导在北京学习时，跟浙江台州的一位县委书记坐在一起交流，偶然间聊到台州的“白鹤遇仙记”项目。短暂的沟通让岳池县的主管领导眼前一亮，觉得这种文创化的打造方法可能正是岳池农家需要的，于是辗转找到了项目的策划创意团队。

当团队打开岳池农家发过来的资料时，发现这个景区一直在做基础设施建设，和当时大多数的田园综合体一样，修路、修房子、做景观、种绿植……哪里需要什么就建什么，哪里的景区火就搬过来。甚至还有部分小院子，只是简单复制江南地区风格的民居，很难看到四川岳池的特色。显然，这样做下去的景区，一定是只能火一时，不可能长久。眼前出现惨淡的局面，实属正常，没有魂，就留不住人，更难以吸引回头客。

13.2 一个缺少市场支撑的规划败笔

为了精准把脉，项目团队决定到实地去找“病因”。一行人先从杭州坐飞机到重庆，然后坐一个半小时汽车才到达岳池县。现场的情形验证了团队的预判：江南风格小院、房车营地、桃花岛……这些都是市面上同质化的业态……更有意思的是，团队听到了一些直言不讳的“真话”。

正在房车营地干活的施工人员说:“虽然这房车营地是我们做的，但要是我，我根本不会来玩，除了住一晚，这里啥都没有！”

一位园区环境管理的负责人说：“说真心话，这个房车营地看起来好看。200多元一晚，价格也不贵。但现在只有节假日有些游客，平时根本没有人来。另外，附近隐藏的垃圾也多，清理起来耗时耗力，每次迎检我就头疼。”

一位年轻的园区导游介绍说：“现在业态不少，但游客参与感、体验性都不足。据说还要在后面山顶做一座火锅山，让游客在山上吃火锅。好是好，但与我们整个园区好像调性不符，为啥要跑到这里来吃火锅啊？”

一位游客很失望，话语里全是批评：“花这么多钱搞这么个景区，不知道是怎么想的。感觉这里面没啥好玩的，开车逛一圈，十分钟就兜完了。没啥美食，没啥看头，好玩的更没有，没意思。”

另一位白庙村的村民说：“现在到处在施工，环境也不好，这个项目肯定搞砸了。”

……

为什么按照大规划、大布局建造的景区，会陷入这样的困境呢？

在深度调研之后，项目团队找出了“病因”：是先规划还是先策划？岳池农家的现状再一次印证了“规划先行”的行业通病。90%的项目都是先做规划，以规划去要项目支持，以规划去落地，以规划去吸引投资。项目建设前期在规划、效果图表、理论体系上花大力气，却往往忽视实际投资能力、市场接受度、游客的体验需求，一味地摊大饼。规划是把所有业态事项填充进有限的土地空间中，往往忽视游客的体验需求，投入大量的人力物力，却事倍功半。策划是基于市场需求，围绕主题打造，通过顶层设计，提出符合项目实际人财物资源，又可落地执行的最佳方案的活动，是带有策略性的项目打造方法。

针对岳池农家这种旅游景区，更应该以市场为导向。不做策划只做规划，很难撬动项目的影响力。项目的整体开发，前期策划、中期规划、后期执行这个顺序不能错。需要从市场出发，用品牌化思维打造，一定要策划先行，找到“岳池农家”的“魂”。

13.3 找到陆游，就找到了岳池农家的魂

其实，这个项目的名字源于陆游的诗《岳池农家》。在诗中，有句“农家农家乐复乐，不比市朝争夺恶”。岳池因此被认为是中国农家乐之源。在岳池本地，这是一个“强认知”。有趣的是，大部分游客，即便是当地人，初次听闻“岳池农家”的时候，确实认为它是一家“农家乐”，吃吃饭、钓钓鱼、喝喝茶，根本无法同这个设施完善的大型旅游文化景区相关联。项目团队在调研中还发现，就是在园中游玩的游客，也很少知道这是以《岳池农家》为基础打造的，园中的大部分景象无法与诗词产生强关联……

项目团队做出了第一个判断：尽管这个景区是以《岳池农家》这首诗为基础打造的，但是考虑到未来发展和业态带动，一首诗根本不足以支撑整个旅游景区的发展。一般来说，在打造乡村的时候，通常有三种方法：如果一个村有特别突出的产业，比如山东有个村种菊花，那就围绕菊花产业做景观、业态等，通常这种叫作乡村打造的“产业型”；如果没有产业，有文化也行，比如建德镇头大村，村里有大队时期修水库的历史，那就围绕那段历史去做文创，复原那个年代的大队的故事，这种打造方法叫作“文化型”；如果一个村既没有产业、也没有文化，那我们可以创造一个契合乡村自己的概念，比如下姜村，我们为它找到“梦开始的地方”这个魂，这种打造方法叫作“概念型”。

显然,针对岳池农家这个项目,项目团队一致认为应该从“文化”角度切入,深入挖掘《岳池农家》这首诗背后的文化价值。据此，主创策划师很快理出了总体思路：

“《岳池农家》这首诗并不出名，如果不是做这个项目，我们压根没听过。但这首诗的作者陆游,却是历史上写诗最多的诗人之一,一生写诗一万多首,《游山西村》《示儿》等是我们耳熟能详的名篇。所以，这首诗能留存是因为它的作者——陆游。如果不是陆游，可能这首诗已经被淹没。也就是说，正是陆游，才让《岳池农家》更具价值。所以，陆游才是岳池农家文化的精髓，是发掘者、传播者、创造者，这才是岳池农家这个景区是最独特、最具可挖性、最具代表性的文化内核，也是未来发展景区最强有力的文化母体。”

也就是说，在景区发展的前期，“岳池农家”的品牌缺乏认知度，未能最大化发挥品牌资产，造成了一首诗和一个诗人陆游大 IP 的资源浪费。

因此，项目团队在第二个判断上达成了共识——《岳池农家》这首诗的作者陆游才是这个项目的核心和关键所在。那么，市面上有没有关于陆游的景区呢？这么大的项目，总不能发生“撞车”事故啊。调研后发现，市面上主打陆游文化的景区，不是没有，如陆游的老家绍兴，打造了宋代村景、西村幽径、陆游庭院、沈园等景点，还有一些手迹、画幅、善本、拓片、模型等的展示，但这些都是陆游生活场景的复制还原。另一个，就是国内除绍兴外唯一纪念陆游的专祠,罨画池东隅的陆游祠,但这也是基于陆游的场景还原,属于纪念性的。

项目团队由此达成了第三个共识，“沉睡的文化资源”并不能产生更多的体验，自然形成不了消费。只有将文化和市场结合，将文化转化为趣味化的业态和体验，文化才能产生价值。如果将岳池农家打造成全国绝无仅有的陆游文化体验地，实施“创造性转化、创新性发展”，“让陆游从书本里、博物馆里活起来”，让文化可消费、可体验、可带走。最重要的是，抢占陆游 IP，从而找到整个项目的“魂”。

13.4 与陆游来一场跨越800年的时空对话

找到了“魂”，下一步是需要创造能被大家记住的名字和广告语。

在项目团队介入之前，园区管委会以“岳池农家”的名字征集了大量的LOGO，但一直没有特别合心意的。且“岳池农家”在当地，已经有一定的受众基础。因此，保留原有名称“岳池农家”是一个合理的要求，但项目团队认为，一定要弥补品牌认知欠缺，需要增加一个概念，一来消除消费者对“岳池农家”是个农家乐的错误认知，二来更深化品牌，为未来业态体验留足发展空间。

在翻阅大量陆游诗集及研究文章后，项目团队发现，《岳池农家》这首诗是陆游旅居岳池期间所作。从岳池离开之后，陆游到达了他一生政治和诗词创作的最高峰。完全可以说，岳池是陆游生命的重要转折点。一定程度上，这首诗是陆游为岳池农家写的游记，更是陆游人生游历的写照，是一部“陆游记”。所以“岳池农家 · 陆游记”的品牌概念便呼之而出。

为了让“岳池农家 · 陆游记”的概念像《清明上河图》能代表宋朝的市井生活一样深入人心，整个项目组根据这首诗描绘的场景，自创了一幅仿古卷《岳池农家》，包含“春深牛耕图”“细雨插秧图”“川东婚俗图”“农家小姑图”“蚕桑丝织图”“农家合乐图”等六幅小图。这幅“古卷”是项目组六个插画师日夜不停连续八天创作完成的，从策划到画面构思、上色等，每一个细节都十分严谨，既符合川东文化，又符合宋朝文化。一幅“古卷”，就是一个文化传播载体，呈现岳池农家的文化底蕴，同时也是后期业态延展、文创产品应用、广告传播的符号。

《岳池农家 · 陆游记》长卷

许巍有首歌当年很流行，歌词里有一句“生活不止眼前的苟且，还有诗和远方的田野”，成了很多人的“心灵鸡汤”。受此启发，策划组的主创人员就提出：“干脆，我们的广告语就叫——陆游的诗和远方。不用解释，直击每个人的自由梦。陆游到这里来被美景吸引，写下这首诗，这就是他心里的‘诗和远方’，况且这个歌词现在是个自带流量的 IP，朋友圈、微博等都在讨论这个词，微博超话就有近 3000 万讨论人次，《人民日报》发过一篇文章，题目就叫《诗和远方要多花些心思去抵达》。”这个建议立即得到大家一致赞同。对于游客来说，来到这里，花上一两天时间，放下繁杂的事务，释放工作上的压力，陪着家人吃饭游玩，看日出日落，本来就是一种诗和远方。

冲着这句话来了之后，游客能得到哪些独特的体验呢？

所谓创意无所不在。项目团队发现，陆游的“陆”用四川方言竟然与“六”同音，“岳池农家·陆游记”刚好可以围绕着陆游去做食、住、耍、购、学、赏六种体验的延展，而每种体验又有六种以上的业态——

关于食，陆游写过“莫笑农家腊酒浑，丰年留客足鸡豚”。在这里，有地道的川东农家味、稻花鱼等，川式小吃美味多样。

关于住，陆游写过“夜阑卧听风吹雨，铁马冰河入梦来”。陆游当年因为忧国忧民寝食不安，如今的我们在这里可以体验稻田酒店、房车营地、帐篷营地、竹山曲苑民宿……花式过夜。

关于耍，陆游写过“农家农家乐复乐，不比市朝争夺恶”。这里有农耕体验园、咖啡馆、水上大力湖等，趣味多多。

关于购，陆游写过“墙头累累柿子黄，人家秋获争登场”。在这里乡村特色美食、农特产品、文创产品应有尽有。

关于学，陆游写过“纸上得来终觉浅，绝知此事要躬行”。这里有田野课堂、农耕菜园、养蚕缫丝。

关于赏，陆游写过“空巷看竞渡，倒社观戏场”。这里有岳池戏曲、婚俗表演……

从市场需求出发，想游客所想，尽可能丰富游客在这里的体验，创造“六种”玩法，同时在内容、业态、体验上都有不同内容的延展，真正成为基于陆游文化的可吃、可住、可玩、可购、可带走的文化盛宴。陆游邀你食，丰年农家味；陆游邀你住，夜阑卧观星；陆游邀你耍，农家乐复乐；陆游邀你购，土货争登场；陆游邀你学，学问需躬行；陆游邀你赏，倒社观戏场。

在体验中，让陆游文化和这个时代、和我们产生共鸣。陆游就不再是课本和博物馆里的，而是一个跨越了 800 年时空能与我们互动的代言人。

13.5 让陆游成为景区的顶流带货“主播”

如何带给人们更多持续的、趣味化的内容呢？当时，项目组做了消费者调研，发现陆游在大多数人的观念里，始终是一个有着光辉形象的人——伟大的爱国诗人和诗文俱佳的才子，一个让后世仰望了 800 年的人。

问题就出现了，如果继续去挖这个人的文化和成就，既做不出彩，也不符合当下的旅游消费需求。一个顶级 IP——故宫给了项目团队启发。故宫在人们常规认知里，是中国封建皇权的最高象征、中国建筑文化的瑰宝，但自从 IP 化后，故宫穿越 600 年成了超级“网红”，拥有众多“90 后”“00 后”粉丝。故宫缔造者明成祖朱棣，竟然戴上了墨镜，唱着 RAP；史书里严肃的雍正帝在河边洗脚丫子，并配上“朕脚痒”的文案，一反“高冷”形象；银行与故宫合作，打出了“奉旨”刷卡的广告；手机的宫廷版礼盒、快闪店、拍电影、做综艺节目……故宫 IP 正在扩大到各行各业。就像故宫博物院前院长单霁翔说的那样“深入挖掘自己的文化资源，把它和人们当下的生活对接，人们才会喜欢”。

同样，只有将陆游文化和岳池文化结合，与当下人们的生活结合，才会有新的吸引力和生命力，才会将“岳池农家 · 陆游记”做出彩。为了充分了解陆游和岳池本地民俗文化，整个项目组重读关于陆游及岳池的系列诗集、文章、论文、图书……一时间，在团队内部竟然掀起了“陆游热”，学习南宋文化、诗词、川东文化等蔚然成风。项目组发现，原来陆游不仅仅是个顶着大诗人、大学者、爱国志士光环的英雄，他更是一个有个性、有情感、有缺点的“凡人”。

一个有着鲜活形象的陆游逐渐清晰起来：

陆游是大宋第一“铲屎官”，为猫写了 12 首诗，是为猫写诗最多的诗人，还给他的猫起名字：捕鼠的粉鼻、爱睡懒觉的雪儿……与猫一起睡觉、用盐换猫、冬天抱着猫取暖、与猫一起宅，是个“妥妥”的“猫奴”。

陆游是个“大吃货”，更是个大厨，吟咏烹饪的诗就有上百首，数量大大超过苏轼。难得的是，他很懂得以吃养生，是一位 85 岁的长命诗人。

陆游 12 岁即能写诗，一生写了一万多首诗，现存九千多首，内容极为丰富，草木鱼鸟，统统写入诗，还曾经怒写 150 首诗来止牙痛。那些“山重水复疑无路，柳暗花明又一村”等脍炙人口的诗句，经久流传。

最让人感动的，应该是一生只爱一个人，凭一首《钗头凤》成为“南宋第一情圣”。

除此之外，还有更多让大家没想到的经历，在虎患严重的南宋，48 岁的陆游在秦岭打虎为民除害，成为人们心中的打虎英雄，堪称“武松第二”。

他更是个好爸爸，写过《放翁家训》，早上 5 点钟起床读书，给孩子做示范。

猫奴、吃货、大厨、美食家、情圣等，每一个身份都能引起现代消费者的共鸣。于是，项目组结合陆游的多样“人设”和时下的网络语境，结合园区现有的产业资源，打造了系列文创业态。

陆游IP形象

撸猫咖啡馆——对原有的岳色咖啡进行创意提升。陆游是“猫奴”，在景区原有岳色咖啡基础上，创建一间猫主题咖啡馆，内部装饰以猫和陆游为主题，为人们提供咖啡娱乐社交休息的场所，成为年轻人打卡地。

为爱通关游戏——东邻婚俗园的爱情游戏。陆游是个情圣，一生钟情唐婉，留下千古佳话。东邻西舍的六间房子保留原来的格局，并植入一场爱情主题游戏。整个体验就是让游客通过完成一个任务，把园区现有的业态串联起来，把川东婚俗文化融入其中，具有趣味性、故事性、任务性。

宋朝瓦舍——体验一把陆游玩过的游戏。陆游生活的南宋，经济文化高度繁盛、生活富庶，讲究吃、讲究玩。在园区中将陆游时代的游戏复原，同时和现代体验结合，创造出独属于岳池农家的玩法，人们可在这里体验投壶、蹴鞠、射箭、变脸等创意游戏，让宋朝文化活化。

围绕陆游美食家的角色，打造生态餐厅，将川东的特色菜谱和时下渐趋养生化的餐饮方式结合，让陆游教大家美食养生。

陆游是大诗人，打造一个“我是大诗人”的专属游戏，把陆游的诗词做成游戏，利用现有房子打造沉浸式游戏空间，让人们体验诗词通关的快乐……这些均可招商引资，丰富整个园区业态，增加游玩点，带给人们更好体验。

陆游戏台、诗词大闯关

系列业态突破常规，有时代背景也有文化支撑，与陆游产生强关联，形成独属于岳池农家的玩法，帮助“岳池农家 · 陆游记”的概念深入人心。

在调研时候，团队也发现很多特色农产品，比如：岳池米粉，一种跨越了

300 年的地道美食；岳池特曲酒，本地人大小家宴上的特色粮食酒；有大片柚子林，柚子口感甜爽、细腻到位；岳池豆腐干，真材实料，岳池人家家户户必备的美食……这些农产品品质都很好，但价格卖不上去。很多都是老百姓自己在景区边摆地摊出售，卫生状况也让很多游客望而却步。我们让陆游做代言人，帮助老百姓把东西卖出去。在岳池和陆游文化基础上，赋予受市场欢迎的产品概念和创意。比如岳池米粉就叫“真爱粉儿”，柚子“柚你真好”，豆干“心中有干货”，加上有创意的包装，就把传统的农特产品变得更时尚，更年轻，更符合消费者需求，游客也更愿意带走。品牌化改造实实在在地帮当地老百姓实现了产品的溢价销售。

岳池农家 · 陆游记主题酒

项目组在做景区的文创产品调研时，还发现景区原有的文创产品千篇一律，大都是网上批发来的。这样的文创产品不符合时尚化、年轻化、个性化的消费需求，结果只能是大部分在货架上积灰尘。在深度调研岳池农家的游客对文创产品的需求后，项目团队设计了一系列独特的，有意义的，甚至能带有景区所在地的历史和文化内涵的文创产品，包括鼠标垫、折扇、抱枕、手机壳、钥匙扣等实用、易携带的文创产品，深受游客喜欢。项目组再回访的时候，很多岳池农家的管委会成员都穿着那些精美的 T 恤。据说当地人过年送礼时，陆游记那些成套的文创产品都成了抢手货，其中“古卷”鼠标垫更是供不应求。

13.6 陆游“活化”后，穿越无所不在

对于品牌乡村，乡立方总结出六“有”方法：**有突出主题、有核心价值、有创意景观、有特色商品、有体验业态、有持续动作**。这个方法论，其实也源于对岳池农家项目的总结。

园区内部的系列事项落实之后，需要做的就是不断强化岳池农家在游客心中的形象。游客一进入岳池境内，在高速口、汽车站、高铁站、公交站等人流量大的地方，就能看到岳池农家景区宣传画，即便不靠导航，不用问路，也能跟着系列传播画面一路到景区。

陆游主题房车营地

到达景区后，游客们会发现，那些陆游的诗句成了一个个创意景观。每一个入口标识、每一个网红打卡点，都在讲述一个个关于陆游的诗和远方。陆游就像一个热情风趣的导游，带领游客逛景区。在东邻西舍、在桃花岛、在房车营地、在竹山曲苑、在星空帐篷酒店、在生态餐厅、在稻田酒店……在很多意想不到的地方，通过不断深入展示岳池和陆游文化，整个景区也越来越深入游客脑海。这样，陆游就真的穿越800年，与岳池农家产生了紧密联系。

此外，园区每隔一段时间都会推出一些新开发的项目，让岳池农家景区保持热度。结合自身的文化资源和旅游资源，让原有的节日趣味化，把没有的节日创造出来。

比如，在2019年国庆期间，项目组基于陆游文化和宋朝文化，为园区策划了一场“宋朝穿越主题活动”。园区在成都购置了大批宋装，在活动当天，游客穿着漂亮的宋装，加入“宋朝岳池婚礼”的穿越巡演仪式中，他们既是体验者，也是表演者。仅仅这次穿越活动，就为景区引流近10万人次，综合收入达到1538万元，各方好评如潮。项目团队曾采访过一位游客，他很开心地说：“本来国庆去哪里都会堵，还好岳池的朋友介绍我们来到这里，景色非常漂亮，也建得很有特色，尤其是那场‘陆游邀你一起穿越到宋朝’的活动，孩子们也玩得高兴。”

基于曲艺文化打造的“百花园”，目前已举办了好几届曲艺大赛，同时还举办樱花节、荷花节、葡萄节、蜜柚节等为主题的农家文化旅游节。在新冠病毒感染疫情暴发之前，每年吸引游客踏青、赏花、观曲艺达110万人次。

2021年的国庆节，在疫情防控措施到位的前提下，园区延续宋朝文化的底蕴，结合宋朝人喜欢放风筝的习俗，举办了“国庆风筝节暨亲子游园会”。风筝表演、油纸伞长廊、沉浸式剧本杀、桃花隧道、“歌颂祖国”快闪秀等一系列活动给游客不断的惊喜。

2022年春节，园区举办了“璀璨岳池，吉祥农家”活动，吸引游客3万人次，实现旅游收入90万元。2022年4月23日是世界读书日，景区与邓小平图书馆岳池农家分馆联合举办活动，在陆游书社，以“遇见陆游·农家文化读书会”的活动形式让大家一起参与读书，朗读陆游的诗作或者农家文化经典的作品，在活动中把陆游文化、农家文化传播深化。

此外，园区还推出包括“帐篷啤酒篝火晚会之旅”“梦幻湖岛游”“房车亲子派对”“稻田花海”等特色体验，同样火爆广安朋友圈，成为当地新的网红打卡地。

根据项目团队的建议，园区还增设了研学旅行相关户外设施，让周边学校把这里当成第二课堂。临溪小学、文星小学、花板小学等多个小学在这里开启了“学研一体，走近农耕文化”“圆梦蒲公英，热爱家乡行”等主题的农家文化研学之旅，以岳池农家为教室、以自然为老师、以陆游文化和岳池农家文化为课本，在兴趣中收获知识，在知识中收获成功，在成功中收获喜悦。园区还筹办了岳池农家首届劳动实践研学系列活动、“我带妈妈去拓展”、“致敬最美逆行者”等活动，并对所有援鄂医疗及后勤保障人员等提供相应优惠。

通过不同主题活动的举办，景区拥有了持续的生命力，岳池农家·陆游记“活”起来了，越来越多的人知道这里，回头客也越来越多。

13.7 这里就是村民和游客共同的“诗和远方”

如何将景区周边的老百姓带动起来？如何帮助他们在家门口挣到钱？如何吸引更多的乡贤回乡一起创建景区？这同样是岳池当地领导在委托项目时提出的课题。

项目团队对周边老百姓做了全面摸底，基本弄明白他们能做什么、擅长做什么、做的什么东西能吸引消费者、家里有什么资源是可以重新高效利用的。围绕岳池农家的“魂”，做了一系列的业态策划。这里列举一些典型案例：

汪永明和他的“汪式八大碗”

在景区，吃饭是游客刚需。尽管景区里已经有稻田酒店、东邻西舍等餐厅，但无法满足散客用餐，尤其是三五成群的年轻人、三口之家的亲子家庭。具有本地特色的农家饭菜还是很有市场的，郑家村五组村民汪永明，便在景区的游客中心旁边做起了川东本地的特色菜。为了充分体现川东菜特色，项目团队帮助他策划了一个“八大碗”的概念，做八道有文化有故事的菜品。汪永明结合自己经验，推出“汪式八大碗”农家餐饮，口味独特，让游客赞不绝口。

“汪式八大碗”背后也有个小故事。10 多年前，郑家村还是贫困村，很多村民前往福建、浙江、广东等地打工。2019 年春节期间，汪永明回到老家，看到村里种植了 1000 亩桃花，这里叫“桃花岛”，边上还有房车营地、稻田酒店，这些让他看到了村里发展的希望。“是呀，在家里也能挣钱，何必离乡背井？”汪永明决定不再出去打工，就在自己家门口，开了家农家乐，就做川东人都爱吃的坝坝宴。每年春天的时候，游客很多，吃饭的需求也多，因为他们家菜味道好、价格也好，被游客点赞，所以汪永明从早忙到晚，干劲越来越足。

吴明贵，没想到 70 多岁竟然还可以在家门口创业

在景区里面，游客一定离不开矿泉水、小零食等便利产品。所以，村民吴明贵便在家门口开办了“吴家铺子”小卖部。他很开心地说，从没想过自己 70 多岁高龄了，竟然可以在家门口创业。“生意好时，一天能赚上千块。现在几乎周周都要补货。我还在店里出售自家的红薯粉，有不少‘回头客’。”

古永林，“工人食堂”变成“游客餐厅”

“到这里来，一定要去一家叫‘农家好吃鱼’的餐厅，吃吃农民古永林经营的特色菜，麻辣鱼、莴笋炒肉……周末的话，人很多，可能要等上一会儿。”来过岳池农家的很多游客推荐。开业一年多,古永林的小饭馆就成了“网红店”。“店里每天都有生意，一年轻轻松松收入二十多万元。”古永林带着自豪说。虽然忙着，但这样的日子有奔头，所以他一点也不嫌累。

古永林是一名共产党员。2018 年园区刚刚建设，到郑家村来的大多是建筑工人，修路、造房子、种花园。因为县城离得很远，在附近基本上找不到吃饭的地方，古永林便想着把自己家稍微改造一下，至少这些工人们劳累了，会有个吃饭歇脚的地方。渐渐地，大家习惯了在这里吃饭。后来，景区建成了，游客也进来了，自然会来这里吃饭，他自己笑着说:“‘工人食堂’变成‘游客餐厅’了，收入自然也是水涨船高了”。

何怀成，不再面朝黄土背朝天

对于保洁、保安等职位，栽花、除草等活儿，景区会优先招聘周边的村民。自从景区开建以来，何怀成有了多份收入，除了土地流转的租金外，他积极参与园区的栽花、搬砖、安装工作，一年的劳务收入也有上万元。对于何怀成而言，足够让他过上幸福的生活。他陆续地盖了新房子，买了电视、冰箱、洗衣机等电器。他把自家房前屋后整理干净，再种上花花草草，也有了自己的“诗和远方”。

田小琼，家门口上班，又挣钱又照顾了老人小孩

村民田小琼因为家里有老人和孩子需要照顾，所以没有出去务工，但她心里还是很渴望有份工作。无奈，无法两头兼顾，照顾家里人，就无法出去挣钱。但是景区建成后，有很多工作岗位为像田小琼这样的村民提供了就业机会，她很开心说：“在这儿上班，隔家近，又能照顾老人和小孩，工资待遇都还可以，我已经很知足了。”

汪青，从企业员工变成“石磨粑粑”店老板

汪青在东邻西舍园区里开了一家“石磨粑粑”店。很多岳池人吃了，都觉得那是小时候外婆的味道。在园区，这已经成为非常有名的配套小吃店。2018年时，汪清还在企业上班。后来村里说要建设旅游区，有意向邀请她回家乡做贡献。她觉得这是个好机会，游客进来都要吃要喝。所以她辞去工作，回家考察了一段时间，她发现岳池本地的特色小吃粑粑，大人小孩子都爱吃，是个很好的选择。于是，她便精心打造起了自己的“石磨粑粑”。

这些村民的故事还在继续着。随着景区的发展，也会有越来越多的村民一起参与建设。到2021年底，景区周边的村里开办的小超市已经有3家，农家私房菜8家，特色小吃2家。还有一些村民，从事土特产销售、民宿客栈等经营项目。村集体引进藤椒园、珍稀苗木园、猕猴桃基地等规模农业项目6个，解决周边群众就地务工23 000人次，带动当地60%以上的村民在家门口“挣钱”。

2019年，郑家村成功成为国家4A级旅游景区，成为岳池县首个4A级景区。这里还获评中国美丽休闲乡村、省级乡村旅游重点村、四川省文化旅游融合示

范村、天府旅游名村等。2020 年，岳池农家接待旅游游客 91 万人次，旅游综合收入 7436 万元。

岳池农家想要做到的是，把这里变成村民和游客的“诗和远方”。村民腰包鼓起来了，业余生活的质量自然也提升了。景区围绕“陆游邀你赏”专门成立了农家舞蹈队、婚俗仪仗队、缫丝表演队等 6 支队伍，有游客时为游客表演，传递最地道最原汁原味的农家文化。闲暇时大家聚在一起自娱自乐，生活过得有滋有味。

根据项目团队的总体策划，岳池农家将持续提档升级，挖掘农耕、缫丝文化内涵，完善研学、夜游、演艺等业态，打造独具岳池魅力的“诗和远方”。中国曲艺百花园项目也在实施中，项目建成后，将形成九曲十八坊的格局。届时，全国 60 多种地方戏曲表演，都有望在这里的戏台上得到集中展现。

13.8 思考：文化大IP的新价值

在全国，像岳池农家这样文化底蕴深厚的传统景区或乡村非常多，但从故宫、宋城等受市场欢迎的文旅产品爆火的路径中可知，休闲农文旅也一定要主题化、文创化、深度化、品牌化。也就是说，想要做好，必须要回答好这四个问题：第一，从主题上看，投入很大，特色在哪？第二，从深度上看，业态多样，关联在哪？第三，从文创角度看，文化很深，亮点在哪？第四，从传播上看，营销有力，抓手在哪？

针对这些问题，从顶层设计的源头抓起是行之有效的方法。找到文化之“魂”，做到文化“活化”，然后遵循“规划围绕策划转、策划围绕产业转、产业围绕市场转、市场围绕共富转”的原则，最后坚持一张蓝图绘到底。

陆游都能穿越 800 年时空，成就今天的“诗和远方”，更多地区的乡村文化，也一直能够找到“活化”的方式与途径。

扫码观看本案例
深度解读视频

第
14
章

清漾村：探寻千年古村的未来之路

清漾村入口

众所周知，湖南韶山是毛主席故居所在地。江西吉水，则是毛主席祖籍地，这个也有很多人听说。但多数人可能并不知道，浙江还有个清漾村，它是毛主席的祖居地。如同一个隐居江南的大家闺秀，清漾村是一个已有 1600 年悠久历史的江南古村落，是江南毛氏的发源地。

如何去谋划这么一个古村的未来呢？

这个问题，一直是清漾村所在的衢州市石门镇党委书记郑李慧在思考的。上任以来，郑李慧四处考察。直到来到被称为“萧山未来大地”的横一村，她觉得自己找到了方向。清漾村和横一村有一个共同点，那就是两者都曾是浙江省深化“千万工程”建设新时代美丽乡村现场会的选址点。2021 年萧山横一村的现场会，会期虽然只有一天，却意义重大，它既是对萧山坚定不移推进“千万工程”的充分肯定，更是对浙江践行“绿水青山就是金山银山”的“两山”理念的一次大检阅，因而格外引人注目。

在横一村，郑李慧看到了一个不一样的乡村。在这里，养鸭棚被改造成“鸭棚咖啡”，稻田间还建起了研学基地。考察期间，慕名前来“打卡”的游客不断，横一村支书傅临产介绍说：“刚开始，我们全面启动粮食生产功能区‘非粮化’整治，移除苗木种水稻，1000 多亩稻田连成片；后来又启动了美丽乡村示范村创建工作。从方案提出到成型，我们仅用了 4 个月的时间。”郑李慧认真倾听着“萧山未来大地”的打造过程，对“横一效率”赞不绝口，同时也了解了整个项目背后的策划创意设计，甚至连创意景观小品的材质、墙体的质感、地板的颜色，她都详加询问，亲自用手摸一摸。

结束了对“萧山未来大地”的调研后，郑李慧更加坚定了要把清漾村打造成衢州乃至浙江未来乡村样板的决心。在郑李慧的邀请下，横一村的总策划团队来到清漾村调研。项目负责人王玉丽说：“其实我们与石门镇的缘分更早之前就建立了。几年前，项目组曾在那里做过一个蓝城春风江山农特产品创新的项目。现在还能看到我们打造的铜锣糕、米糕、葛饮等三家特色样板店铺及特色创新农产品。看来，通过清漾村，把这‘缘’又续上了，希望我们能够共同再造一个未来乡村。”

14.1 探讨：一个1600年江南古村的未来

2006 年，时任浙江省委书记习近平同志在清漾村考察时强调，要把清漾村保护好，开发好，利用好。

清漾村是远近闻名的美丽乡村示范点，先后被评为中国第二批传统村落、中国历史文化名村。2022年以来，江山市全面启动未来乡村建设，推动乡村从美丽宜居迈向共富共美，清漾村被列入了第一批未来乡村建设名录。关于未来乡村，浙江省给出了“一统三化九场景”的打造标准，但对于每个乡镇来说，资源禀赋不同、发展程度不一，就需要结合自己实际去写好自己的答卷。清漾村，这个已经1600年的江南古村，这个头顶着毛主席祖居地光环的古村，应该如何书写这张答卷？

一场大讨论拉开序幕。炎炎烈日，在村文化礼堂边800多年树龄的古樟树下，浙江省江山市委书记朱素芳、石门镇党委书记书记郑李慧与村干部、组团联村干部、返乡创业青年及部分村民代表围坐在一起，与项目组一起探讨清漾村的未来发展方案。树上的蝉也吵得热闹，为这场会议增添了激昂的背景音乐。朱素芳希望把推进未来乡村建设作为一项重大工作抓手，全力打造未来乡村建设的江山样板。郑李慧认为清漾村最大的特色是清漾毛氏文化，她说：“清漾毛氏文化博大精深、源远流长。下一步，我们将通过唤醒村民的主体意识，深入挖掘清漾传统文化，为清漾毛氏文化传承破局，不断让毛氏传统文化活起来。”

在这场会议上，清漾村本村创业者的声音也传递了出来。清漾景区石柯茶社负责人周中原说，想借衢州加快建设未来乡村的契机，好好干一番事业，升级规模，扩大经营，带动村民增收，让清漾越来越好。讲话时，他眼里闪烁着坚定的光芒。周中原曾是石门镇清漾村的大学生村官，后来在村里支持下，创办了“仙霞石柯茶”，以清漾为窗口，来展示家乡的传统工艺、美食。村民徐飞燕也积极发言：“我希望自己也能投入到旅游开发、未来乡村建设中去，通过自己的努力，带动村里的小姐妹、街坊邻里一起创业，让村民们的生活越来越好，日子过得越来越幸福。”

对于这场会议，大家都倾注了对清漾村发展的深切愿望，项目组成员都觉得这不仅是在完成一桩生意，更是在为清漾村造一个可实现的梦。

初冬，石门镇人大主席王群、石门镇镇长刘海军、清漾村党支部书记毛建成一起陪着调研队伍走街串巷。他们都对清漾村十分熟悉，每一条巷子、每一棵古树、每一户人家，他们如数家珍。穿行在村里，遇到的村民都跟这些干部们热情地打着招呼，项目组虽然听不懂当地方言，但是能感受到乡亲们跟干部们之间熟悉又亲切的关系。

村口的文川溪潺潺流动，在冬日阳光下泛出柔柔的粼光；一棵触到天的柿子树没了叶子，红彤彤的柿子骄傲地挂在枝头；村广场荷花池中剩着一塘枯荷，三四个老人“抱”着袖子聊天晒太阳；小巷里听得到锅铲炒菜相互碰撞的声音，不知哪家的小孩子哭闹着，另一头是小狗汪汪的叫声；村头的茶馆里正有一桌外地的客人在高谈阔论……调研组走在村里，无时无刻不在感受着古村落的烟火气和人情味。

“整个清漾古村的开发利用工作，一定要聚焦旅游产业兴村，助力共同富裕。”这是石门镇人大主席王群在调研中反复强调的内容。清漾村党支部书记毛建成则是讲出了他的困惑：“我们清漾村真的是很好。我基本上每个月都有好多次接待，他们以党建参观团队为主。有个问题就是，大量的游客来我们村里最多只停留半天，看看祖祠、拍拍照就去江郎山了，基本上都停不下来。这次打造要考虑一下，怎样让游客留下来，多停留一段时间，多感受一下毛氏家族的文化。”这个年轻的书记也是毛氏后人，时时刻刻在惦记着怎样把清漾村发展得更好。

项目负责人王玉丽说：“清漾毛氏文化博大精深、源远流长。但毛氏文化需要‘活化’，成为可以看、可以体验、可以吃、可以带走的文化，而不是只停留在书本和博物馆里。”通过调研，王玉丽将这个项目的基调定了下来，即探索如何继承和发扬清漾毛氏文化，如何更好地发挥清漾的文化资源和区位优势，做深做足清漾毛氏文化文章，将美丽资源转化为美丽经济，让游客留得下，让村民富起来，让未来更可期。

村民毛旭明是一位与共和国同龄的精神矍铄的老人。他小心翼翼地拿出家里珍藏的所有关于清漾毛氏的书，并不断叮嘱道，这些都是孤本，一定要保管好。策划设计项目组的小伙子们，坐在斑痕累累的老椅子上，听这位老人讲述那些遥远又清晰的过去。“我们祠堂里面的这些对联，每一副都是有故事的。‘登第不存温饱志，服官常励洁清心’这副对联就是告诫读书做官的人，要走正道，走人道，不要去做贪官污吏。对那些不会念书的，在家里耕田的人也有告诫，门前的这些肥沃的土地，都是祖宗一锄头一锄头挖出来的，但愿不会读书的子孙在家里不要把土地荒废掉，要把祖宗遗留下来的土地种好。”老人的语言朴实又真诚，就像古村一样让人安静。虽然老人是用清漾村方言在讲述，但是在那些听得不太明白的话语中，项目组还是看到了一个生动的清漾毛氏过往。

14.2 围绕着“古村新意”的创意分歧

清漾村是一个有文化有资源的村，在很多人眼里是非常容易出彩的。但正是因为“什么都有”，项目组内部反而出现了大分歧。

项目总设计师大奔，曾全程参与过新叶古村、寿昌古镇等古村镇的打造，他颇有感慨地说：“对于古村的项目，我一直觉得要谨慎。因为做过那么多古村的项目，实在太清楚中间涉及的问题了。说实话，古村真的很难做。里面会有古建筑保护与开发、所有权与经营权、共建与共享等一系列矛盾与冲突，更麻烦的是后面落地时需要保护的东西特别多，这对我们来说将会是一项非常庞大、非常耗时、非常耗精力的项目。”他说的确实是很实际的问题，项目组最怕发生“期望太高，失望也多”的局面发生。

策划师组是专门负责找主题的。在项目开展之前，深挖文化这一环节是非常重要的。策划师们会对图书、专家论文、调研笔记等做大量的整理、阅读、归档。而清漾毛氏文化村已经有毛旭明老人准备的四五本书以及近百篇论文，光要消化这些内容就要花好长一段时间，开局的工作量就已经明确呈现。因此策划师申申也明确表达了这个项目的工作量之大：“清漾村有如此悠久的历史，毛氏文化又这么重要，说实话我想想都头大，那么多资料要消化创新，资料越多越找不到方向。另一件重要的事是，村里有这么多闲置的空房子，我们先策划好了业态，做好了设计，万一到时候村里老百姓不愿意，这工作量又得成倍增加了……”

一边是项目组的重重顾虑，一边是石门镇郑书记及整个清漾村的厚望，本项目的总负责人王玉丽坚定地表示，应该接下并出色地完成这个项目，她说：“说实话，其中的问题和难度，一开始我就仔细思考过。现在古村落在全国做得好的样板并不多，做好了清漾项目，就是为中国6000多个古村落找到了方向。”

大家陷入沉默之中。做过古村项目的设计师都知道，清漾村项目的工作量将是平时一个村工作量的 4 ～ 5 倍。王玉丽深知项目组每一个人的脾气，面对大家的抱怨，她语气平缓地说："我们在做一个项目时，首先要思考这个项目的价值在哪里，我们为什么而做。这个村是江南毛氏发源地、毛主席祖居地，习近平总书记对这里提出过'三好'指示，现在又是衢州的首批未来乡村，我相信做好这个村的项目，今后产生的影响力不亚于曾经的下姜村。要做好一件事，肯定会有各种麻烦，但决不能知难而退。"

思想和目标统一后，王玉丽把大家的讨论引回项目怎么做上："做这个村的项目，哪怕它基础再好，也要辩证地看它。调研中，我发现目前清漾村存在着'三有'和'三缺'。**第一，有客流，缺存留**。调研时听说疫情前每年游客 60 万人次，江郎山游客 80 万人次，但是这些人如何留下来是要解决的重要问题。**第二，有文化，缺挖掘**。清漾村近 1600 年的历史中，出了 8 个尚书，83 个进士和不少知名人物。虽然村中存在大量纪念馆，但是缺乏相关文化体验业态。**第三，有想法，缺方向**。清漾村发展有想法，但缺少创新思路，想要打造特色业态，却始终跳不出原有业态，来来回回就是些博物馆、纪念馆、手工制品等传统业态，如何通过业态创新或升级来达到联农带农富农，和增加村民村集体收入，也是需要重点考虑的。"

大奔建议要做出一个有意思，很好玩，很有创新性的清漾毛氏文化策划来。他跟项目组分享了新叶古村的项目案例，并补充说："清漾古村要做的就是古村新意，突出古与新的融合。古建筑有新景象，古文化有新创意，古村子有新玩法。这才是未来的古村。"

设计只是表达手法，是为了更好地传达策略理念，但是围绕着什么核心去做，也就是常常说的找魂，才是一切工作的本源。那么，清漾村的"魂"该怎样表达呢？

乡立方联合创始人徐大伟提出："习近平总书记的'三好'重要指示，其实就是清漾村的未来发展方向。'三好'也可以实现价值转化。按我的理解，'保护好'，就是要做到古今融合好，古为今用，实现清漾村文化的传承与创新；'开发好'就是要产村融合好，在保护的基础上开发新业态，在现有资源的基础上开发新农特产品，以市场运营的角度开发体验项目；'利用好'就是要农文旅融合好，利用村中闲置房子，打造文旅新体验，利用周边江郎山、春风江山小镇等景区资源，吸引客流，实现'三好'价值的转化。那么我们这个品牌名就可以叫'三好·清漾村'，把'三好'当成未来乡村的重要抓手。"

徐大伟的话如醍醐灌顶。浙江各地都在做未来乡村项目，这是一篇命题作文，每个地方都在做标准的"一统三化九场景"，而清漾村未来乡村的特色就是做好"三好"价值转化。在古村这条线上，讲好"清漾三好"模式，讲好"三好清漾，三融未来"的乡村振兴共富模式。

这场激烈的头脑风暴，最终就在这一个让所有人都兴奋的答案中结束了。做品牌的魅力有时候也就在于此，思想经过不断碰撞，最后达到殊途同归。

14.3 创造一个"你没想到的未来古村"

根据这个总体思路，方案第一稿加班加点完成了。执笔的策划师自我感觉很好，拿出400多页PPT，自信可以"惊艳客户"。谁知，讲稿还没有送给客户，在内部的讨论会上就被"否定"了，理由是，虽然毛氏文化挖掘不错，但乡村产业与业态规划得不够，更缺少对"未来"的谋划。

项目负责人王玉丽说："方案推倒重来，确实是件辛苦的事。但还是要站在客户的角度思考问题，必须对当地的发展负起责任来。"停顿了一会儿，王玉丽继续说道："怎么尝试，我有个想法。这个项目的核心是未来乡村，那内容如何支撑起乡村未来，我前段时间在不同的项目上也有一些体会。比如首先关注产业，产业是乡村振兴的核心；其次是要有很好的生态风貌，领导和游客来参观能看到很好的景观生态；接下来，是未来乡村的幸福生活，比如要有达标的共享食堂、数字图书馆等；最后应该是共富机制，未来乡村一定要带动老百姓和村集体。所以在这个项目里，支撑起未来的就是产业、生态、生活、共富四个方面。我们的项目可以从这四个方向着手。"

清漾书院改造前

清漾书院改造后

对于项目方案被否定，大奔想了一下说："这样说的话，我明白，原来是策划为主，但是现在是做未来乡村项目，方案确实要升级。整村打造不能只停留在'穿衣戴帽'工程上，我们要创造的是一个让家家户户都有产业做、有事干、有收入的未来乡村场景，也就是常说的'场景围绕业态转，业态围绕市场转，市场围绕共富转'。那未来可以做很多创新性的东西，我现在就想到一个点子，比如打造一桌能联农带农富农的毛氏家宴，结合清漾村毛氏家族家风与用餐相关礼仪，开设毛氏家宴餐厅，打造毛氏家宴一桌菜的特色品牌，让老百姓都参与进来做菜，共同传承毛氏礼仪文化，丰富游客的餐饮体验，同时，一周选择一天把餐厅作为邻里共享食堂，让大家共同劳动、共享收益，还能促进邻里和谐。"

毛氏家宴改造前

毛氏家宴改造后

大奔的话像是打开了团队的思维阀门，项目组中其他成员纷纷踊跃发言。品牌设计师阿竺认为："还可以打造一个能联农带农富农的清漾状元糕特色工坊。清漾状元糕是被央视'点赞'的名点，是很多清漾人的乡愁味道。是不是可以用村里的空房子，打造一个工坊？就像我们做的蓝城的那个欢喜糕一样，从米糕的味道、形式、包装、口感、配料、吃法等方面进行创新升级，把村中原有闲置空间打造成一个传统美食的文创店铺。如果是我，我就一定会去买。"阿竺是一个酷爱汉服的"95 后"，周末会穿汉服去西湖、古镇参加古风活动，对一些年轻创新的东西很有自己的心得。

徐大伟突发灵感："我看这个糕点名字就叫'就是 GAO'吧，好好学习就是高、身体健康就是高、满腹诗书就是高……未来还有更多的吉祥话语表达，这肯定会是一个网红爆款。也有线下体验店，就像阿竺说的在村里找一座空房子，它的招牌上就几个字'就是 GAO'，下面小字标注'文创店'，非常大气，有创意。"

“就是GAO”工坊改造前

“就是GAO”工坊改造后

事实证明，这个“就是GAO”文创店后来成了整个项目中的一大亮点，将清漾人的小吃创意化，成为小特产转型升级的典型，也实现了美食文化的传承和创新。

文案策划师剪刀也迫不及待地提出了一个好想法：“衢州的美食多以辣为主，且毛主席也是爱吃辣的，再打造一个辣椒酱工坊，向老百姓收购辣椒原料，让老百姓一起参与，成为联农带农富农的典型。我们有威酱坊经验在先，这个业态还是很可行的，未来，我们还可以参与运营。”

策划师申申综合大家所有的想法，发现刚好符合提出的“三好·清漾村”的内涵。游客来了会有很多“没想到”：没想到，清漾古村居然也是个“未来乡村”；没想到，清漾古村居然有很“文创”的产品；没想到，清漾古村居然能带来很多不一样的体验；没想到，传统文化也可以这么创新；没想到，小辣椒也可成为共富典范；没想到，一片稻田也可以很有文化……清漾村对于游客来说就是“一个你没想到的未来古村”，对于未来乡村的意义就是“浙江未来古村实践地”。

在这场激情澎湃的头脑风暴中，结合毛氏家族五次大迁徙和家规家规的沉浸式剧本杀、将清漾村清廉村训与毛氏家训相结合的文创化解忧杂货铺、能够趣味化讲好毛氏家风习俗的毛氏传习所等一个个出人意料的好点子井喷而出。项目组成员们自己已经意识到，原本自以为已经很完美的方案，其实还有太多地方需要提升。

讨论会最大的好处就是不断激发彼此的创意，以及想法表达的去中心化。同一个项目，每个人都有自己不一样的表达，不再局限于某一个人的意见和想法，而是让项目组中每一个人都参与其中，相互启发，共同出点子。这也说明了，一个好的项目或一个好的平台，要能够让项目组中每一个人深度参与，最大限度地发挥他们的思考和创意能力。

经过这一轮调整，新方案确实找到了更加贴合未来乡村的感觉。方案交到了郑李慧书记手里后的第二天一早，项目组就收到了她反馈回来的十来条建议，有一千多字。郑李慧说，她看方案一直看到了凌晨两三点钟。大方向上，她个人表示认同，有一些细节以及后期落地时可能会遇到的问题还需要再商量。收到这样的回复，对项目组而言，无疑是好消息，说明“魂”至少找对了。

14.4 来自四面八方的“古村新意”

当郑李慧把方案呈交给江山市领导后，江山市统战部部长姜方云第一时间调集了资规、文旅等相关部门的领导来到清漾村，听取由王玉丽代表项目组做的方案汇报。据策划师申申后来回忆，这次汇报中前半场姜方云一直保持着平静的表情，当听到把村中八座闲置空房子改造为与清漾毛氏相关的文化创新业态且能联农带农富农时，姜方云身体前倾，拿出笔边听边做笔记。汇报结束时，他率先鼓起了掌。姜部长之前分管过旅游，对景区规划有很深刻的体会，看过的规划方案更是无数。他的赞许，是对项目组工作的一次肯定。

郑李慧对方案给了一个很高的评价："在这个方案里面，大家看到的并不是常规的毛氏文化、红色文化的简单表达，不是形式符号的“高级红、高级黑”的粗暴表达，更不是几句硬邦邦的口号伫立在村口，而是将这些文化融入各个地方，融入研学课程，形成一种春风化雨的感觉。比如清漾书院，目之所及，都是非常能打动人的正能量的语句和毛氏家训家风；比如整个村子的音效系统的红歌播放，夜景体验里的一些红色故事的讲述；比如展馆里对毛主席生平的一些呈现……这些都是红色文化的抒情化表达。这样，凡是来的人，都会受到潜移默化的影响。"

姜方云做了表态，他认为这种形式正是清漾需要的。但他同时又提了几条建议：比如清漾村要形成一种特色，首先就是清漾毛氏文化与未来乡村的结合，如原来的宁静美与现在的生态美如何结合，原来的村规民约与现在的民主议事如何结合。其次，要做足毛主席文化的仪式感，比如在现在的祖宅边，是否可以采用“一次鞠躬、一束鲜花、一枚毛主席纪念章”等仪式？再次，如何用研学线路串联起村里的文、武、吃等业态，让其形成一条完事的故事线？最后，需要考虑资金来源、投资回报。

江山市政协委员赵敏提出了一个让大家眼前一亮的概念。她为清漾村提出了“六味地黄丸”药方。第一味，坚定乡村味。篱笆墙、藤蔓树、菜园子、鸡鸣狗叫、春耕秋晒……乡村要有乡村的样子。第二味，突显毛氏味。毛氏家族的特色家族文化密码要有显性的展示。第三，兼顾凡人味。浓墨重彩描绘伟人的同时，兼顾凡人小事的不凡之举。第四，折射今日味。今天从毛氏、从伟人身上，学到了什么，学得怎么样，学有所成，成在哪里。第五，展现诗词味。毛主席诗词的情景展现，可再打造几处毛主席诗词场景。第六，赋予艺术味。增加古村场景的艺术化。

衢州市作协会员王石良老师，建议清漾村要打造乡村的流动的文化和风景，学习大陈村，成立类似“唱道情”这样的群众文艺团体，让客人来了看得见文化。浙江日报报业集团衢州分社社长毛广绘提议，要涉及文化的话，可以把广渡村也联合开发起来。中国楹联学会会员吴达云老师建议，把族规家训方面的内容深化并重点推广。也有老师建议，可以搞点版画街、国画街、油画街、素描街等，再把知名画家的作品和画种的历史、变化趋势等内容结合进去。当然，也有人对方案部分内容也提出了质疑，比如剧本杀的内容对于古村而言不一定合适，因为它是一种城市业态，且没有持续的生命力……

最终，我们确定了清漾书院、清漾酒肆、米艺工坊、毛氏传习所、毛氏家宴、清漾享清闲生活馆、“就是 GAO”米糕工坊、清漾毛家酱等八个乡愁产业，利用好闲置空间，对清漾毛氏和未来乡村进行创意表达，联农带农富农，真正做到“三好 · 清漾村”的“三好”价值转化。

清漾村产业地图

一个星期后，郑李慧又召集了对古村业态有运营想法的部分乡贤开会，希望他们从运营角度来提一些建议。石柯茶社负责人周中原就表示希望能把“就是GAO”米糕工坊的运营交给他，当地运营民宿的一位乡贤，则提出想运营方案中的酒坊。

在项目推进过程中，郑李慧书记主动来电话，提出了她的一个新创意：清漾村的业态很丰富，加上传统文化的挖掘，整个村就是一个大课堂，可以教会孩子们很多。所以，是不是可以考虑深耕清漾的家风文化、清廉文化，以研学为主线，在清漾书院、木匠工坊中，打造游客参与度高的沉浸式研学体验项目，与现有的毛氏祖祠、祖宅、毛子水故居等毛氏文化资源相衔接，形成一个覆盖全村的毛氏文化研学圈？

就这样，好奇笔记作为研学团队被引入清漾。负责人谢慧荣曾经结合新叶古村的明清状元文化，打造了一堂“明清状元赶考记”的研学课程。把新叶的米糕打造成“会说吉祥话”的米糕，成为状元赶考的干粮；把孩子课程中需要学习的“才高八斗”“满腹经纶”等成语变成一个个趣味创意小品；把新叶木匠技艺打造成赶考路上要体验的木匠DIY活动……一切东西都变得极有趣味，寓教于乐，让孩子们在游乐过程中了解到明清建筑文化、古井文化、科举文化，这堂课程深受家长孩子喜欢。清漾村同样是一个古村落，并有深厚的毛氏文化，谢慧荣相信一样可以做得很丰富。

如何从研学角度“活化”清漾村？谢慧荣说：“清漾村是一个很有文化底蕴的村，按照往常的市场经验来看，如果能发动整个江山市甚至衢州市的少儿研学，做研学项目确实大有可为。在这里，把毛氏文化、农耕文化、建筑文化、美食文化等结合起来，可以做很棒很精彩的研学体验课程。但是这里也有一个问题需要后期想办法解决，就是住宿的问题。研学最好有完善的基础配套。”郑李慧表示，住宿问题的解决，要尽可能带动民宿和酒店的发展，一定能在研学项目落地前解决。

14.5 未来的古村，更需要“精雕细琢”

清漾村的未来乡村方案很快被纳入江山市的重点项目，并按照“十一”黄金周开业的节点倒排工期。基本上，每天都有进度计划及施工汇报，市、镇、村都进入了边抗疫边建设的紧张时段。

石门镇人大主席王群介绍，本次项目的核心区块共有67栋建筑，已征收7栋民房，租用7栋民房，用于第一期业态打造。“清漾未来乡村主要谋划了三大类八个项目，目前几个比较大的项目，比如清漾书院、毛家酱、木艺工坊等，主体结构已基本完工，现进行地面铺装和内部装修。其他几个项目我们也在全力推进当中。”

将近40摄氏度高温的七八月，清漾古村的未来乡村建设依旧马不停蹄地推进着。设计单位、施工单位、交通部门、环卫部门、消防部门、运营商等都在施工现场配合施工工作，核对图纸、商讨方案、铺石板、“三线”下移……没有因为天热而有丝毫懈怠。

室内总设计师陆侃之前做过很多大型展馆项目，室内设计经验丰富。对于这个项目，他很有感慨地说：“老房子涉及工作量本身就很大，而这次的工作量尤其大。第一，这次方案涉及村内八座空房子的改造，业态又是很新的，在设计时就要深度考虑日后运营的问题，有哪些特色产品、有哪些创意打卡点、有什么样的流动体验，这些本是运营考虑的东西，我们提前在设计端就要开始思考。第二，这些老房子的基础不是特别好，有的柱子很多，对未来空间布局影响大，有的辅房面积太小，没有太多的用处，有的房子涉及产权归属，拆迁起来压力大……所以，这八个室内设计稿反反复复、来来回回改了很多遍。对我们室内设计师来说都是一种挑战。”

古村的夜景设计也是工作的重要内容，夜景总设计师老夏和王鹏常常在施工队伍下班后，还要等着夜幕完全降临，才能设计夜景的点位。后来，村里有人反映，在夜晚八九点，常有两名陌生男子在村里走来走去，以至于后来项目组经常拿“陌生男子”来调侃夜景设计师。但当大家最终看到清漾村荷塘边和山体上舞动的绚烂夜景时，才体会到夜景设计工作的细致和不易。

项目工程部负责人宋小波说：“按照往常的项目，在整个方案设计之前，测绘、评估，尤其是老房子的加固等工作都要先到位，而现在施工时间太过紧张，只能同步进行。但这样，后期的软硬装修一定会有大量填补工作。另一方面，在进行室内设计之前，运营人员按道理是要介入的，这样才能确保符合后期运营需求。但现在时间太紧张，部分项目运营尚未落实到人，没办法，只能边施工边修建边改设计。”

古村里年久失修的老房子，其改造难度远大于新建，需要投入新建的几倍时间和精力。但为了保存住老房子的味道，本次项目还是选择了改造。但在后期也遇到了很多难题，比如施工队大多由村里人组成，不太懂古建筑的修复技术，增加了设计师同施工人员的沟通成本，还有一些施工队擅自按照自己经验做，结果导致了设计图的反复更改，等等。

此外，在做业态策划时，做了将几家老百姓房子连通起来的设计，但在实际落地过程中，各家房东却坚持要保持原有的界限，这样一来，方案又得重新调整。因为涉及的农户比较多，不确定因素多，突发状况也不时地在实施过程中冒出来，所以只能在设计方案上来来回回反复修改。加上古村里的巷道太过狭窄，大型工程车开不进去，钢材、板材，甚至建筑垃圾等都需要人工搬运进出，难免会发生不小心剐蹭到某家墙体或窗户之类的事件，这些都需要去协调。

村里的干部尤其关心施工扰民的问题，反复强调一定不要影响村民正常生活。除了处理镇里的日常工作外，乡村振兴是头等大事，镇政府几乎每天都会派干部到村里查看项目进程，以保障各方的工作能顺利推进。通过项目的对接，项目组也亲眼见到了乡镇干部们严谨细致、踏实肯干的优良工作作风，比如，细到每一块砖的颜色、墙上的文字呈现，他们都要逐项与设计师核对清楚，节假日也经常忙碌在项目上，可谓真正践行了“为人民服务”的精神。

施工工程队陈航航和室内总设计师陆侃两人成为施工现场的常驻人员。他们说自从做这个项目后，基本上每次都是晚上十二点之后回到酒店，然后写总结、写报告，第二天一大早七点钟准时赶到施工现场，与施工队伍重新调整前一天的方案。从杭州总部到清漾村，来回六小时的车程，王玉丽每星期至少要跑一趟。本来脊椎就有老毛病的她，再加上天气酷热，身体频频亮起“红灯”。王玉丽回忆起那段日子说：“所谓好事多磨，成就一个项目总是要经过一段很难熬的时间的，还好我们每个人都坚持下来了。”

对于项目组而言，再复杂的村落打造项目，也只是在一段有限的时间里集中忙碌，项目总有完工的时候，但是对当地的村民而言，带来的是未来，是全新的希望。在家门口开土特产商行的周大姐对此深有感触：“以前我们天天盼着能过上城里人的生活，现在不一样了，城里人现在向往我们这样的生活。”

一个未来的清漾村，正在朝我们走来。

14.6 未来古村，古村的未来

中国不缺古村，像清漾村这样的古村，江南比比皆是，仅在浙江进入中国传统村落名录的就有 2000 多个。很多古村正面临着和曾经的清漾村同样问题，比如发展内生动力不足、优势资源利用不足、居民增收能力不强、共享机制不畅等系列问题。这也成了很多地方政府要解决的重要议题。古村在当今时代的价值已经不仅是古建筑、古树、古水井、古人了，而是需要更多的发展、传承、创新。因此，古村要有自己的新生之路。

第一，老村落，新高度。

纵观古村旅游市场，90% 的古村都在“卖古迹、看古迹”。在乡村振兴阶段，古村都在“一窝蜂”找振兴之道，不能也无法脱离“古”的大背景，但如何在同质化十分严重的市场中找到差异，需要站在新高度上，找到新抓手，来统领未来文化和产业的发展。寿昌古镇项目是一次典型的实践，在打造之前，这个古镇曾围绕“千年古镇”的主题，重塑古镇西湖市井文化、老城风貌，效果显著，被评为省级样板。街区是变得整齐干净了，但原来的商业氛围、市井气和烟火味儿也都没有了。我们发现，寿昌最吸引人的是隐藏在这“千店一面”背后的老街味道，于是以古镇“味道”为抓手，盘活现有街区资源实现产值的提升。同样，建德的新叶古村是“明清建筑的露天博物馆”，以研学为切入点，围绕“明清状元赶考记”为主题，重现明清书生赶考场景，让游客经历进京赶考的过程，将新叶古村打造成一个中小学生传统文化研学基地，在保留原有生意线的基础上拓展新的生意线，在保留原有“古”的基础上，站在新高度，抓住新机会。

第二，老地方，新玩法。

在古村，除了拍照片、逛祖祠之外，更需要给游客更多新玩法，带来意外之喜。古村的饮食可以有新吃法，有系列网红化的文创体验，传统糕点可以变成“就是GAO”的网红产品，吃一口“就是GAO”，学习工作“就是GAO”；古村的传统习俗也有新玩法，传统书院可以变成研学体验空间，畅游其间大有玩头；古村的家风家训也可以变成新故事，与市面上见到的很难引起共鸣的传统家风馆不同，在其中可以体验非遗产品制作、品味一杯蕴含古村文化的咖啡……原来一些仅仅在书本和老人记忆中的文化，已成为一种鲜活的业态。通过古村新意，盘活整个乡村活力，产生源源不断的动能。

毛家酱坊改造前

毛家酱坊改造后

第三，老村落，新机制。

古村的发展，如何让更多本地人参与进来？以古村本地文化为抓手，激发古村传承人的使命担当，将这些本地人的积极性发挥出来，家家户户都可以参与其中，提升古村村民与业态的粘合度，也让更多的返乡人、归乡人看到古村的发展活力，打造出古村全新的联农带农富农合作机制。在清漾，辣椒酱工坊与“就是 GAO”工坊，实现了传统小吃的创新，带动了当地“小作坊”转型升级，更重要的是带动了村民种植辣椒、芝麻、黄豆等原材料，工坊统一收购，建立了联农带农富农的新机制。

通过几个月的摸索和实践，清漾村完成了古村产业转型升级，实现了八大创新业态的布局。未来还计划深化业态提升、加大本地创客孵化力度、大力搭建共创平台、带动多村共同发展，最终形成未来乡村示范带，为更多乡村提供培育内生动力的“清漾模式”。

扫码观看本案例
深度解读视频

第15章

翻山堰：看郧阳“翻山有路、共富有方”

翻山堰油菜花田

翻越山岗，能看见什么？有人只是畅想，有人却一直在用脚步丈量。

郧阳区地处湖北省十堰市，二十世纪五六十年代，有这样一段传遍大江南北的乡歌：“大堰乡，九里岗，三面红旗高华堂，赛过夏禹王”。半个多世纪以来，这份踔厉而纯朴的情怀经久不衰，沉淀在郧阳的阡陌小巷、梯田山岗。一段结识于电商合作的乡缘，一场与乡立方基于信任的奔赴，让这份情怀最终在翻山堰村得以重塑和升华。

来翻山堰，翻越山岗，看精神文化如何赋能，农业如何造景，旅游业如何推动共富。

15.1 选择：一场基于信任的政企双向奔赴

15.1.1 缘起农村电商

郧阳区被评为国家电子商务进农村综合示范县后，蜂巢电商中标成为项目服务商。从 2019 年开始，农村电商让郧阳名声大震：一个“电商大会”引来全国各地三百多位行业“大咖”和专家学者，一起为郧阳高质量发展站台助力；郧阳农特产品，也开始走出十堰，走进央视新闻直播平台，卖到了全中国；一批批电商新农人，正成为郧阳产品上行和乡村建设的中坚力量。这些成果，正是蜂巢团队深入郧阳脚踏实地干出来的。

在做农村电商的过程中，蜂巢团队走遍了郧阳的山山水水、乡村的每个角落。他们发现，郧阳乡村振兴大有可为，不只是农产品的产销有潜力，其本身的乡村也很有特色，有很大的提升空间。时任郧阳区宣传部部长陈茹分管电商，她非常认同团队“服务下沉乡村”、打造“品牌乡村、产业乡村”等思路。由于电商示范县项目更加注重基础完善与产品上行，受验收标准的限制，电商团队未能与郧阳更多乡村展开深入合作，这成为团队和郧阳区彼此的遗憾。陈部长也多次表态：“通过做农村电商，你们对郧阳很了解。今后一定创造机会，邀请大家再来为郧阳的乡村发展出点力。”

15.1.2 乡村振兴再续前缘

如何将多年积累的农村电商经验应用到乡村领域，继续为乡村做贡献，一直是蜂巢团队所思考的。2020 年 11 月 11 日，蜂巢电商带着在乡村的十年沉淀，正式组建“湖北乡立方”。随后的一次偶然机会，湖北乡立方合伙人辜雷将内部案例集《农业与乡村品牌化》送给了已经转任郧阳区委副书记的陈茹。仔细研读了书中的案例后，陈书记非常兴奋，她及时同辜雷通电话表示：“你们的‘四转’（规划围绕策划转、策划围绕产业转、产业围绕市场转、市场围绕共富转）、‘三找’（为乡村找魂、找钱、找人）等方法论，正是当前郧阳很多乡村问题的有效解决思路——如何打造有主题有灵魂的乡村？如何带动村民增收、壮大村集体经济？这些问题你们都提供了针对性很强的样板案例，很有启发性。”

随即，陈茹邀请乡立方做了行程设计，派出一支由17名干部组成的乡村振兴考察队。由郧阳区人大常委会副主任邓兴忠、副区长柯相国带领的考察队，展开了为期三天的浙江乡村振兴行。考察结束后不久，陈茹又组织了一场专题交流会。在听取考察成员的汇报后，陈茹表态，希望乡立方团队能尽快开展乡村调研，参与郧阳区乡村振兴工作。

至此，乡立方与郧阳区这一场基于信任的政企双向奔赴正式开启。

15.1.3 我们共同选择了翻山堰片区

2022年9月14日，项目团队再次踏上郧阳这片热土。此行的目的很直接，就是为郧阳区乡村振兴找路、找魂。调研紧锣密鼓，一天下来，调研团队先后走访了龙泉村、山跟前村、翻山堰村、樱桃沟村、龙韵村等五个乡村。一路上，陈茹亲自陪同，她对每个村的情况了如指掌，介绍起来如数家珍。

每个村似乎都有独特的优势，都有难以舍弃的理由。但是五个村分布广，串联线路长、发展步伐差异大，连片打造可能性不大。先重点打造哪一个？大家犯了难。当天晚上，团队就打造重点展开了讨论。湖北乡立方总经理莫夫认为：“乡村振兴不能撒胡椒面儿，需集中力量打造样板，以点带面，我们必须要有所选择。”从小在郧阳长大的策划师吴敏率先提出观点：“山水资源是郧阳最大的优势，这里地处南水北调中线工程核心水源地，要重点做足水文章，以水为主线，可以串珠成链。山地形成的小水果也是可以打造的特色产业。”策划总监饶之帆指出：“龙韵村和樱桃沟村经过政府这些年的大力投入，基础条件已然很好了，农旅融合已有雏形，反而是那些没经过打造的处女地更容易出效果。”其他人也陆陆续续提出了自己的看法。怎么选，其实一番分析后，团队心中已经有了答案，就等陈茹来敲定。

“不好意思，我来晚了。”随着铿锵有力的话语，陈茹走进了房间。虽然已是晚上十点了，经过一天的奔波劳累，她的工作劲头丝毫不减。大家各抒己见，畅所欲言。团队以点带面的打法和陈茹的想法不谋而合。尚未大规模打造，但具有一定文化底蕴的翻山堰片区成为双方的共同选择。陈茹说，希望你们能为郧阳端出一盘大菜、新菜，让老百姓都能分享这盘菜。

15.2 寻找：翻山涉水找乡魂

15.2.1 重走五四长渠

9 月 19 日，调研团队再次来到郧阳，这次范围缩小，目标更加明确：翻山堰片区一线六村的资源情况一定要摸个透。

首站就是翻山堰村。团队来的时候，城关镇书记肖帮伟一行就已经等着了。简短的碰头会后，肖书记为调研团队安排了熟悉情况的向导带路。这群扎根乡土的基层干部，大多身兼数职，虽然平日里忙于琐碎的村务，但大到村集体的资产收入，小到每户村民的田地分亩，都了然于胸。对于团队提出的问题，他们都对答如流，如数家珍。看着宣传栏上翻山堰引以为傲的上千亩的梯田和分布在山间蜿蜒绵亘的长渠，负责本项目的饶之帆决定，放弃开车，用双脚重走、丈量这片土地。在看过村里的农耕文化馆、梯田、民宿等资源之后，五四长渠却始终没看到。向导说："长渠在下面的沟里，顺着长渠可以走到对面，就是路比较难走，确定要去吗？"

显然这难不倒调研团队，下乡进村、翻山涉水是他们这几年工作的常态。然而刚走几步，团队就意识到这远比想象的要难走。到长渠的路都称不上是路，基本上没有人走过的痕迹，两侧杂草丛生荆棘遍布，要不是有本地人带路，根本难以找到这里。向导在前面折荆开路，团队紧随其后。短短几百米，花了近半小时才到了长渠。向导说道，这些渠都是二十世纪五十年代，高华堂带领村民肩挑背扛，靠着一锤一铲两只手修建起来的。

一边是陡峭的山坡，一边是悬崖，长渠如同穿梭在中间的一条线上。才下过雨，泥路湿滑，齐腰的带着水珠的草早已将衣服浸了个透，才走到一半突然又下起雨来，天色渐晚，视线也越来越模糊。尽管艰难，团队还是选择了继续前行，想着与当年修长渠比，这点儿困难算不了什么，况且穿过长渠就可以到对面的村委会了。然而让人意想不到的是走到最深处竟然没路了，需要原路返回。没有抱怨、没有畏难，团队成员你看看我，我看看你，面面相觑之后，看着彼此“落汤鸡”的模样不由得哈哈大笑起来：“今天我们也算翻山找路了一次呢。”

一次翻山涉水的行程使团队摸清了翻山堰的资源，也感触到长渠修建过程中的艰辛。翻山找路，笃志前行，攻坚克难，乐观豁达，这不就是翻山堰的品格吗？

15.2.2 “高华堂”是谁

团队以为“高华堂”的贡献仅限于翻山堰村，是个例，不能代表整个翻山堰片区。可接下来的调研推翻了团队的判断。尽管张鸿盛、红色文化等在这一片区也比较突出，但是都不及一个响亮的名字——高华堂。桃花沟、洞耳河、黄土梁、响耳河等村都向团队提起了他，并且看得出来都很尊重他。

“高华堂”到底是谁，他和这个片区有什么联系？团队不由得好奇起来。“看来要做好翻山堰片区项目必须要弄清楚这个问题”，饶之帆提出。

调研完后，团队正在苦于翻山堰片区的路到底该怎么找。一条近五十里的环线，六个村，论旅游，郧阳区周边的旅游资源条件和成熟度都比翻山堰强，子胥湖、汉江绿谷、樱桃沟等十大网红打卡地名声在外，而翻山堰片区的桃花沟村旅游才刚刚兴起，规模和知名度远不及樱桃沟，交通和区位也不具有优势，旅游流量从哪里来？论产业，桃子、李子、香瓜等小水果在郧阳处处可见，翻山堰村的油菜、油葵产业，今年正在建加工厂，做产品深加工，但是品牌建设仍处于空白期，产业如何增值？论红色文化，在全省七十四个革命老区县（市）中，郧阳区属于第二梯队，显然红色文化在翻山堰片区势能不足。片区中就单个村而言，除了桃花沟和翻山堰村基础条件还算具备，其他村都略显薄弱，所以片区需要抱团发展。但抱团发展的核心凝聚力是什么，这一点至关重要。“我有预感，深挖高华堂，搞清楚他背后的故事，我们一定能找到答案。”吴敏补充道。

高华堂背后有着什么样的故事？明确重点后，饶之帆召集大家开了头脑风暴会，经过大家的努力，高华堂的形象逐渐变得立体：

他是两次受到毛主席亲切接见的“全国劳动模范”。在二十世纪五六十年代社会主义建设热潮推进的过程中，他“把治山治水的红旗插上高峰”。历经近十年，修渠九十八条，改造开荒梯田一百八十亩，带动大堰公社（现郧阳区城关镇）新改一万一千多亩梯田，使翻山堰大队成为远近闻名的示范样板。

他是率先垂范的共产党员。高华堂 1950 年加入中国共产党，他时时刻刻践行着党员要起到模范带头作用的准则，在修水渠过程中，经常需要架“云桥”，因两边都是悬崖绝壁，有人胆怯了，高华堂就带着工具身先士卒亲自上。

他是带领全乡人民吃上白米饭的基层干部。高华堂当时担任翻山堰大队党支部书记，由于地形和气候复杂，缺水成为困扰当地百姓生存和发展的难题，喝上一碗米粥已经是奢望，吃上白米饭更是许多人想都不敢想的。为了拔掉穷根，他带领村民治山治水治地，让“年年巴望年年富，年年穿个叉叉裤”的穷山包变成“水从山顶流，点灯不用油，吃不愁，穿不愁，高山人家永无忧”的花果之乡。

15.2.3 精神之渠永不断流

一个活灵活现的人物已经跃然眼前，但总觉得缺少了点什么。“人的生命是有限的，一个人物人们可能会忘记，但是精神却是可以传承的。你们还是要再挖掘一下高华堂背后的精神。”莫夫的一句话点醒了团队。高华堂战天斗地、不畏艰险“三治”的本质是什么，内生驱动力是什么？是对未来美好生活的向往！他们明白这种生活不是等来的、要来的，而是需要靠双手来创造，不断耕耘，迎来新生。

“创造未来生活”——团队最后总结出来，克服重重困难，“创造未来生活”的精神就是“翻山精神”。

那么，“创造未来生活”是不是只在那个时期站得住脚呢？团队不断向深处发问，进一步深挖。“让大家吃上白米饭”是高华堂时期创造的未来生活，“两不愁三保障”是脱贫攻坚阶段创造的未来生活，“共同富裕”是乡村振兴时代要创造的未来生活。虽然五四长渠有一部分被掩埋了，高华堂早已不在人世，但是一代代郧阳人形成了独有的“翻山精神”，它以穿透时代的生命力，历久弥新、生生不息。

15.2.4 传承“翻山精神”共创未来美好生活

有了“魂”，翻山堰片区的新名字也顺理成章出来了——郧阳·未来创谷。正当团队有点“如释重负”的时候，一盆冷水泼了下来。内部提案会上，莫夫在肯定总体思路的基础上，否定了“未来创谷”的提法，“总觉得少了点儿乡村的味道，听上去更像一个城市的产业园，很难让人联想到层层梯田的美丽画卷”。团队一听，觉得还真是如此，于是，大家群策群力，继续开展头脑风暴。当项目经理彭德顺提出“未来耕谷”的时候，大家眼前一亮。“耕”，既有耕地和梯田的含义，又有耕耘未来美好生活的想象空间。“郧阳·未来耕谷”的品牌名和“创造未来生活”的品牌内核就这样确定下来了。

事后，团队开玩笑道：“人民群众的力量是无穷的，大家共同创造了这个名字，也是在为翻山堰片区的未来美好生活做贡献，我们已经让翻山精神深入骨髓了。”这是一句玩笑话，也是一句实话，在调研和找魂的过程中，大家都深受“翻山精神”的感染。而郧阳区的领导也将充分调动人民群众的积极性、主动性、创造性，团结一切可以团结的力量，在传承翻山精神的基础上，永葆艰苦创业、实干笃行的作风，一张蓝图绘到底，一茬接着一茬干，一棒接着一棒跑，共同创造、不断耕耘未来美好生活，让人民群众共享美好生活成果。

15.3 开创未来：一段脚踏实地的翻山之路

以翻山精神为内核的未来耕谷，承袭了翻山堰村的乡土气息，浓缩着以高华堂为代表的老一辈“翻山人”筚路蓝缕的身影，把鲜明的时代感与未来感融进了这片谷地。正当团队欣喜于找到了翻山堰村的“乡魂”之时，一系列难题接踵而至，如何将这幅未来耕谷的蓝图付诸实践？又如何在接下来的落地方略中贯彻翻山精神？它们像一道道横亘在团队所有人心头的鸿沟，一时间难以逾越。

要将抽象的翻山精神和未来属性植入到有形的景观与产业之中！

带着这个标向，团队再次梳理了翻山堰村的调研脉络和会议实录。带着翻山乡魂，寻着初调和详调的行程轨迹，故地重游，再次看到翻山堰村的草木梯田、烟火人家，所有人都不禁开始畅想这片乡村未来的形貌。一番头脑风暴过后，团队发现，跳出墨守成规的思维方式，解决这个问题的关键并不是如何将抽象的“魂”生硬地植入业态，而是要在“翻山”与“未来”之间找到逻辑关联。

一次饭后茶余的偶然交谈，彻底消除了团队数天以来的困惑，让翻山精神和未来耕谷有了落地的可能。这场交谈的内容，正是团队在二次详调途中淋雨的那段经历。一场意外的山雨，一条阻隔前路的溪流，虽然打散了团队既定的调研计划，但赋予了行程不一样的内涵和记忆。“浑身湿透仍然保持乐观，这就是翻山精神。”饶之帆在朋友圈中这样表述了自己感想。这场带有翻山精神的“淋雨之行”，再次让团队身临其境地感触到了以高华堂为代表的老一辈农垦人踔厉奋发的峥嵘岁月。栉风沐雨，以启山林，一个“创”字跃然纸上。翻山创未来，创造是翻山堰人民一脉相承的不屈与倔强，创新是这片乡土换新风貌，唤醒未来的钥匙。自此，翻山精神与未来耕谷有了可触的具体形象和可行的落地思路。

翻山堰村制高点

基于“景观围绕业态转，业态围绕市场转”的方法论，团队为翻山堰村量身定制了一套项目执行方案，团队称其为翻山计划。

长期以来，乡立方始终以“品牌化思维”打造乡村，乡村发展的客观需求也印证了这一思维的正确性，正如国家乡村振兴局局长刘焕鑫在2021中国品牌论坛上所说，在新发展阶段，高质量推进乡村振兴，需要深化品牌理念，把品牌意识转化为高质量发展的工作要求，贯穿于乡村振兴的全过程。

因此，翻山计划的第一步，是为翻山堰村设计了专属的乡村振兴品牌——“郧阳·未来耕谷”。品牌符号以翻山堰村梯田这一识别形象为主元素，巧妙融入了油葵、飞燕等辅助形象。设计部门围绕着“翻山创未来”这一核心价值体系，将“未来耕谷”的品牌概念全方位地融入乡村的各大场景。大到翻山堰村的标准导视、农产品包装元素，小到景观小品上的文创标识、日常办公纸杯与口罩，全域覆盖的品牌符号形象，涵盖了乡村旅游消费者可能接触到的任何触点，以多场景反复重现的形式，重塑消费者对翻山堰村的印象，让“翻山精神”和“未来耕谷”有了视觉上的感知对象。

“未来耕谷”不仅是一个品牌形象，更要具备未来的元素。“翻山计划”的第二步，便是要将翻山堰村打造为一个未来示范村庄。郧阳区地处湖北山区，翻山堰村无论是配套设施、乡村风貌还是产业基础，与乡村振兴示范省浙江的乡村相比，从“未来属性”的维度来考虑业态的导入，有相当的难度。既然缺少“未来属性”，就更需要去“创”造未来，一个通过调研实践迸发而出的灵感字眼，成了未来示范乡村落地的关键，同时又巧妙避开了翻山堰村科技感与未来感不足的窘局。“创”不仅是翻山精神的再现，也是翻山堰村驾驭“未来属性”的途径。基于“创”这一内核，充分考虑翻山堰村的产业基础和资源禀赋，团队分别从风貌创意、产业创新、业态创造、乡贤创业四个维度来打造翻山堰村。

——梯田、水渠是翻山堰的核心田园景观与独有资源，这是参与实地调研的团队成员的共识，也是“未来耕谷”灵感的直接来源。从翻山堰村的小山包俯瞰，大大小小的梯田整齐有致，没有半分凌乱的感觉。围绕梯田与水渠资源，整修游步道，增设观景台、梯田文创小品、标准导视，以“创意”思路来提升梯田和乡村风貌，形成翻山堰独特的梯田全域景观。

——油葵、油菜、水稻是翻山堰村的主要农作物，也是当地村民的主要经济来源。这些粮油作物，除了自给自足的部分以外，多余的部分大多以未经加工的原料或者粗加工品的形式出售，没有品牌，附加值极低。在“创新”概念和“三产融合，三场融合”思路的统领下，团队分别对翻山堰村的二产与三产进行了提档升级，将原有的闲置房屋改造为农创工坊，在梯田中植入研学场景，丰富农耕展馆的业态空间……消费场与体验场的构建，扩展了单一的农作物种植收入渠道，通过不同场景的聚流，村民可以开设农家乐与主题民宿，盘活沉睡的乡村资源。除此之外，“创新”的概念还要落到农产品的品牌塑造上，耕谷大米、耕谷油菜籽、耕谷香桃等一系列品牌的创新，让原本“没有身份”的产品回归独有的价值，形成独一无二的竞争优势。

油菜花梯田

——业态导入以市场为导向，单一的梯田观景、农创研学、主题民宿等依赖于原生资源的产业固然具有独特性，但却无法满足多元化的市场需求。后疫情时代，随着远程出游不确定性风险的骤增，近郊游和微度假市场的火爆无疑是市场理性取舍的结果。露营、徒步、田园休闲等一系列轻资产的网红业态逐步由小众走向大众，走向乡村的角落。基于对市场的充分研判，团队在翻山堰村“创造”了一批网红业态，有布局在山谷的露营基地，有俯瞰沃野的观景气球，有穿梭溪林的漫步游线，也有飞跃梯田的丘陵滑索。此外，基于“未来”的考量，团队还设计了一系列富有未来感的体验项目，通往未来的时光列车、未来邮局，等等。在市场热度和未来属性的双重赋能下，翻山堰村的产业格局迎来了“翻山”的契机。

——“大堰乡，九里岗，三面红旗高华堂，赛过夏禹王。”1956年，高华堂始任翻山堰乡党支部书记，他带领群众治水治土治山，改田造地，引水灌田。如果要问翻山堰村最重要的资源是什么，那一定是带有翻山精神的翻山堰人，从高华堂三治的故事到如今的和未来的耕谷，一卷跨越半个世纪的创业奋斗史悄然呈现。经团队走访调查，如今的翻山堰村，大量的本地乡贤仍旧保持着对这片故土的挚爱。基于此，在助力乡贤返乡创业这一方面，团队提出了打造“郧阳未来耕谷招商项目库”的想法，通过策划精准招商会，以项目吸引本地乡贤和其他运营商投资，充分发挥乡贤在智力、人脉、资金等方面的优势，引导广大乡贤让项目落地在家乡，把优质资本投向家乡，汇聚起共创未来耕谷的强大势能。

以上四大“创”，囊括品牌、产业、风貌、人才等方面，从行动力的角度描摹了未来耕谷的样貌，也是对乡立方方法论的全面实践。

塑造了品牌，打造了示范村，“翻山计划”的第三步，就是以翻山堰村为核心，结合打造周边的黄土梁村、响耳河村、洞耳河村和桃花沟村，聚集品牌乡村的势能，共同塑造一个乡村振兴未来示范带。如何使包括翻山堰村在内的五大村域形成联动效应？团队想出了两大路径。**其一，以无形的模式联动。**翻山堰村作为片区优先打造的核心村，其品牌价值体系与业态布局、运营模式这一套实操理念并非不可复制。在实地摸清其他四个乡村的资源基础后，团队决定赋予每个村域独有的主题，桃花沟村为桃文化主题，黄土梁村为梯田主题，洞耳河村为水果主题，响耳河村为红色研学主题。在这些独有的主题文化之下，构想出未来元素的业态，使五大村域品牌主题风格各异却又呈现出相对统一的未来气息。**其二，以有形的游线联动。**一条五十里骑行线路，串联起沿途五个主题村域，沿途打造多个网红体验点，通过“串点成线，连线成片”的方式，促进翻山堰片区游客的有效集散。借助骑行游线，资金、管理、人流资源实现了有机共享，游客可以体验不同村域的乡村氛围与主题项目，更好地带动片区整体协调发展。

在业态导入和产业提升过程中，团队保留了翻山堰村原汁原味的乡土气息，在梯田里游憩，在工坊中创造，在山谷里漫步……每一个项目都落地在原有风貌基础之上。其次，业态的落地与未来密切相关，从翻山堰村的品牌塑造到翻山堰未来示范片区，“创意、创造、创新、创业”四大业态布局动作都以打造未来乡村为目标，每一种业态的导入都是对乡村未来的探索与肯定，这也是翻山精神的精髓所在。正因为在翻山堰村有未来，看得见未来，所以更值得用翻山精神开创未来。

15.4 思考：翻山精神的共富展望

展望未来耕谷的未来，团队始终秉持着与时俱进的精神。在制定的翻山堰村未来的远期布局方案中，将智慧的理念融入了乡村的前景，未来养老、未来交通、未来邻里、未来治理、未来文化，这些依托于科技赋能的智慧化乡村场景，在乡村振兴和共同富裕的时代背景下，也必将随着翻山堰村资源的不断沉淀而实现。

再次复盘“翻山精神”的构想，团队欣喜地发现，要将乡魂精准地融入业态布局，业态本身的属性并非最重要的，业态与主题精神的契合性才是最需要考量的。乡立方首席战略官莫问剑认为“当前乡村振兴最稀缺的资源，是具有未来价值的创新观念”，以“创”为核心的翻山精神正是这种观念的写照。但仰望未来的星空，更应该脚踏实地，诸如翻山堰片区这类乡村基础相对薄弱的村落，不能只从乡村美观度和投入的资金量上来考量，一切可以走向共同富裕的路径都可以去尝试——一个不起眼的研学工坊、一种物美价廉的农产品、一家改造而成的农家餐厅、几亩农事体验田，这些乡村里再普通不过的小产业，都可以成为村民增收致富的渠道与路径。在找准翻山堰村的乡魂之后，如何利用“翻山精神”形成共富效应？聚人兴业始终是这一效应形成的关键。内聚财气，业态的落地才有启动的资金；外聚人气，业态的运营才有收入的保障。两者兼备，乡村产业才能真正兴旺，共享共富才能实至名归。

翻山堰村只是众多品牌乡村打造实践中的一个小小缩影。在乡村振兴的路上，纵有诸多现实的困境与难题，团队始终相信，山高路远，巉岩可攀。正如“翻山精神”，每一个乡村都有其独特的乡魂，无论是从产业基础，还是从文化脉络，抑或是从概念创意的角度出发，抓住了乡魂，就等同于握住了乡村未来的密钥。

文旅产业已进入个性化和体验化时代，在当前经济态势下，下沉的乡村市场潜力巨大。但不得不承认，绝大部分乡村产业资源平庸、产业基础薄弱，甚至当前完全不具备发展乡村旅游的基础条件。在乡村振兴的浪潮下，如果基层的“把关人”经不住其他村域成功果实的诱惑，欠缺对于乡村基于实际情况的考量，仅凭一张规划图纸或一份项目申报材料，就急于邯郸学步、东施效颦，走“跑马圈地”“筑高台，垒大户”的老路子，那必然会适得其反，最终丢掉原本的乡土气息，导致千篇一律、严重同质化的乡村泛滥。并不是所有的乡村都适合走文旅发展的道路。同质化低水平的重复建设，不仅会造成国家资源浪费和村民利益受损，也与共同富裕的愿景背道而驰。

乡村要振兴，乡愁是灵魂。早在2013年，中央城镇化工作会议上就明确提出，要让城镇化居民“望得见山、看得见水、记得住乡愁”。乡魂就是乡愁的内涵所在，新时代乡村的打造，在没有找到乡魂之前，纵然有再多的市场诱惑和无数的项目可行性分析，都不要急于行动，这是一个对人民负责的基层干部应该秉持的基本原则。正如翻山计划，所有的业态都基于翻山堰村的资源禀赋进行布局，再以四“创”将翻山精神之魂具象化，使其变成可观可触场景，又将未来的愿景融入梯田耕谷，以魂塑旅，以旅彰魂。这大抵就是为何乡立方致力于乡村一线，却又乐此不疲的答案所在。

后记

不妨再做三十年

二十年创业不易，成就此书也不易！“二十年磨一剑”，每个项目都凝聚了团队的智慧与汗水，每一页所谓“方法论”，其实都是团队的品牌乡村“实操日记”，真实记录了项目操盘的点点滴滴。相信大家读后会有切实的感受。

从农业到乡村，从策划到运营，从产品到产业。如果有人问我，这二十年来，你们为全国几百个乡村“找魂”，那么，乡立方方法自身的“魂”又是什么呢？我会脱口而出四个字，那就是“品牌思维”。这并不是因为我们团队一直吃“品牌饭”，而是乡村自身发展到一定阶段的本质需求。在我看来，乡村从新农村，到美丽乡村，再到共富乡村，乡村的 3.0 时代已来。这个阶段的乡村，不但需要好看的“面子”，更需要产业的“里子”，要能真正培育出乡村发展的内生动力，本书中的案例也做了相对系统的呈现。全国乡村各不同，但读完你会发现内在的思维逻辑是相同的，其中的方法路径和系统原理是相同的。

什么是乡立方的品牌思维

早在 2015 年乡立方首次提出“品牌乡村”概念的时候，就有了品牌乡村“六没有理论”支撑，一是“没有主题不能做”，二是“没有理由不吸引”，三是“没有特色不会来”，四是“没有商品不盈利”，五是“没有业态留不住”，六是“没有传播不持续”。所以，我们一直强调品牌思维就是市场思维，而非简单的品牌设计思维，做一个品牌LOGO，做一套品牌VI（视觉识别系统），做漂亮的建筑设计、环境提升之类的，行业内有很多人都理解偏了。说到底就是一切以消费需求为导向，围绕乡村的农业、文化、建筑、生态、美食等，为乡村创造“消费理由”，围绕乡村资源产品化、产品产业化、产业市场化、市场共富化进行系统打造开发，乡村要从政府“输血”到实现自我“造血”，必须有消费拉动，这就是我们的品牌思维逻辑。

浙江省作为共同富裕示范区，是全国乡村振兴的样板地，“现象级”的示范乡村层出不穷。为什么浙江省是出经验、出方法的地方？2022年初，《小康》杂志社副社长赖惠能在与乡立方高层座谈时，用一句话高度概括了乡村振兴“浙江经验”的精髓，就是“政府有为、市场有效”。这句话与乡立方的品牌思维形成强烈共鸣，通俗来讲，就是政府应该做什么，乡村适合做什么，市场需要什么，都是市场说了算。

都说实践是检验真理的唯一标准，在过去的二十年里，我们用数百个实践案例给予了答案，毫无疑问，以品牌思维助力乡村振兴这条路是对的。在此，我们不仅要总结过去，更需要探索未来。

品牌工场，乡村产业发展的下半场

这些年，由于工作的需要，我跑了全国400多个县，调研了上千个大大小小的乡村。很多乡村前前后后也投入了不少打造资金，即便如此，也是收效甚微。调研交流中我听到最多的词就是“没人”，大多数乡村沦为空心村，都面临“原乡人外出、归乡人没有、新乡人不来”的困局。之前还听一位领导感慨道：“灯亮了，路通了，村美了，就是人没了。”很多乡村都患上了这样的“富贵病”。导致这样的现象，原因又是什么呢？核心还是乡村产业的缺失。因为没有产业，留不住人，年轻人待在村里没有出路，赚不到钱；因为没有产业，引不来人，乡村旅游也发展不起来，游客走走看看不消费。不少乡村陷入一个发展的“死循环”，变得越来越难。所以，当下乡村“没人”的问题，核心还是乡村产业发展的问题，乡村没有产业支撑一切都是空谈。

乡村产业如何破题

谈到乡村产业，肯定离不开农业，农业才是乡村的根，才是乡村产业的“魂”。乡立方经常强调，乡村振兴不等于乡村旅游振兴，发展旅游是乡村振兴的路径之一，乡村需要全面融合发展，农业强、农村美、农民富才是全面振兴。农业强，在我们来看，是最为重要的，如何做强农业？

过去20年里，自火石品牌策划团队创建以来，我们一直在不断的实践与探索中前行，先后服务过300多个农产品区域公用品牌，300多个品牌乡村项目，300多个农业企业品牌。不少案例成了省级乃至国家级的样板，这些数据给了乡立方团队足够的行业自信。

但就在前不久，莫问剑突然提出一个很大胆的假设：“假如将这几百个项目案例推倒重来，乡立方将怎么玩？”

大家还会这么做吗？这的确是一个很值得思考的问题，其实，在莫老师提出这个问题之前，我们有时也会有这样的感受，就是没有如此疯狂的假设。面对一些已经落地的项目，即使当时项目很成功，现在来看，或多或少也会发现一些不如意的地方，同时会萌生更多创新的想法。或许是因为时代不同，市场在变，团队也在进步，这应该是必然的现象。

在乡村振兴共同富裕的战略背景下，“品牌工场”就是其中的创新做法之一，是关于未来优质小农产品出路的思考，是符合政策、适合乡村、迎合市场的实践。“品牌工场”需要实现以下“三高”要素的融合：

1. 高科技

以科技加工实现产村融合，“乡村老手艺 + 现代新工艺”将会成为乡村味道“出村进城”的新机会。在地化让乡村农产品品牌工场新工艺生产和老百姓家门口的老手艺生产融合，这种方式可以让很多即将消失的老手艺重获新生，真正实现市场化。未来乡村会成为城市各大高校、科研机构、科技企业的科技成果转化的新阵地，乡立方服务的案例中就不乏这类实践，如：浙江大学 + 渔立方，星巴克 + 横一村，知名酒企 + 下姜村，中茶所（中国农业科学院茶叶研究所）+ 径山茶等。打破一产为主、二产不足、三产全无的乡村产业现状。本书中详细解读的“威酱坊”案例就是很好的示范，展示了一个不起眼的乡村酱产业，如何促成了基于农业产业的一二三产业融合示范村。

2. 高颜值

以文创实现农旅融合，乡村的农产品的体验不能再是一个“土”字，现在的乡村可以说比城市更需要高颜值的观光工场，乡村的美学空间未来会越来越受到重视，乡立方建德“大同稻香小镇”的实践就值得学习借鉴，将一个大米加工厂提升打造成“米芽梦工场”，从水稻文化故事、种子的故事、装备的故事等角度，形成故事化、趣味化、体验化的系统展示稻作产业的传播场和体验场。同时，品牌工场既是一个加工工场，也是一个观光工场，还是一个研学课堂，一场多个功能融合。

3. 高频次

以爆款开发实现共富融合，因地制宜，打造地方特色爆款产品，一方面在线下作为旅游商品体验式销售，另一方面结合线上新媒体平台做直播销售，销售产品的同时也是传播乡村。老百姓参与品牌工场生产的产业链，成为产品原材料或粗加工产品的供应者，和品牌工场结成利益共同体。村集体除了品牌工场给的每年的保底收入外，还享受一定的销售额分成。就如千岛湖“威酱坊”负责人宋素华所说：“去年从老百姓手上采购的原料辣椒就有 20 多万斤，最多的一户人家有 4000 多斤，每斤保底 4 元收购，实现增收就达 16 000 元。”这种将市场主体、老百姓、村集体三方深度融合在一起的模式，是实实在在的共富工场。

品牌乡村运营，未来乡村的必答题

近两年，乡村运营是服务乡村绕不开的话题，无论项目是大是小，是策划项目还是规划设计项目，我们几乎都会被问道：“你们运营吗？”这让行业中不少的服务团队吃尽了苦头。也有不少乡村，把乡村发展问题都归于运营的问题，要么是没有运营，要么是运营不好，总之，运营变成乡村实现市场化道路上那最后一道关卡。

我们到底应该如何理解品牌乡村运营？在没有搞清楚之前，所谓需要运营都是“病急乱投医”，所谓会运营都是“药石乱投”。

我们需要发现当下乡村运营的核心问题在哪里。

（1）乡村运营不等于物业管理，但当下大多数乡村“运营”团队做的都是乡村物业管理的运维工作，并非围绕乡村资源配置开展的经营性活动，无法实现乡村的价值变现。

（2）乡村运营需要的是打造业态，根据乡村闲置空间量身定制业态，适合乡村的才是最好的，精准招商是“卖业态”，而不是单纯地“卖资源”。

（3）做乡村运营需要懂品牌营销，不是搞几场活动就算完事，乡村需要持续的流量和热度，需要全年、全维度传播营销。

（4）乡村运营需要共富模式，无法与村集体、老百姓实现共富的产业没有未来。我理解的乡村共富就是，企业只干老百姓干不了的事，同时，又要结合老百姓干得了的事。

“四体融合”模式为乡村运营探路

1. 农旅体，为乡村找魂

做乡村运营要搞清楚运营什么。我接触过的很多乡村是不具备运营条件的，也投了不少资金打造，可惜绝大部分资金都用在了一些不可运营的基础建设与景观上，每年的维护压力还很大。如果要做运营，运营前置的策规就变得格外重要，真正从运营出发，一切以运营落地为前提，根据运营的乡村资源条件，需要从以下几个方面系统谋划，找定位、盘资产、布业态、出政策，乡立方临海溪望谷就是典型案例，定位为“溪望谷”，为浙江全省的依山傍溪“空心村”做示范，盘点沿溪四个“空心村”的闲置资产，做足“溪”的文章，沿溪布局了一系列主题业态，串点成线，最后，临海市政府为此出台了一系列扶持政策，吸引乡贤返乡创业。

2. 综合体，为乡村找钱

乡村运营行业常听到“用空间换时间”，这句话本是有道理的，但有很多乡村为此成为业态的“拿来主义者”，盲目添加业态，导致业态特色不足，同质化严重，最终将乡村打造成了“大杂烩”。

从乡立方的运营视角来看，乡村业态并不是越多越好，而是基于目标市场，越精准越好。当下做得不好的乡村无非就两类：一类是有业态没有流量，很难运营；还有一类是有业态也有流量，但没有消费，也很难运营。说到底都是乡村产业的定位与选择有问题。由此可见，打造适合乡村的产业对乡村运营来说至关重要。乡村产业就是乡立方的核心战略，为此我们发起了“未来乡村产业燎原计划”，力求打造最适合乡村的产业业态，目前乡立方旗下已有十余个自营乡村产业，如酱立方、渔立方、萌立方、云里雾里民宿、好奇笔记研学等。从经营出发，经营是最基础的，而对于乡村来讲又是最难的。我相信，在未来的乡村中，只有会做经营，敢做经营，才能做好乡村产业。

3. 新媒体，为乡村找人

乡村运营的工作，人流量是决定成败的关键。乡立方开创新的乡村全周期营销传播方法。项目打造前期，通过营销文章、图片、视频等，发布打造亮点与未来计划；打造中期，保持项目持续热度，开展系统主题业态精准招商；打造后期，为部分试营业项目做精准推流，制造话题热点，为整体项目正式开业预热。还有就是围绕乡村项目的全年活动策划落地，一月一小节，一季一大会。除此之外，乡村本身就是最好的“媒体场”，打造在地化乡村振兴农播中心，为地方培养网红人才，培训、发证、上岗一站完成，形成长效传播，带动地方就业。

4. 共同体，为乡村找伴

村民是乡村发展的利益主体，他们不能成为责任主体，所以，乡村产业发展需要共同体模式。乡村产业运营不能光靠运营主体一种人，乡立方的运营理念就是，“用好空降兵，依靠子弟兵”。核心还是依靠“三乡人”，发挥地方乡贤优势，带动“原乡人”，留住“归乡人”，吸引“新乡人”，为“三乡人”量身定制共富产业项目，企业主体 + 村集体或国有平台公司 + 村民形成多方共建、共享、共赢的乡村运营发展模式。

总之，乡村实现市场化是必然的，在乡立方来看，过去二十年只是乡村振兴的“热身赛”，接下来才是“正赛”，一项是乡村产业，一项是乡村运营，这两项就是未来乡村实现市场化的主要抓手，足够我们再做三十年！

乡立方联合创始人

徐大伟

2022年9月